HEYNE <

BORIS VON HEESEN

WAS MÄNNER KOSTEN

Der hohe Preis des Patriarchats

WILHELM HEYNE VERLAG
MÜNCHEN

MIX
Papier | Fördert gute Waldnutzung
FSC® C083411

Penguin Random House Verlagsgruppe FSC® N001967

2. Auflage
Originalausgabe 05/2022

Neumarkter Straße 28, 81673 München
produktsicherheit@penguinrandomhouse.de
Redaktion: Kerstin Lücker
Umschlaggestaltung: Hauptmann & Kompanie Werbeagentur, Zürich
Grafiken: Christoph Erbslöh, außer Plakat S. 275:
NORDSONNE IDENTITY, Berlin
(aus der Gleichstellungskampagne »zeichensetzen.jetzt«
im Auftrag des Gleichstellungsbüros im Auswärtigen Amt)
Satz: Satzwerk Huber, Germering
Druck: CPI books GmbH, Leck
Printed in the EU
ISBN: 978-3-453-60624-1

www.heyne.de

Inhaltsverzeichnis

Vorwort 8

Einleitung 18

Teil I
Messbare Kosten 27

Eingesperrte Männer
Kosten durch Gefängnisaufenthalte 28

Geschlagene Frauen
Kosten durch häusliche Gewalt 34

Berauschte Männer
Kosten durch Süchte 47

Teure Langfinger
Kosten durch Diebstähle 67

Mehr Schein als Sein
Kosten durch Wirtschaftskriminalität 74

Noch ein Bier, noch ein Steak
Kosten durch ungesunde Ernährung 79

Wilde Kerle
Kosten in der Jugendhilfe 85

Fußballromantik
Kosten durch Hooligans 92

Männer mit eingebauter Vorfahrt
Kosten durch Verkehrsunfälle 98

Männlicher Fußabdruck
Kosten für Umwelt- und Klimaschutz. 104

Was Männer kosten
Die Vogelperspektive 116

Teil II
Nicht messbare Nebenwirkungen 121

Die Grenzen des Lebens
Lebenserwartung und Suizid 123

Blinde Wut
Männer und ihr Hass auf Frauen 130

Eine Männerdomäne
Rechtsextremismus 141

Unheimlicher Urwald
Patriarchat und Sexualität 149

The winner takes it all
Sport in der Welt (der Männer) 169

Nicht messbare Nebenwirkungen
Die Vogelperspektive 181

Teil III
Wege aus der Krise 183

Unerwartete Verbündete
Feminismus ist für Männer. 187

Gemeinsam geht es leichter
Bewegung der Männer 200

Der Ursprung des Patriarchats
Ein neuer Blick auf Familie 214

Früh übt sich
Veränderung durch Bildungspolitik 224

#MeToo
#MeWhat? 240

Held:innenreise
Wirklich Neue Medien 246

Leitplanken abbauen
Überwindung von Stereotypen 255

Kein Fels in der Brandung
Männergesundheit verbessern 261

Rechtzeitig bremsen
Die Unfallstatistik beeinflussen 265

Dranbleiben
Der Gleichstellungsmonitor 268

Zum Schluss
Tauziehen, aber anders 273

Dank 277

Abbildungs- und Tabellenverzeichnis 278

Register 280

Quellen und Anmerkungen 284

Vorwort

Im Oktober 2019 habe ich das erste Mal mit dem kontroversen Thema dieses Buches »experimentiert«. Gemeinsam mit der Autorin Sarah Diehl war ich damals im Rahmen der Ringvorlesung »Gender matches Queer« an der TU Darmstadt zu einem Vortrag eingeladen. Unsere Vorgabe war es, zu dem Thema »Frauenrollen, Männerrollen durchbrechen« Perspektiven jeweils aus männlicher und weiblicher Sicht vorzutragen. Der Titel meines Vortragsteils lautete: »Was Männer kosten – Versuch einer monetären Quantifizierung der Folgen toxischer Männlichkeit«. Wahrscheinlich liegt es an der ungewöhnlichen Kombination meiner Ausbildungen und beruflichen Erfahrungen, dass ich überhaupt auf dieses Thema gestoßen bin und es mich bis zum heutigen Tag nicht mehr losgelassen hat. Ich bin Wirtschaftswissenschaftler, arbeite als Vorstand eines Jugendhilfeträgers und engagiere mich nebenberuflich als Männer-, Jungen- und Gewaltberater. Zudem habe ich eines der ersten Online-Marktforschungsinstitute gegründet und beschäftige mich seit vielen Jahren mit »kritischen Männlichkeiten« – mit der differenzierten Reflexion soziokultureller Einstellungen und Haltungen von Männern. Kosten, Daten und Männlichkeit und das damit untrennbar verbundene Patriarchat sind sozusagen meine »Homebase«. Dennoch, so wie der Titel dieses Buches kühn ist, war es auch damals schon kühn, einen Vortrag mit einem solchen Titel einzuläuten. Ich war auf eine hitzige Diskussion mit den knapp 50 Studierenden und einigen Hochschullehrer:innen gefasst. Aber es kam anders. Der Austausch war zwar intensiv, die vorherrschenden Reaktionen auf meinen Vortrag aber waren Betroffenheit und Erstaunen. Ein junger Student blieb mir in Erinnerung, der seine Überraschung, aber auch Überforderung mit den Zahlen zum Ausdruck brachte. Er sagte: »Ich wusste nicht, dass Männer in so vielen Statistiken so schlecht abschneiden. Da muss man doch unbedingt etwas gegen unternehmen.«

Die Veranstaltung legte den Grundstein für das vorliegende Buch. Seine Idee fußt auf vier Säulen.

Gerechtigkeit

Es gibt ein unsichtbares Band, dass die Ungerechtigkeiten zwischen den Geschlechtern in dieser Gesellschaft jeden Tag von Neuem miteinander verwebt. Das Rohmaterial dieses Bands sind geschlechtsspezifische Rollenstereotype. Sie beschreiben die traditionellen und gewachsenen Verhaltensweisen und Eigenschaften, die den Geschlechtern zugeschrieben werden. Männer und Jungen gelten als entschieden, tapfer, rational und durchsetzungsstark. Frauen und Mädchen sind der imaginierte Gegenpol: wankelmütig, sorgend, bescheiden und emotional. Dieses Band ist extrem robust, flexibel, langlebig und nur unter großen Anstrengungen zu durchtrennen. Der Ort, an dem das wundersame Band gefertigt wird, die Spinnerei der Ungerechtigkeit der Geschlechter, ist das Patriarchat. Das gesellschaftliche System, dass von Männern geprägt, beherrscht und immer noch vorwiegend repräsentiert wird. Seinen Anfang nimmt die Ungerechtigkeit im Kreißsaal, wenn dem kleinen neugeborenen Menschen das Geschlecht zugeschrieben wird und er seine Reise durch das Leben entweder auf der Autobahn der Weiblichkeit oder der Männlichkeit beginnt. Der niederländische Forscher und Feminist Jens van Tricht hat diesen Prozess in einer kleinen Bildergeschichte veranschaulicht. Sie beginnt mit einem Fass voll menschlicher Möglichkeiten. Aufgrund der tief verwurzelten Rollenstereotype werden wir aber nicht als Mensch, sondern als Junge oder Mädchen geboren. Von Jungen wird dann erwartet, dass sie ihre weiblichen Eigenschaften unterdrücken, von Mädchen umgekehrt, dass sie ihre als männlich wahrgenommenen Wesensarten ausblenden. So wird in dieses Fass schon vor der Geburt des Menschleins ein dickes Brett eingezogen, dass einen wesentlichen Teil seines ICHs abspaltet. Jungen müssen, um ein »echter Mann« zu werden, das Weibliche mit aller Macht unterdrücken, Mädchen das Männliche. Dabei verlieren wir nicht nur die Hälfte unseres menschlichen Potenzials, es kostet zudem auch unendlich viel Energie, den jeweils anderen Pol abzuspalten. Verspürt ein Mensch doch einmal den unerhörten Wunsch, die in dem Fass verankerte Grenze oder die Leitplanke auf der Autobahn zu durchbrechen, dann wird er von dem unsichtbaren Band der Rollenstereotype umschlungen und meist wieder eingefangen.

Die Geschichte über das *Fass der menschlichen Möglichkeiten* rückt das Patriarchat als Quelle des ganzen Dilemmas in ein neues, für viele unerwartetes Licht: Nicht nur Mädchen und Frauen, sondern auch Jungen und Männer leiden unter dem rückwärtsgewandten und konservativen Konstrukt. Alle Menschen werden willkürlich in Schubladen gepresst, ohne gefragt zu werden, ob sie das überhaupt wollen. So betrügt uns das Patriarchat alle um einen großen Teil unserer Potenziale. Das ist nicht nur traurig, sondern vor allem ungerecht.

Allen Leser:innen, die denken, dass doch schon so viel geschehen sei in Sachen Geschlechtergerechtigkeit und wir es langsam mal gut sein lassen können, müssen jetzt stark sein. Es hat sich nämlich viel weniger verändert, als wir denken.

Der Anteil der weiblichen Abgeordneten im neu konstituierten Bundestag betrug im Oktober 2021 knapp 35 Prozent. Vor acht Jahren waren wir mit 36,5 Prozent schon einmal weiter. Noch bedenklicher: Im Jahr 2021 wird die Politik in nur neun Prozent der Kommunen von Frauen als Bürgermeisterinnen geprägt. Auch hier ist der Frauenanteil in den letzten Jahren gesunken. Diese Entwicklung ist entmutigend. Im Bundestag und in den Ministerien in Berlin sollten die rechtlichen und politischen Rahmenbedingungen für eine geschlechtergerechte Gesellschaft geschaffen werden. Erst danach können sie auf kommunaler Ebene in die Tat umgesetzt und mit Leben gefüllt werden. Wie soll das gelingen, wenn relevante Gremien ein solch deutliches Ungleichgewicht der Geschlechter aufweisen? Da wundert es kaum, dass die alten Strukturen in den Lebenswelten der Menschen wieder und wieder gefestigt und sogar verstärkt werden. Anders formuliert: Das unsichtbare Band wird so immer wieder von Neuem gewebt. So arbeiten heute – nicht vor 50 Jahren! – noch 94 Prozent der Väter in Vollzeit und nur 34 Prozent der Mütter, wenn Kinder unter 18 Jahren im Haushalt leben.[1] Das ist ungerecht für die Frauen, weil sie um ihre beruflichen Chancen gebracht werden und sie im Falle von Trennungen häufig von Altersarmut bedroht sind. Zudem übernehmen Frauen pro Tag immer noch durchschnittlich knapp 1,5 Stunden mehr unbezahlte Sorgearbeit für Kinder, Angehörige und den Haushalt. Ebenso ungerecht ist es für die Männer, die, einem patriarchalen Versorger-Dogma folgend, für die Zeit ihres Berufslebens effektiv von ihren Kindern und anderen sozialen Beziehungen abgetrennt werden. Ihre lebenslange Fixierung auf Beruf und Leistung hat häufig zur Folge, dass sie nicht über Probleme reden, seltener zum Arzt gehen, sich ungesünder ernähren und weniger bewegen. Das macht sich dann an den Grenzen des Lebens bemerkbar. Männer sterben fast fünf

Jahre früher als Frauen und begehen mehr als drei Viertel aller Suizide.* Es ist eine klassische Lose-lose-Situation. Alle verlieren, Männer, Frauen und alle anderen.

Irgendwie haben wir uns als Gesellschaft an diesen Zustand der Ungerechtigkeit gewöhnt. Wäre es anders, hätte sich in den letzten Jahren mehr verändert. Die Ungerechtigkeit hat aber auch ökonomische Folgen. Oder anders: Das Patriarchat kostet. Die gesellschaftlichen Auswirkungen aber werden in der breiten öffentlichen Diskussion bisher kaum thematisiert. Deshalb müssen wir endlich über Geld reden.

Geld

Die negativen gesellschaftlichen Auswirkungen des Patriarchats werden wie im Dauerfeuer durch politische Bücher, pointierte Kolumnen und Twitter-Feeds geschrieben und getrieben. Carolin Wiedemann proklamiert den Sturz des Patriarchats und Margarete Stokowski seine letzten Tage. Nur zwei der zahlreichen Stimmen, die einen Beitrag zu seiner Dekonstruktion leisten. Allein es nervt und zermürbt, dass bestimmte Kreise sich fortwährend sachlichen Argumenten gegen das Patriarchat entziehen und sich so aus einem ehrlichen und konstruktiven Diskurs stehlen. Natürlich sind es vorwiegend Männer, egal welchen Alters, die einfach nicht verstehen wollen, dass die Abschaffung dieser Idee der Ungerechtigkeit auch für sie etwas bereithält. Belege gäbe es genug. Der von

* Dieses Buch enthält potenziell triggernde Inhalte zu den Themen häusliche Gewalt (S. 34–46), Suizid (S. 126–29), Depressionen (S. 126–29), sexualisierte Sprache (S. 130-40, 161-168) sowie Straftaten gegen die sexuelle Selbstbestimmung (S. 167–68). Falls Sie befürchten, dass diese Textabschnitte für Sie schwer zu ertragen sind, sollten Sie sie nicht allein lesen oder gänzlich auslassen.

der OECD erhobene Gender Equality Index zeigt in Verbindung mit anderen Statistiken, dass Länder mit einem besonders hohen Grad der Gleichberechtigung einen höheren Wohlstand und mehr beschwerdefreie Lebensjahre ab 65 Jahre für alle Geschlechter zur Folge haben. Angesichts solcher längst bekannten Zusammenhänge könnte man denken: Was gibt es da noch zu diskutieren? Es kann nur die Angst und Unsicherheit vor dem Neuen und Ungewohnten sein, die es Männern und manchmal auch Frauen schwer macht, sich auf notwendige Veränderungen einzulassen.

Damit aber endlich Bewegung in die Sache kommt, habe ich entschieden, für dieses Buch die geheime Sprache des Patriarchats und des ihm eng verbundenen Kapitalismus zu wählen: Geld. Denn, und das werde ich Kapitel für Kapitel nachweisen, das Patriarchat kostet. Es belastet unser Gemeinwesen jedes Jahr mit einem Betrag von mindestens 63 Milliarden Euro. In zwanzig Jahren könnte der Schaden auf weit über eine Billion Euro anwachsen. Durch Gefängnisaufenthalte, Verkehrsunfälle, Süchte, ungesunde Ernährung oder Kriminalität. Alles Kontexte, die von Männern dominiert werden und die ihre Quelle in den meisten Fällen im Patriarchat haben. Und dabei reden wir nur von solchen Feldern, für die verlässliche, öffentlich zugängliche Daten vorliegen. Die finanzielle Schneise der Verwüstung ist in Wahrheit noch viel größer. Endlich ist es möglich, der Diskussion um das Patriarchat neben der sozialen noch eine ökonomische Dimension hinzuzufügen. Endlich liegen Fakten auf dem Tisch, denen sich auch die hartnäckigsten Verweigerer nicht mehr entziehen können. Endlich kann nichts mehr abgetan und ignoriert werden. Denn die mindestens 63 Milliarden Euro sind das Geld aller Menschen in diesem Land. Und genau deshalb ist es Zeit für eine Debatte.

Debatte

Sobald Geld im Spiel ist, mit dem gerechnet und kalkuliert werden kann, spitzen alle Menschen die Ohren und werden hellhörig – besonders solche mit Macht und Einfluss. Geld als Schmiermittel von Kapitalismus und Patriarchat öffnet Türen und erzeugt Aufmerksamkeit. Deshalb vergleiche ich im letzten Teil des Buches die zusammengetragenen Kosten mit einem trojanischen Pferd in der kühnen Hoffnung, dass die schier uneinnehmbare Burg des Patriarchats mithilfe des Themas Geld von innen gestürmt werden kann. Zumindest hoffe ich, die Debatte über Geschlechtergerechtigkeit und Gleichstellung durch das Kostenargument um eine wichtige Dimension zu bereichern. Für alle Menschen gut nachvollziehbar, nachrechenbar und weniger akademisch.

Zudem lege ich mit der vorliegenden Analyse nur eine erste Spur. Vielleicht werden in naher Zukunft andere Autor:innen und Forscher:innen mit eigenen und umfassenderen Untersuchungen zu den Kosten des Patriarchats nachfolgen, in Bereichen, die ich bisher überhaupt nicht bedacht habe. Das würde der Debatte weiteren Auftrieb geben. Vorstellbar wäre auch, dass Behörden und Verbände der Idee folgen und selbst anfangen, die gesellschaftlichen Folgeschäden von ungesunden männlichen Verhaltensweisen unter die Lupe zu nehmen. Und dass sie, in einem zweiten Schritt, die Öffentlichkeit darüber informieren. Zum Beispiel könnte das Kraftfahrbundesamt aus Flensburg in Kooperation mit dem Statistischen Bundesamt turnusmäßig über das düstere Ungleichgewicht der Geschlechter im breiten Feld des Straßenverkehrs informieren. Wo immer es möglich wäre, könnten die Daten mit gesellschaftlichen Folgekosten angereichert werden. Erste Rohdaten sind verfügbar. Genauso könnte das Bundeskriminalamt prominenter auf die ausgeprägte Geschlechterschieflage der Kriminalstatistik aufmerksam machen. Die erhobenen Zahlen könnten unkompliziert mit der Höhe der verursachten Schäden gewichtet werden. Auch hier liegen die Daten bereits vor. Ich bin sicher, das Interesse und die Resonanz in Medien und Bevölkerung bezüglich der geschlechtsspezifischen Kosten wäre groß. Wenn wir dann irgendwann so weit sind, wie selbstverständlich darüber zu diskutieren, dass ungesunde männliche Verhaltensweisen nicht nur Angst machen, nerven oder Männern selbst schaden, sondern zusätzlich das Gemeinwesen finanziell belasten – dann wäre ein wichtiger Schritt getan. Für Frauen, für Männer und alle anderen Menschen.

Toxische männliche Verhaltensweisen

Ich vermeide in diesem Buch in der Regel den Begriff der toxischen Männlichkeit. Er könnte so verstanden werden, dass Männer grundsätzlich toxisch sind. Das ist selbstverständlich nicht der Fall. Es gibt allerdings ungesunde, schädliche oder toxische männliche Verhaltensweisen. Körperliche Gewalt, kein Zugang zu den eigenen Gefühlen, Dominanzgehabe, Homophobie oder Sexismus sind Beispiele hierfür. Kein Mann ist toxisch, aber jeder Mann verhält sich aufgrund seiner männlichen Sozialisation in dieser Gesellschaft ab und an so, dass er sich selbst und/oder anderen schadet. Es gibt aber auch gesellschaftliche Strömungen und Organisationen, die für ein Konstrukt von Männlichkeit kämpfen, in der Männer Frauen dominieren und abwerten. Solche Bewegungen, die für ein System einstehen, dass sich durch toxische männliche Verhaltensweisen konstituiert, benenne ich bewusst als Systeme einer toxischen Männlichkeit.

Brücken

Keine Frage, der Titel dieses Buches provoziert. Aber manchmal braucht es einen Finger in der Wunde, um den Schmerz und die Notwendigkeit zum Handeln spürbar zu machen. Natürlich sind es nicht »die Männer«, die die Gesellschaft jedes Jahr mindestens 63 Milliarden Euro kosten. Es sind das Patriarchat und die aus ihm erwachsenen Rollenstereotype, die in ungesunde geschlechtsspezifische Verhaltensweisen münden. Die Auswirkungen manifestieren sich in all den Statistiken, die ich auf den folgenden Seiten zusammentrage, und sie prägen den Alltag der Menschen. Alle leiden darunter. Auch die Männer. Deshalb bin ich davon überzeugt, dass die Überwindung des Patriarchats gerade für Männer viel mehr bereithält, als wir denken. Mir scheint es ein Reflex zu sein, wenn alle immer von den Privilegien reden, die Männer abgeben müssen. Genauso ist es dann ein Reflex, wenn Männer sich instinktiv dagegen wehren. Solche reflexhaften Reaktionen verhindern aber eine behutsame, genaue Betrachtung des Gegenstands der Diskussion. Denn, je intensiver man sich mit den Privilegien beschäftigt, umso kleiner werden sie. Ich bin davon überzeugt: Es wird ein Gewinn für die Männer, wenn Beruf, Erziehung und Haushalt in einer Partnerschaft nicht nach gesellschaftlichen Vorgaben, sondern auf Augenhöhe und nach den Bedürfnissen und Wünschen aller Beteiligten auf mehrere Schultern verteilt werden. Es wird ein Gewinn für Männer, wenn die Konkurrenz, als immer noch treibender Reaktor männlicher Energie, in Zukunft von der Kooperation abgelöst wird. Es wird ein Gewinn, wenn Männer mehr Zeit mit ihren Kindern, mit ihren Freund:innen und Angehörigen verbringen. Es wird ein Gewinn, wenn Männer dann am Ende ihres Berufslebens nicht in ein tiefes Loch fallen, weil sie merken, dass soziale Beziehungen weiter tragen als die verblassende berufliche

Anerkennung. Und es wird ein Gewinn für Männer, wenn Jugendämter und Familiengerichte in Trennungssituationen Väter und Mütter gleichermaßen im Blick haben, weil sich alle daran gewöhnt haben, dass beide Elternteile Verantwortung übernehmen.

Deshalb ist es mir ein Anliegen, mit diesem Buch nicht nur dabei zu helfen, die alte Ordnung umzustoßen, sondern gleichzeitig, Brücken zu bauen, Wege aufzuzeigen und kreative Impulse zu geben, wie wir uns dem toxischen Ungleichgewicht der Geschlechter in so vielen Lebensbereichen entgegenstellen können. Das kann nur im Miteinander gelingen. Nur wenn sich Männer und Frauen auf dem Weg entgegenkommen, können sie sich gemeinsam vom Patriarchat und seinem unsichtbaren Band befreien.

Einleitung

Wegweiser durch dieses Buch

Bei der Untersuchung der negativen Auswirkungen des Patriarchats auf unsere Gesellschaft folge ich einem Dreischritt.

In TEIL I widme ich mich der Kernidee des Buches und ermittele stufenweise die volkswirtschaftlichen Schäden, die durch ungesundes männliches Verhalten jedes Jahr verursacht werden. Ich beleuchte solche Themenfelder und Statistiken, in denen Männer überdurchschnittlich schlecht abschneiden, und bewerte sie mit den entsprechenden Kostenparametern. Beispielhafte Themenfelder sind der Strafvollzug, Verkehrsunfälle oder das Gesundheitswesen. Die errechneten Ergebnisse werden im Anschluss an jede Untersuchung in übersichtlichen Grafiken visualisiert. Mit jeder neuen Auswertung werden die Kosten aufsummiert. So schält sich Kapitel für Kapitel heraus, wie hoch die Gesamtbelastung tatsächlich ist.

In TEIL II betrachte ich dann solche Folgen toxischen männlichen Verhaltens, die nicht oder nur mit sehr großem Aufwand in Geldwert gemessen werden können. Das große Feld der Sexualität mit seinen Auswüchsen in Pornografie oder Prostitution sei hier exemplarisch genannt. Darüber hinaus thematisiere ich sensible Bereiche, für die es aus ethischen Gründen nicht zielführend ist, Kosten zu ermitteln. Die Suizidforschung ist ein Beispiel hierfür. Die Anzahl der Suizide wird durch das Statistische Bundesamt jährlich erfasst und veröffentlicht. Die Folgen eines Freitods, wie z. B. Trauer, Schuldgefühle oder Einbußen der Lebensqualität durch den Verlust des Partners oder der Partnerin, können kaum in ökonomischen Rastern erfasst werden.

Als Männer- und Jungenberater, als Leiter eines Jugendhilfeträgers und als Vater und Mann bin ich jeden Tag mit toxischem männlichem Handeln (auch mit dem eigenen!) und seinen Folgen konfrontiert. Genau deshalb ist es mir ein Anliegen, im letzten TEIL III des Buches konkrete Impulse zu geben, wie wir dem sich scheinbar unermüdlich drehenden Rad des Patriarchats entschieden in die Speichen greifen können. Ich konzentriere mich dabei auf solche gesellschaftlichen Felder, die bedeutende Einflüsse auf die Entwicklung von Männlichkeit und auch von Weiblichkeit haben. So untersuche ich unter anderem das Konzept der bürgerlichen Kernfamilie oder den Einfluss der Medienwelt. Beides unterziehe ich einer kritischen Betrachtung mit Blick auf die Erhaltung des Patriarchats und bringe Gegenmodelle ins Spiel. Weiterhin thematisiere ich Hilfs- und Präventionsangebote für Männer, die dazu beitragen, dem Patriarchat seine Kraft zu entziehen. Ich verbinde mit den im letzten Teil zusammengetragenen Ideen die Hoffnung, dass sie von anderen Menschen, Politiker:innen, Forscher:innen und Autor:innen aufgegriffen und in einem konstruktiven Diskurs weitergetragen und weiterentwickelt werden.

Blick hinter die Statistik

Auf den folgenden Seiten trage ich Statistiken zusammen, die außerordentlich schwierige Themenfelder oder Lebensbereiche abbilden. Sucht, Unfälle, Gewalt oder soziale Nöte. Die Zahlen wirken zuweilen hart, sachlich und analytisch. Deshalb ist es mir wichtig an dieser Stelle zu erwähnen, dass sich hinter jeder Statistik Einzelschicksale verbergen, die mehr verdient hätten, als in einer Grafik unterzugehen. Ich möchte sogar noch weiter gehen und feststellen, dass ich dieses Buchprojekt im Kern gerade wegen dieser Einzelschicksale realisiert habe. Der spielsüchtige junge Familienvater, der seiner Partnerin, seinen Kindern und sich selbst das Leben zur Hölle macht. Die Eltern, die mit einem pflegebedürftigen Sohn zurückbleiben, weil er bei einer Schlägerei auf den Hinterkopf gestürzt ist. Die junge Mutter, die sich mit ihren Kindern allein durchs Leben kämpfen muss, weil ihr Mann dem Temporausch mit dem Motorrad zum Opfer gefallen ist. Ich möchte die Leser:innen dafür sensibilisieren, dass die nachfolgend präsentierten Zahlen nicht nur messbaren volkswirtschaftlichen Schaden aufzeigen, sondern vor allem für Schmerzen, Trauer und Trennung stehen, die in keiner Statistik abgebildet werden können.

Art und Weise der Datenerhebung

Beim Zusammentragen der Daten, die ich in diesem Buch vorstelle, habe ich bestimmte Quellen genutzt, handwerkliche Regeln befolgt sowie Methoden angewandt, die ich vorab kurz erläutern möchte:

- Die Datenquellen, auf die ich bei der Untersuchung zurückgegriffen habe, sind öffentlich zugänglich, allerdings nicht alle kostenfrei. Interessierte Lesern:innen werden im Anhang nachvollziehen können, um welche Quellen es sich handelt und wo sie zu finden sind. In vielen Fällen habe ich auf amtliche Veröffentlichungen des Statistischen Bundesamtes (Destatis) zugegriffen. Aber auch andere staatliche Stellen (z. B. Ministerien, Behörden), Fachverbände oder die Ergebnisse wissenschaftlicher Forschungsprojekte waren bei meiner Recherche wertvolle Datenquellen.

- Bei der Bewertung der verfügbaren Statistiken habe ich in der Regel nur solche Kostenkategorien in die Betrachtung einbezogen, die einem Bereich direkt und konkret zugeordnet werden können. Hierbei handelt es sich um sogenannte **direkt tangible Kosten.** Das sind tatsächlich getätigte Ausgaben für Dienstleistungen und Güter, die mit dem Schaden in direktem Zusammenhang stehen. Ein Beispiel hierfür sind die Unterbringungskosten für Häftlinge pro Tag.
- In Ausnahmefällen, wenn entsprechende Daten vorlagen, habe ich zudem die **indirekt tangiblen Kosten** in der Untersuchung berücksichtigt. Hierbei handelt es sich um Kosten, die indirekt mit einem Schaden in Verbindung stehen. Zum Beispiel entgangene Einnahmen einer Frau, die aufgrund häuslicher Gewalt nicht arbeiten und nicht in die Sozialversicherung einzahlen konnte. Das Konzept der tangiblen Kosten geht auf die Kosten-Nutzen-Analyse[2] zurück, die als eine Form der Wirtschaftlichkeitsrechnung bei der Bewertung von Ausgaben öffentlicher Körperschaften hinzugezogen werden kann, einer Art Evaluationsinstrument für staatliche Eingriffe, so wie es auch in der Bundeshaushaltsordnung vorgesehen ist.[3]
- Damit der volkswirtschaftliche Schaden, der durch ungesunde männliche Verhaltensweisen in dieser Gesellschaft Jahr für Jahr entsteht, transparent wird, habe ich jeweils die Kosten, die von Frauen verursacht werden (z. B. bei Autounfällen mit Todesfolge), von denen der Männer abgezogen. Allein der Betrag, der durch männliche Verhaltensweisen in den Statistiken an zusätzlichen Kosten verursacht wird, steht im Fokus dieses Buches. Da es sich hierbei um eines der Kernargumente meiner Analyse handelt, möchte ich die Vorgehensweise kurz an einem fiktiven Beispiel veranschaulichen. Angenommen ein Ehepaar – beide pendeln mit dem Auto zur Arbeit – zahlt

jährlich aufgrund von Verstößen gegen die Straßenverkehrsordnung 300 Euro an Bußgeldern. Auf das Konto des Mannes gehen aufgrund seines rasanten Fahrstils 231 Euro und auf das der Frau 69 Euro. Die Aufteilung entspricht im Übrigen dem Geschlechterverhältnis der in Flensburg beim Kraftfahrtbundesamt angesammelten Punkte (77 Prozent vs. 23 Prozent). Ziehe ich von den 231 Euro die von der Ehefrau angesammelten Bußgelder ab, verbleiben 162 Euro. Dieser Betrag wird vom Ehemann an Mehrkosten für den Haushalt verursacht.

- Bei der Bewertung öffentlich verfügbarer Statistiken mit entsprechenden Kosten bin ich als Wirtschaftswissenschaftler dem Grundsatz der Vorsicht gefolgt. Lag für ein Feld nur eine Kostenspanne (z. B. zwischen 150 Millionen Euro und 220 Millionen Euro) vor, habe ich bei der Analyse stets auf die niedrigeren Werte zurückgegriffen. Um die ermittelten Summen der untersuchten Bereiche an das heutige Preis- bzw. Lohnniveau anzupassen, habe ich allein Kosten, die schon vor zehn Jahren oder länger ermittelt wurden, mit der Veränderung der Inflationsrate oder des Bruttoinlandsprodukts bewertet. In einigen wenigen Fällen, wenn die Kosten auf der Basis von Schätzungen erfolgten, mache ich im Text deutlich darauf aufmerksam.
- Es gibt auch Statistiken, in denen Frauen schlechter abschneiden als Männer. So liegen beispielsweise Studien darüber vor, dass die »stille Sucht« der Tablettenabhängigkeit bei Frauen weitaus stärker ausgeprägt ist als bei Männern. Solche Themenfelder gibt es, und sie sollten unbedingt beforscht werden. Ich konzentriere mich in diesem Buch aber ausschließlich auf die Männer.
- Die zusammengetragenen Zahlen erheben keinen Anspruch auf Vollständigkeit. Es gibt zahlreiche weitere von Männern dominierte Statistiken, die entweder aus konzeptionellen

Gründen keinen Eingang in dieses Buch gefunden haben oder für die schlicht keine verlässlichen Kostenparameter vorliegen. Damit verbinde ich auch die Annahme, dass die von mir zusammengetragenen Kosten nur einen Ausschnitt abbilden und dass das Problem in Wahrheit viel größer ist.

Datenbasierte Geschlechterkonkurrenz

Noch ein Wort zu einem Gedanken, der unter Umständen bei der Lektüre aufkommen könnte: Führt das Aufrechnen stereotypisch männlichen Verhaltens und der damit verbundenen Kosten möglicherweise zu einer Kostenkonkurrenz zwischen den Geschlechtern? Während der Planung dieses Buches habe ich, wo immer möglich, die Gelegenheit genutzt, mit den unterschiedlichsten Menschen über meine Ideen zu sprechen. Relativ häufig war die Reaktion, dass Frauen in einigen Feldern doch auch mehr Kosten verursachen als Männer und dass man das doch berücksichtigen müsse. Ich hoffe sehr, dass es nicht zu einem solchen »Gegeneinander-Aufrechnen« geschlechtsspezifischer Kosten kommen wird. Die Grundidee des Buches liegt ja gerade darin, die Geschlechter einander näherzubringen. Kritische Stimmen könnten dennoch z. B. argumentieren, dass Frauen das Rentensystem aufgrund ihres längeren Lebens stärker belasten. Eine erschreckende Vorstellung, dass ein längeres Leben gegen die Kosten der ungesunden männlichen Verhaltensweisen (und den damit verbundenen individuellen Dramen) aufgerechnet werden könnte. Wenn die Diskussion auf dieses Feld gezogen wird, drohen wir wieder im Gegeneinander zu versumpfen, anstatt im Miteinander Lösungen zu erarbeiten. Eine solche Debatte würde wie Sand im Getriebe wirken und so einen nachhaltigen Wandel ausbremsen. Viel produktiver wäre es, unabhängig voneinander ungesunde männliche und weibliche Verhaltensweisen aufzudecken und entsprechend zu bearbeiten. Ich werde im Verlauf des Buches vereinzelt auf solche Bereiche hinweisen.

Toxisches männliches Verhalten als einziger Grund für das Ungleichgewicht?

Kritische Stimmen mögen zu Recht fragen, ob denn ungesundes männliches Verhalten die einzige Ursache für die in diesem Buch zusammengetragenen Kosten ist? Selbstverständlich ist dem nicht so. Es gibt unglückliche Zufälle, durch die Männer in Verkehrsunfälle verwickelt werden, oder zu Unrecht verurteilte Straftäter. Auch können Männer genauso wie Frauen aufgrund von Depressionen einer Sucht zum Opfer fallen oder unverschuldet in eine Schlägerei geraten. Dennoch folge ich in diesem Buch stringent der These, dass toxisches männliches Verhalten, ausgelöst durch im Patriarchat entstandene und gefestigte Rollenstereotype, die maßgebliche Ursache für das dramatische Auseinanderdriften der Geschlechter in so vielen Statistiken ist. Und es gibt mehr als ein Indiz für diese These. Zum Beispiel wird in der sogenannten Klosterstudie, einem deutsch-österreichischen Forschungsprojekt, die Lebenserwartung von Mönchen und Nonnen im Vergleich zur Normalbevölkerung untersucht. Aus dieser Studie geht hervor, dass eine ähnliche Lebensweise der Geschlechter auch zu einer ähnlichen Lebenserwartung führt. Mehr dazu im zweiten Teil des Buches. Ein weiteres Beispiel ist das Feld der psychischen Erkrankungen. Bei Frauen werden Depressionen im Vergleich zu Männern mehr als doppelt so häufig diagnostiziert.[4] Suizide allerdings werden zu mehr als 75 Prozent von Männern begangen, da sie in vielen Fällen nicht gelernt haben, sich Hilfe zu holen. Männer hängen immer noch häufig dem Stereotyp nach, dass sie ihre Probleme selbst lösen müssen. Das hat zur Folge, dass sie nicht reden und ihre Gefühle unterdrücken. Eine viel zitierte Metastudie der University of Indiana aus dem Jahr 2016 kommt zu entsprechenden Ergebnissen. So konnten die Forscher:innen nachweisen, dass Männer, die klassischen Rollenbildern wie Dominanz, Risikobereitschaft oder Autarkie folgen, nicht nur häufiger psychische Probleme haben, sondern auch seltener psychologische Hilfe in Anspruch nehmen.[5] Im Verlauf des Buches werde ich weitere Belege dafür liefern, die den Zusammenhang von schädlichen männlichen Verhaltensweisen und männlichen Rollenstereotypen nachweisen.

Das Gegenteil von »Männerbashing«

Es kann sein, dass die Zahlen, die in diesem Buch Kapitel für Kapitel aufsummiert werden, die Leser:innen erschrecken. Wer genervt ein verstecktes Männerbashing aus den Kapiteln herausliest, der irrt jedoch, denn das Gegenteil ist der Fall. In all den vorgestellten Statistiken schlagen sich Verhaltensweisen nieder, die durch die damit verknüpften Geschlechterstereotype für viele Männer selbst zum Gefängnis geworden sind. Es geht also nicht darum, Männer anzuklagen, sondern sie aus Rollenmustern zu befreien, die ihnen selbst schaden. Und es ist meiner Auffassung nach keinesfalls so, dass allein die Männer schuld an der Misere sind. Sie wurden in ein System hineingeboren, das ihnen wenig Möglichkeiten ließ, um sich abseits der ausgetretenen Rollenmuster-Pfade zu entwickeln. Sie wurden dazu erzogen, stark und zielstrebig zu werden. Und noch heute werden viele Männer – wenn auch oft unterbewusst – dazu motiviert, Vollzeitjob und Karriere zu folgen, während die Partnerinnen zu Hause bleiben oder nur in Teilzeit arbeiten, um sich um die Kinder zu kümmern. Letztlich handelt es sich um ein Geschlechtersystem, in dem sich Stereotype gegenseitig bedingen und befeuern. Deshalb ist dieses Buch nicht nur an Männer, sondern auch an Frauen und alle anderen Menschen adressiert.

Männer, Frauen und …

Seit Dezember 2018 ist es in Deutschland möglich, im Personenstandregister das Merkmal »divers« eintragen zu lassen.[6] Dieser Weg – der in der Regel einer ärztlichen Bescheinigung bedarf – wurde all jenen Menschen eröffnet, die sich dauerhaft weder dem männlichen noch dem weiblichen Geschlecht zuordnen lassen. Damit ist divers neben männlich und weiblich der dritte Geschlechtseintrag und muss dementsprechend auch in der amtlichen Statistik abgebildet werden. Laut dem gemeinsamen Statistikportal des Bundes und der Länder soll dies nach einer Übergangsphase im Jahr 2019 auch umgesetzt werden. Da die meisten Statistiken in diesem Buch sich noch auf die Vor-Corona Zeit vor 2020 beziehen, werden in der Regel nur Zahlen verarbeitet, die das von Männern und Frauen geprägte binäre Geschlechtersystem abbilden.[7] Sofern Daten über das Geschlechtsmerkmal »divers« erhoben wurden, wird das an entsprechender Stelle erwähnt.

Schreibe ich von Männern und Frauen außerhalb des Kontextes der amtlichen Statistik, sind immer alle Menschen gemeint, die sich dem jeweiligen Geschlecht zuordnen. Personen, die weder als männlich noch als weiblich gelesen werden wollen, habe ich versucht, an möglichst vielen Stellen mit der Formulierung »und alle anderen Menschen« einzubeziehen.

TEIL I

MESSBARE KOSTEN

Eingesperrte Männer – Kosten durch Gefängnisaufenthalte

Männlich dominierte DAX-Vorstände werden von den Leitmedien regelmäßig als Beleg herangezogen, wenn das Patriarchat zur Sprache kommt. Die andere, unbeleuchtete Seite dieser Medaille wird dagegen nur selten thematisiert: Den männlichen CEOs in den DAX-Unternehmen stehen fast ausschließlich von Männern belegte Gefängnisse gegenüber. Vor einigen Jahren durfte ich den Gefängnisseelsorger und Gewaltberater Hubert Frank für ein Interview an seiner Arbeitsstelle, der JVA Rohrbach in Rheinland-Pfalz, besuchen. Nachdem ich damals die Sicherheitsschleuse passiert hatte, konnte ich mich an seiner Seite im Innern des Gefängnisses weitgehend frei bewegen. Er führte mich durch den frisch gebohnerten Mehrzweckraum, in dem Gottesdienste, aber auch Männergruppen stattfinden. Wir besuchten die Anstaltsbibliothek, in der ich einige Exemplare meines ersten Buches abgab – Männeraufbruch 2018, ein Wochenkalender für Männer auf der Suche. Ich kann mich noch gut an die Freude eines jungen Häftlings darüber erinnern, dass ein Autor sein Buch selbst vorbeibringt. Schließlich zogen wir uns in ein behagliches Büro zurück und tauschten uns über die intensive Arbeit mit den Männern aus. Besonders in Erinnerung geblieben ist mir Huberts Beschreibung der Gefühlswelt vieler Insassen. Die meisten Männer, erklärte er mir, haben einen Panzer um ihr Inneres, ihre Gefühlswelt gebaut – häufig aufgrund schlimmer Erfahrungen in ihrer Kindheit und Jugend. Oft gelingt es ihnen nur noch mit Drogen, Alkohol oder Gewalt diesen Panzer zu durchdringen und sich zu spüren.[8] Als

Männer- und Gewaltberater unterstützt Frank die Insassen dabei, diesen inneren Panzer aufzubrechen, indem sie vorherrschende Gefühle wie beispielsweise Angst, Trauer oder Unsicherheit bearbeiten. Die Erfolge dieses Ansatzes bestärken ihn in seiner Überzeugung, dass wir in Deutschland dringend ein flächendeckendes Netz an Beratungsstellen für Männer benötigen.

Auf meine Frage, warum es ein solches Hilfesystem noch nicht gebe, wies er ironisch auf das bundesweite Versorgungssystem hin. 200 Knäste. Mehr brauche es nach Meinung der Politik nicht. Der Seelsorger glaubt, dass hier das alte Männerbild den Insassen zum Verhängnis wird. Denn auch in den Köpfen der Entscheider:innen in Politik und Verwaltung ist es fest verankert, weshalb sie keinen Anlass sehen, Hilfsangebote für das männliche Geschlecht anzubieten.

Zwar gerät in Sachen Männerberatung mittlerweile einiges in Bewegung, wie ich in Teil II erörtern werde. Dennoch richtete Hubert Frank damals mit wenigen Sätzen einen verbalen Scheinwerfer auf die dunkle Seite des Patriarchats. Männer dominieren nämlich nicht nur in politischen Parteien, im Ranking der höchsten Gehälter oder bei den oben erwähnten Vorstandsposten der DAX-Unternehmen, sondern noch viel deutlicher in den deutschen Gefängnissen.

Vielleicht aber können haushaltspolitische Erwägungen die Politik zum Einlenken bringen. Denn Gefängnisse sind ein teures Unterfangen für dieses Land. Und wie ich am Ende dieses Abschnitts zeigen werde, ein besonders für die eingesperrten Männer nicht sehr wirksames Instrument.

Abb. 1

Im Jahr 2016 kostete ein Häftling in Deutschland durchschnittlich **130 Euro pro Tag**[9], eine Zahl, die heute weitaus höher sein dürfte.

Dieser Durchschnittstagessatz drückt aus, was der Justizvollzug die Steuerzahler:innen insgesamt kostet. Hier sind auch die Einnahmen durch Häftlinge (erwirtschaftete Waren und Dienstleistungen) sowie die umfassenden Bauinvestitionen in Gefängnisse berücksichtigt. Der Betrag hat sich in den letzten Jahren kontinuierlich erhöht.[10] Werden die Durchschnittstageskosten von 130 Euro mit den knapp 72.400 inhaftierten Männern und Frauen Ende Juni 2021[11] multipliziert, ergeben sich bundesweit Gesamtkosten für den Strafvollzug in Höhe von mindestens 3,44 Milliarden Euro jährlich.

Die meisten Menschen, denen ich in meinen Vorträgen oder in Gesprächen erzähle, wie deutlich Männer den deutschen Justizvollzug dominieren, reagieren ungläubig. Kaum jemandem ist bewusst, dass im Jahr 2021 **93,9 Prozent** der Gefängnisinsassen männlich und nur **6,1 Prozent** weiblich waren.

Häftlinge nach Geschlecht

Abb. 2

Somit entfallen **3,23 Milliarden Euro** der Kosten für den Justizvollzug auf Männer und im Vergleich nur verschwindend geringe **210 Millionen Euro** auf Frauen.

Abb. 3

Werden die durch Frauen verursachten Justizvollzugskosten mit denen der Männer verrechnet, verbleiben **3,02 Milliarden Euro,** die Männer an zusätzlichen Kosten verursachen.

Abb. 4

Auch bei einem zweiten Blick hinter die schwedischen Gardinen wird die Aussicht nicht besser. Denn eine Untersuchung der Max-Planck-Gesellschaft im Auftrag des Bundesjustizministeriums aus dem Jahr 2020 zeigt, dass innerhalb der ersten drei Jahre nach der Entlassung durchschnittlich **38,4 Prozent** der männlichen Straftäter rückfällig werden. Nach zwölf Jahren sind es sogar insgesamt **53,7 Prozent**[12].

Abb. 5

Diese hohen Rückfallquoten wundern mich nicht. Häufig sind patriarchale Strukturen der Nährboden für das Begehen einer Straftat. Männer lernen von klein auf und dann fortwährend durch die Medien (Film, Fernsehen, Musik und natürlich Social Media), dass sie sich körperlich durchsetzen und nach Macht und Status streben müssen. JJ Bola, der in London lebende Autor des Buchs *Sei kein Mann: Warum Männlichkeit ein Alptraum für Jungs ist,* schreibt, dass Jungs und jungen Männern in der Rangordnung heute noch besonderer Respekt gebührt, wenn sie als stark gelten.[13] Gleichzeitig haben **Männer** durch das Streben nach Dominanz verlernt, Fehler einzugestehen und um Verzeihung zu bitten. Dieses »Stark sein müssen« und »keine Emotionen zeigen« kann eine Quelle für das Begehen von Straftaten sein.

Das Gefängnis wird dann zu einer Art Epizentrum. Hier werden Männer, die aufgrund toxischen männlichen Gebarens eine Haftstrafe absitzen, mit anderen Männern auf engstem Raum eingeschlossen, die aus denselben Gründen »eingefahren« sind. Da braucht man nur eins und eins zusammenzuzählen, was dabei herauskommt: Das ungesunde männliche Verhalten potenziert sich. Und das schlägt sich dann in den hohen Rückfallquoten nieder.

Noch einmal: Von 100 Männern, die im Gefängnis landen, buchen mehr als 38 innerhalb von drei Jahren einen erneuten Knastaufenthalt. Nach weiteren neun Jahren kommen hier knapp 16 weitere Männer hinzu, die wieder ins Gefängnis müssen. Die zweite Zahl zeigt allerdings auch: Je größer der Abstand zum letzten Gefängnisaufenthalt, desto geringer ist die Rückfallquote.

Der Kriminologe und ehemalige Gefängnisdirektor Thomas Galli macht in seinem Buch *Weggesperrt. Warum Gefängnisse niemandem nützen* vielfältige Vorschläge, um genau diese Reproduktion von Straftaten durch Gefängnisaufenthalte zu durchbrechen. Er fordert eine drastische Reduktion der Haftstrafen zum Beispiel durch den Einsatz von Fußfesseln, echte Arbeit zum Abtragen finanzieller Schulden bzw. Strafen sowie einen neuartigen Täter-Opfer-Ausgleich.[14] Ich gehe davon aus, dass eine Reform des Strafvollzugs die Rückfallquoten drastisch reduzieren würde.

Die Dominanz der Männer im Strafvollzug ist nicht nur schockierend, sondern auch ein Skandal. Jahr für Jahr belasten männliche Insassen den Staat mit über drei Milliarden Euro. Von den immateriellen Schäden aufseiten der Opfer wie Traumatisierungen, Angststörungen oder Drogensucht ganz zu schweigen. Durch die hohen Rückfallquoten werden diese Schäden systematisch reproduziert und vervielfacht. Auf der politischen Agenda taucht das Ungleichgewicht im Strafvollzug jedoch kaum auf, und in der Öffentlichkeit wird es viel zu selten konstruktiv diskutiert. Das Gegenteil ist der Fall: Die große Mehrheit der Gesellschaft akzeptiert stillschweigend, dass fast ausschließlich Männer die deutschen Gefängnisse bevölkern. Kaum jemand aus Politik und Verwaltung fragt nach den Ursachen, geschweige denn entwickelt Lösungen.

So bleibt der Strafvollzug ein Sinnbild der unbeleuchteten Schattenseite des Patriarchats. Die andere Seite der Medaille, die kaum einer ansehen will.

Geschlagene Frauen – Kosten durch häusliche Gewalt

Dr. Walter P., Chirurg, ist verheiratet und Vater dreier Kinder. Ein hagerer Mann mit starrem Blick und flackernden Augen. Verkrampft windet er sich auf einem Stuhl, lässt den Blick durch den Raum schweifen, als würde er nach einem Ausweg suchen. Walter P. ist gewalttätig. Seine Frau und die Kinder sind deshalb vor ihm aus dem gemeinsamen Haus geflüchtet. In einer Sitzung wird er von dem bekannten Gewalttherapeuten Joachim Lempert mit seinen Taten konfrontiert. Der Familienvater unternimmt große Anstrengungen, um vor seinen Taten und vor sich selbst davonzulaufen. Er relativiert und gibt seiner Frau oder seinem stressigen Beruf die Schuld. Der Therapeut aber entlässt ihn nicht aus der Situation und konfrontiert ihn immer wieder gebetsmühlenartig mit dem Fakt, dass er seine Frau geschlagen hat. Er macht Walter P. deutlich, dass er nur dann eine Verhaltensänderung erreichen kann, wenn er die volle Verantwortung für seine Gewalttaten übernimmt.

Die beschriebene Szene ist eine Sequenz aus dem Film *Das Problem ist meine Frau* von Calle Overweg aus dem Jahr 2003.[15] Die beklemmende Doku wurde mit dem 3SAT Dokumentarfilmpreis ausgezeichnet und in Zusammenarbeit mit Gewaltberatern gedreht. Das Drehbuch wurde auf Basis einer Vielzahl echter Fälle von häuslicher Gewalt geschrieben, die fiktionalisiert und in beeindruckender Weise inszeniert wurden. Auch Dr. Walter P. ist eine fiktive Figur, die von einem Schauspieler fast schmerzhaft eindringlich gespielt wird.

Nur wenige Täter von Partnerschaftsgewalt werden therapeutisch begleitet oder holen sich Hilfe über eine Gewaltberatung. Das hat unterschiedliche Gründe. Zum einen ist das Angebot an Beratung für Männer in Deutschland, wie bereits erwähnt, noch sehr lückenhaft. Zum anderen haben die Täter viel zu selten ein Bewusstsein dafür, dass sie Unterstützung benötigen, um den Gewaltkreislauf zu durchbrechen. Meist gibt erst eine Krise wie z. B. eine Strafanzeige oder ein Auszug der Familie ins Frauenhaus den Anstoß für einen möglichen Veränderungsprozess. Bis dahin können aber Jahre vergehen.

In Deutschland sind im Jahr 2019, dem letzten Erhebungszeitraum vor der Corona-Krise, 114.903 Frauen Opfer von Partnerschaftsgewalt geworden. Diese Zahl stammt aus der kriminalstatistischen Auswertung des Bundeskriminalamts.[16] Wieder einmal eine kalte Aneinanderreihung von Ziffern. Deshalb halte ich es für wichtig, diese Zahl in ihre Einzelteile zu zerlegen. Erst dann kann das Phänomen der häuslichen Gewalt gegen Frauen in seiner ganzen Tragweite besser verstanden und durchdrungen werden:

- 111 Frauen wurden im Jahr 2019 von ihren Partnern oder Ex-Partnern ermordet oder sind einem Totschlag erlegen.
- 190 Frauen überlebten einen Mord- oder Totschlagsversuch in ihrer Beziehung bzw. ihrer beendeten Beziehung.
- 57 Frauen wurden so geprügelt, dass sie eine schwere Körperverletzung und somit bleibende Schäden erlitten haben. Bei sechs Frauen führte eine solche schwere Körperverletzung zum Tode.
- 1.514 Frauen sind im Jahr 2019 Opfer einer Freiheitsberaubung geworden.
- 3.027 Frauen sind in oder nach Beendigung der Partnerschaft vergewaltigt, sexuell genötigt oder sexuell übergriffig behandelt worden.

- 11.991 Frauen haben im Zusammenhang mit ihrer Partnerschaft eine gefährliche Körperverletzung erlitten. D.h., dass in der Regel eine Waffe, ein Gegenstand oder Gift verwendet wurde oder ein Angriff aus dem Hinterhalt erfolgte.
- 28.906 Frauen sind von den Menschen, mit denen sie eine Beziehung führen oder geführt haben, gestalkt, bedroht oder genötigt worden.
- 69.012 Frauen wurden Opfer einer vorsätzlichen einfachen Körperverletzung, d.h., sie wurden körperlich misshandelt oder ihre Gesundheit wurde geschädigt.

Dieser etwas detailliertere Blick auf die **114.903** weiblichen Opfer häuslicher Gewalt erschüttert und lässt erahnen, welche Dramen sich in Deutschland hinter verschlossenen Türen abspielen. Es ist mir wichtig, zwei zusätzliche Dimensionen zu erwähnen, um die Tragweite häuslicher Gewalt noch greifbarer zu machen.

Die Kinder leiden mit

Das Bundesministerium für Familie, Senioren, Frauen und Jugend (BMFSFJ) beschreibt auf seiner Website sehr treffend mögliche Folgen für Kinder und Jugendliche, die Partnerschaftsgewalt in ihren Familien miterleben mussten. Traumata können die kindliche Entwicklung nachhaltig beeinflussen. Zudem besteht eine doppelt so hohe Wahrscheinlichkeit für Frauen, selbst Opfer von Beziehungsgewalt zu werden, wenn sie in ihrer Kindheit und Jugend Zeuginnen von körperlichen Auseinandersetzungen der Erziehungsberechtigten wurden.[17] Die Perspektive der Kinder und Jugendlichen muss deshalb bei der Betrachtung und Bekämpfung der häuslichen Gewalt unbedingt mitgedacht werden.

Nur das Hellfeld wird abgebildet

Nur die Taten, die auch behördlich erfasst werden, durch Anzeigen oder Polizeieinsätze, werden in der Statistik des Bundeskriminalamtes auch abgebildet. Hierbei handelt es sich um das sogenannte Hellfeld, der Teil der häuslichen Gewalt, der im Fokus von Behörden und Öffentlichkeit steht. Und nur das Hellfeld kann – sofern belastbare Parameter vorliegen – mit Kosten bewertet werden. Das Dunkelfeld der Partnerschaftsgewalt aber ist groß. Angst, Schamgefühle, wirtschaftliche Abhängigkeit oder die Befürchtung, dass die eigenen Kinder stigmatisiert werden, hält viele Frauen davon ab, die erfahrene Gewalt durch eine Anzeige in das Hellfeld zu tragen. Laut einer repräsentativen Studie im Auftrag des BMFSFJ aus dem Jahr 2004 hat jede vierte Frau seit dem Alter von 16 Jahren einen körperlichen oder sexuellen Übergriff in ihrem Leben in einer Partnerschaft erlebt.[18] Die Opferschutzorganisation DER WEISSE RING schätzt zudem, dass nur 20 Prozent der Fälle von Partnerschaftsgewalt ins Hellfeld gelangen.[19] Vier von fünf Fällen bleiben demnach unter einem Mantel des Schweigens verborgen.

Bei der Ermittlung der Kosten der häuslichen Gewalt werde ich nachfolgend auf die Ergebnisse einer umfassenden Studie der Brandenburgischen Technischen Universität Cottbus zurückgreifen. Die bis zu diesem Zeitpunkt einmalige Untersuchung aus dem Jahr 2017 von Prof. Sylvia Sacco hat ausschließlich das Hellfeld untersucht. Die tatsächlichen Kosten sind mit großer Wahrscheinlichkeit weitaus höher.

In der Studie mit dem Titel *Häusliche Gewalt, Kostenstudie für Deutschland* werden die monetären Schäden einmal in Form der direkten, einmal in Form der indirekten Kosten zusammengetragen.[20]

Direkte Kosten häuslicher Gewalt:
Hier haben Prof. Sacco und ihr Team alle Kosten erfasst, die in einem direkten Zusammenhang mit den Gewalttaten stehen, also Geldaufwendungen, die durch Polizeiarbeit, Justizverfahren oder den Betrieb von Frauenhäusern entstehen.

Der ermittelte Gesamtbetrag für direkt zurechenbare Kosten aufgrund von häuslicher Gewalt beträgt bundesweit über 800 Millionen Euro pro Jahr und kann in vier Bereiche aufgliedert werden:

Abb. 6

Knapp 109 Millionen Euro fallen in Zusammenhang mit Partnerschaftsgewalt bei der **Polizei** an. Dabei werden die Kosten in Funkwageneinsätze sowie Fallsachbearbeitung differenziert.

Mit ungefähr 200 Millionen Euro wird der **Justizsektor** belastet. Diese Summe ergibt sich unter anderem durch die Bearbeitung von Strafverfahren, die Erstellung von Sachverständigengutachten oder die Verfahrenskosten für die Betroffenen. In der Studie wurden auch knapp 100 Millionen Euro Inhaftierungskosten bei Mord und Totschlag erfasst. Diesen Kostenanteil habe ich aus den Zahlen, die ich hier vorlege, herausgerechnet, da die Belastungen im Strafvollzug schon im vorherigen Kapitel *Eingesperrte Männer* erfasst wurden.

Etwas mehr als 193 Millionen Euro hat die Forscher:innengruppe für sogenannte **Unterstützungsangebote** errechnet. Hinter diesem Kostenblock verbergen sich Aufwendungen für Frauenhäuser sowie für Opfer- und Täterberatungen.

Mit circa 296 Millionen Euro wird das **Gesundheitswesen** durch die Folgen der häuslichen Gewalt belastet. Diese Kosten teilen sich auf in die Erstversorgung nach Gewalterfahrung sowie die Behandlung psychischer Erkrankungen.

Indirekte Kosten häuslicher Gewalt:

Partnerschaftsgewalt hat darüber hinaus gesellschaftliche Schäden zur Folge, die sich nicht direkt im Anschluss an die Tat, sondern zeitversetzt und in manchen Fällen über viele Jahre hinweg auswirken. Die Forscher:innen ermittelten für dieses in der Regel kaum beachtete Feld Kosten in Höhe von fast zwei Milliarden Euro. Dieser Betrag setzt sich aus den folgenden vier Kostenarten zusammen:

Es ist kaum verwunderlich, dass häusliche Gewalt bei den Opfern zu einem **erhöhten Krankenstand** und gleichzeitig zu einer geringeren Arbeitsproduktivität führt. Hierdurch entstehen Folgekosten in Höhe von knapp **1,3 Milliarden Euro.**

Abb. 7

In einigen Fällen von Krankheit aufgrund häuslicher Gewalt ist eine **externe Durchführung der Hausarbeit** notwendig. Hierfür wurden Kosten in Höhe von circa **46 Millionen Euro** zusammengetragen.

Arbeitslosigkeit kann eine weitere indirekte Konsequenz von Gewalttaten in Partnerschaften sein. Ungefähr **44 Millionen Euro** an monetären Kosten wurden für dieses Feld berechnet.

Schließlich wurden in der Untersuchung auch die **Traumafolgekosten für Kinder** erfasst. Hier wurde mit einer Schadenshöhe von circa **563 Millionen Euro** kalkuliert.

Somit ergibt sich als Summe eine Position von jährlich knapp 2,75 Milliarden Euro an direkten und indirekten Kosten, als Folge häuslicher Gewalt, ausgeübt gegen Frauen. Dieser Betrag wird bei der Ermittlung der Gesamtkosten berücksichtigt, also der Kosten durch Gefängnisaufenthalte plus der durch häusliche Gewalt entstehenden Kosten. Auch in den Folgekapiteln werde ich die ermittelten Kosten dann stets aufsummieren. So schälen sich, Kapitel für Kapitel, die durch ungesunde männliche Verhaltensweisen entstandenen Gesamtkosten heraus.

Abb. 8

Männer als Opfer von Partnerschaftsgewalt

Partnerschaftsgewalt von Männern gegenüber Frauen ist ein strukturelles Problem, und in den meisten Fällen hat sie ihren Ursprung im Patriarchat. Ein Mann dominiert eine Frau, und lässt sie sich nicht dominieren, wird sie diszipliniert. Und warum dominiert er sie? Weil er es kann, weil er keine Argumente mehr hat, weil er überfordert ist oder weil er sich schämt. Die Folgen sind schwere körperliche und tiefe seelische Verletzungen der Frauen. Daneben leiden die Kinder, die nicht selten Zeuge oder auch Opfer der häuslichen Gewalt werden. Auch Mütter, Väter, Geschwister und Freunde sind von Fällen häuslicher Gewalt indirekt betroffen. Sie begleiten, hören zu, empören sich und fürchten um die betroffenen Frauen. Das verdeutlicht einmal mehr, dass Kosten nur ein messbarer Indikator sind, die Folgen von Partnerschaftsgewalt aber viel tiefgreifender in die Gesellschaft hineinreichen, als es vielleicht auf den ersten Blick erscheint. Deshalb müssen sich alle Geschlechter mit den Opfern von Partnerschaftsgewalt solidarisieren. Ich schreibe dies so eindringlich, weil ich vermeiden möchte, dass die folgenden Zeilen zu Missverständnissen führen. Als Männer- und Gewaltberater mache ich diese Erfahrung leider immer wieder.

Denn, auch Männer können Opfer von Beziehungsgewalt werden. Und es sind die Klischees in unseren Köpfen, die uns einflüstern, dass das doch eigentlich gar nicht sein kann und nicht sein darf. Es passt nicht in die vorgegebene Ordnung, in das Schwarz-Weiß-Denken, dass es so einfach macht, die einen in Opfer und die anderen in Täter einzuteilen. Das Bundeskriminalamt, das seit 2015 jährlich mit dem *Lagebild Partnerschaftsgewalt* der Öffentlichkeit eine wertvolle kriminalistische Auswertung zur Verfügung stellt, befördert in seiner Kommunikation leider dieses Schubladendenken. Auf der entsprechenden Website ist in einer Headline zu lesen, dass Gewalt gegen Frauen viele Gesichter hat und häufig in Beziehungen stattfindet.[21] Das Coverbild des Lagebilds zeigt einen Mann mit einem Unterhemd, der seine Hand gegen eine vor ihm kauernde Frau erhebt. Dass auch Männer Opfer von Partnerschaftsgewalt werden können, finden interessierte Leser:innen dann erst in der Tabelle auf Seite vier des sonst sehr transparenten und sachlichen Reports. Um genau zu sein, richtete sich im Jahr 2019 in 18,9 Prozent der Fälle die Gewalt gegen Männer.[22] Das sind ebenfalls nur die Vorkommnisse, die im Hellfeld auftauchen, also von der Polizei aufgenommen und dokumentiert wurden.

Opfer häuslicher Gewalt
2019

Abb. 9

Die Gründe, warum männliche Opfer ihre gewalttätigen Partnerinnen häufig nicht anzeigen, sind bisher kaum erforscht. Eine Ausnahme bildet eine Studie aus dem Jahr 2004. Hier wurden wichtige Erkenntnisse aus Literatur und Forschung zusammengetragen, die Annahmen darüber zulassen, warum sich Männer keine Hilfe holen bzw. warum sie zu lange warten.[23]

Wird in der Partnerschaft Gewalt erfahren, haben männliche Opfer häufig kein Bewusstsein dafür, dass ihnen Unrecht widerfährt. Zudem sind besonders Männer von dem Stereotyp geprägt, dass ein Mann als der Stärkere kein Opfer sein kann. Wie in der Studie ermittelt wurde, leiden viele Männer unter der Angst, dass ihnen nicht geglaubt wird. Sie befürchten, dass die Partnerin sich rächt und so der Kontakt zu den Kindern verloren gehen könnte. Weiterhin hoffen Männer, dass sich die Partnerin verändert und die Gewalt aufhört. Der Wunsch, dass die Familie zusammenbleibt, oder die Angst, den Kindern zu schaden, beeinflusst viele männliche Opfer von Partnerschaftsgewalt. Schließlich ist Beziehungsgewalt für alle Geschlechter schambehaftet. Für Männer hat die Scham aber eine besondere Bedeutung. Sie schämen sich, weil sie denken, sie seien die einzigen Opfer (denn »Männer werden ja keine Opfer«). Zudem steht Beziehungsgewalt im Widerspruch zur gesellschaftlichen Konstruktion von Männlichkeit.

Auch nach meinen Erfahrungen und nach Gesprächen mit Kollegen aus der Männerberatung ist Scham die zentrale Quelle dafür, dass männliche Opfer sich keine oder erste spät Unterstützung holen. Erfahren Männer in der Partnerschaft Gewalt, springen bei vielen Menschen noch die gleichen (patriarchalisch geprägten) Reflexe an: »Das kann doch gar nicht sein, du bist doch stärker« oder »Wehr dich doch« oder »Warum lässt du das mit dir machen?«. Die Gesellschaft fordert von den Männern genau das, was so zerstörerisch ist: Sie sollen ihre Probleme selbst in die Hand nehmen, anstatt darüber zu reden und professionelle Hilfe in Anspruch zu nehmen. Tun sie es doch, besteht die Gefahr, dass sie aus ihrem Umfeld oder auch von der kontaktierten Polizei Unverständnis erfahren. Häufig fehlt aufgrund einer sehr selektiven Aus- und Fortbildung bei vielen Polizist:innen heute noch das Bewusstsein und die notwendige Sensibilität für männliche Opfer häuslicher Gewalt. Deshalb werden Männer nach Polizeieinsätzen immer wieder des gemeinsamen Haushalts verwiesen, obwohl sie die Opfer waren. Wie sollen es die Sicherheitskräfte denn auch besser wissen, sind sie doch über Jahrzehnte nur mit dem einen Stereotyp gefüttert worden: Männer sind die Gewalttäter. Das Cover des oben benannten Lageberichts ist nur ein Mosaikstein von vielen, die eine solche Haltung weiter befördern.

Glücklicherweise, wenn auch sehr zaghaft, entstehen in einigen Bundesländern erste Projekte für männliche Opfer von Beziehungsgewalt. Die Bundesfach- und Koordinierungsstelle Männergewaltschutz – gefördert vom BMFSFJ – steuert den bundesweiten Aufbau und die Vernetzung von Opferberatungsstellen und Männerschutzwohnungen. Immerhin gibt es bis heute schon in Sachsen, Nordrhein-Westfalen, Bayern und Niedersachen Beratung und Schutz für Männer, die von Partnerschaftsgewalt betroffen sind.[24] Dazu mehr im abschließenden Teil des Buches.

Warum aber fällt es so schwer – leider manchmal auch Politiker:innen, Fachkräften in den Ämtern und Kolleg:innen aus Frauenschutzprojekten –, Beziehungsgewalt gegen Männer zu akzeptieren und zu thematisieren? Es geht dabei doch nicht darum, Gewalt gegen Frauen zu relativieren. Die Arbeit für das eine Geschlecht wertet doch die für das andere nicht ab. Im Gegenteil, träten beide Parteien – Männer- und Frauenschutzarbeiter:innen – Seite an Seite gegen Gewalt in Beziehungen auf, würde das die Arbeit gegenseitig befruchten und die Lobby gegenüber den Kostenträgern stärken. Zudem würde die Bewegung zur Abschaffung des Patriarchats gestärkt werden. Kein Mann, der sich ernsthaft und nachhaltig in einem Männergewaltschutzprojekt engagiert, wird das dramatische Ungleichgewicht von circa 81 Prozent zu 19 Prozent negieren. Im Gegenteil, er wird darauf verweisen, dass weibliche Opfer entsprechend dem hohen Anteil unter den Gewaltopfern tiefgreifenden und sicher finanzierten Schutz erfahren müssen. Männer aber im Verhältnis ebenso. Ich bin davon überzeugt, dass eine beide Geschlechter umfassende, kollegiale Opferschutzbewegung, auch wenn es unterschiedliche Schwerpunkte gibt, für alle ein Gewinn wäre. Denn am Ende des Tages sind es Menschen, die Opfer von Gewalt werden.

Deshalb dürfen wir nicht nachlassen im Kampf gegen die zerstörerische Kraft häuslicher Gewalt bzw. Partnerschaftsgewalt, die durchschnittlich fast an jedem dritten Tag das Leben einer Frau kostet (2019: 117 weibliche Opfer von Partnerschaftsgewalt mit tödlichem Ausgang) und an nahezu jedem 11. Tag das Leben eines Mannes (2019: 32 männliche Opfer von Partnerschaftsgewalt mit tödlichem Ausgang).[25]

Das BKA belegt, dass knapp jedes fünfte Opfer von häuslicher Gewalt im Jahr 2019 ein Mann war. Auch diese Gewalt verursacht

Abb. 10

monetäre Schäden. Bisher liegen aber keine belastbaren direkten und indirekten Kosten für dieses relativ neue und tabubehaftete Themenfeld vor. Zum einen sicherlich, weil kaum Schutzinfrastruktur existiert, und zum anderen, weil das Feld bisher wenig beforscht ist. Aufgrund dieser unsicheren Datenlage konnte ich deshalb dieser Stelle keine volkswirtschaftlichen Kosten für die männlichen Opfer von Beziehungsgewalt dagegenrechnen. Das heißt aber nicht, dass sie nicht existieren. In meiner Beratungspraxis arbeite ich regelmäßig mit männlichen Opfern von häuslicher Gewalt. In Hessen allerdings gibt es noch keine Finanzierungsgrundlage für die Arbeit mit dieser Zielgruppe. Deshalb zahlt jeder Mann das, was er im Rahmen seiner finanziellen Möglichkeiten beitragen kann. Das können fünf Euro sein oder auch der volle Stundensatz. So tragen Männer, die sich den vollen Beratungssatz leisten können, die anderen Männer mit. Diese private Querfinanzierung kann kein Modell für die Zukunft sein.

Berauschte Männer – Kosten durch Süchte

Bis Anfang der 2000er-Jahre war ich als Geschäftsführer der Integrativen Drogenhilfe e.V. in Frankfurt am Main tätig. Der Verein ist als Pionier der niedrigschwelligen Drogenhilfe bekannt und betreibt noch heute im Frankfurter Bahnhofsviertel einen der bundesweit größten Konsumräume. Hier können Süchtige ihre eigenen Substanzen mitbringen und in einem hygienischen und geschützten Rahmen konsumieren. Sozialpädagogische und medizinische Fachkräfte empfangen die Klient:innen, sind ständig präsent und können in Krisensituationen schnell reagieren. Damals begleitete ich das Team im Konsumraum für einen Tag, um die Arbeit vor Ort besser kennenzulernen, und war überrascht vom Ungleichgewicht der Geschlechter, die den Schutzraum besuchten. Der Anteil der männlichen Besucher des Konsumraums war schon vor über 20 Jahren eklatant höher und ist es noch heute. Laut dem letzten öffentlichen Jahresbericht der Integrativen Drogenhilfe e.V. aus dem Jahr 2019 lag der Anteil der männlichen Besucher im Konsumraum bei knapp 85 Prozent.[26] Die Stadt Frankfurt wertet einmal im Jahr die Nutzerstruktur aller vier Frankfurter Konsumräume aus und ermittelte ebenfalls eine Geschlechterverteilung von 85 Prozent zu 15 Prozent.[27]

Nun sind diese Zahlen nur ein kleiner Ausschnitt aus dem großen Spektrum der Süchte. Sie repräsentieren aber die krasse Dominanz der Männer insgesamt in fast allen Kategorien.

Es gibt nur zwei Ausnahmen, die an dieser Stelle erwähnt werden sollen: Frauen sind in den sogenannten stillen oder verborgenen

Süchten führend. So waren laut einer Auswertung der KKH Krankenkasse im Jahr 2018 75 Prozent der Betroffenen einer Essstörung weiblich.[28] Auch beim Medikamentenmissbrauch ist der Anteil der Frauen deutlich höher. Hier kann man von einem Verhältnis von circa 67 Prozent Frauen zu 33 Prozent Männern ausgehen.[29]

Alle anderen, vor allem die legalen Süchte, werden von den Männern beherrscht. Alkohol, Tabak, Glücks- oder Computerspiele. Bevor ich nachfolgend aber die Kosten der einzelnen Suchtkategorien Schritt für Schritt zusammentrage, möchte ich den Blick vorab auf die Ursachen der männlichen Suchtaffinität richten.

Prof. Heino Stöver, einer der renommiertesten Fachleute für Drogen und Sucht in Deutschland, hat in seinen Forschungen den Blick immer wieder auf die Männer gerichtet. Er schreibt, dass traditionelle Männlichkeit und Sucht eng zusammenhängen. Das männliche Geschlechterrollenverhalten wird unter anderem mit Hilfe von Drogen gestaltet, inszeniert und in der Interaktion mit anderen Männern entwickelt.[30] Davon ausgehend möchte ich zwei Thesen vorstellen, die im Zentrum des männlichen Drogenkonsums stehen:

Einerseits konsumieren Männer legale und illegale Drogen, weil sie mit dem Druck überfordert sind, der mit der traditionellen, durch Geschlechterklischees konstruierten Männerrolle einhergeht. Keine Gefühle zeigen, für die Familie sorgen oder sich durch Stärke und Machtdemonstrationen gegen Konkurrenten durchsetzen. Für viele Männer sind Suchtmittel dann eine Bewältigungsstrategie, weil sie den vermeintlich an sie gestellten Anforderungen nicht gerecht werden oder befürchten, ihnen nicht gerecht zu werden. Mit Drogen können sie ihre Ängste, Sorgen und Unsicherheiten wie durch einen unsichtbaren Panzer abspalten. Männer reden dann nicht über ihre Probleme, sie versuchen sie zu verdrängen oder, bildlich gesprochen, runterzuschlucken bzw. »wegzurauchen«.

Andererseits dient der Konsum von Drogen nicht selten der künstlichen Herstellung von schädlichen männlichen Verhaltensweisen, sobald Männer in Gruppen interagieren. Viele Männer neigen im Alltag kaum zu Dominanzstreben, Risikoorientierung oder körperlichen Auseinandersetzungen. In der Gemeinschaft mit anderen Männern fungieren solche toxischen Stereotype aber häufig als Codes der Gruppenzugehörigkeit. Auf dem Wege des Drogenkonsums können diese Codes zumindest temporär hergestellt werden.

Der Dozent Jakob Müller stützt diese Differenzierung, wenn er schreibt, dass »der Suchtmittelkonsum bei Männern häufig zum Ersatz für blockierte Gefühlswahrnehmungen sowie als Konfliktregulierungsmittel eingesetzt wird. Männliche Rollenerwartungen prädestinieren somit den Suchtmittelkonsum.«[31]

Es sind die klassischen patriarchalischen Rollenstereotype, die den Männern von klein auf eingeflüstert werden. Ein Fels in der Brandung sein. Die Kontrolle behalten. Im Wettbewerb bestehen. Und wenn das nicht gelingt, eignet sich nichts so gut wie Drogen, um dem angestrebten männlichen Idealzustand wenigstens zeitlich begrenzt nahezukommen oder zu entkommen. Wie ich mit den nachfolgend zusammengetragenen Zahlen zeige, sind die gesellschaftlichen und volkswirtschaftlichen Folgen schwerwiegend.

Kosten durch Alkohol

Der Forscher Tobias Effertz hat in einer viel zitierten Schrift aus dem Jahr 2015 die volkswirtschaftlichen Kosten von Alkohol- und Tabakkonsum sowie von Adipositas zusammengetragen.[32] Allein für das Segment Alkohol hat Effertz jährliche ökonomische Schäden von **57 Milliarden Euro** errechnet. Das ist ein bestürzend hoher Betrag, aber auch ein Skandal. Den gesellschaftlichen Schäden stehen nämlich jährliche Einnahmen durch die Alkoholsteuer in Höhe von kaum mehr als **zwei Milliarden Euro** gegenüber.[33]

Bei seiner Untersuchung hat der Hamburger Ökonom, genau wie Sylvia Sacco zuvor im Bereich der häuslichen Gewalt, die Belastungen in den Kategorien direkte und indirekte Kosten erfasst.

Mit fast **17 Milliarden Euro** direkten Kosten belasten Krankheits- und Pflegeaufwendungen sowie Rehabilitationsmaßnahmen die Haushalte Jahr für Jahr. Diese Auswirkungen sind eine unmittelbare Folge alkoholbedingter Schäden.

Erst zeitversetzt fallen weitere circa **40 Milliarden Euro** als indirekte Kosten an. Sie entstehen durch die Zahlungen von Arbeitslosengeld, die Folgen von Erwerbsminderungen bzw. Arbeitsunfähigkeit sowie den Ressourcenverlust durch verfrühtes Versterben.

Den Betrag von 57 Milliarden Euro habe ich mit einer Geschlechterverteilung von 73 Prozent Männern bzw. 27 Prozent Frauen gewichtet. Dieses Verhältnis ergibt sich aus verschiedenen Quellen der Suchthilfestatistik.

So wurde im »Jahrbuch Sucht« der Deutschen Hauptstelle für Suchtfragen für das Jahr 2021 die Geschlechterverteilung alkoholbedingter Störungen in zwei Kategorien ausgewiesen. Sowohl der Missbrauch von Alkohol als auch die Abhängigkeit wird mit über 73 Prozent von den Männern angeführt.[34]

Missbrauch und Abhängigkeit
nach Geschlecht

	MÄNNER	FRAUEN
Missbrauch	73,3 %	26,7 %
Abhängigkeit	73,2 %	26,8 %

Tab. 1

Dieses Geschlechterverhältnis von circa 73 Prozent zu 27 Prozent zieht sich in der Folge wie ein roter Faden auch durch andere Alkoholstatistiken. So berichtet das Statistische Bundesamt (Destatis) von einem Anteil von 72 Prozent Männern bei den Verstorbenen aufgrund einer alkoholbedingten Lebererkrankung.[35] Im gleichen Report von 2015 dokumentiert Destatis, dass Menschen, die aufgrund von alkoholbedingten psychischen Störungen bzw. Verhaltensstörungen verstarben, zu 77 Prozent männlich waren.[36] Die Deutsche Hauptstelle für Suchtfragen berichtete für 2019 von knapp 71 Prozent Männern, die in der ambulanten Suchthilfe betreut wurden. Die wesentlich teureren stationären Angebote wurden von etwas mehr als 72 Prozent Männern in Anspruch genommen.[37]

Durch die Gewichtung mit der angenommenen Geschlechterverteilung von 73 Prozent zu 27 Prozent entfallen 41,61 Milliarden Euro von den insgesamt 57 Milliarden Euro an volkswirtschaftlichen Schäden durch Alkoholkonsum auf die Männer. Zieht man die 15,39 Milliarden Euro ab, die von den Frauen verursacht werden, verbleiben **26,22 Milliarden Euro.** Das ist in etwa der Betrag, der Jahr für Jahr an Mehrkosten durch männlichen Alkoholkonsum anfällt. Diese Zahl werde ich in der Gesamtberechnung berücksichtigen.

Abb. 11

Die tatsächlichen Kosten dürften heute deutlich über diesem Betrag liegen. Ursächlich hierfür sind vornehmlich gestiegene Kosten im Gesundheitswesen sowie Beitragssteigerungen in den

Sozialversicherungen. Zudem ist davon auszugehen, dass zahlreiche durch den Alkoholkonsum verursachte Schäden durch das Raster der amtlichen Statistik fallen.

Darüber hinaus dürfen das Leid und der Verlust an Lebensqualität von Erkrankten und Angehörigen nicht außer Acht gelassen werden. Tobias Effertz hat den Versuch gewagt, auch solche Belastungen mit Kosten zu bewerten, denen keine entsprechenden Kostenparameter gegenübergestellt werden können. Dabei hat er Schmerzensgeldurteile statistisch ausgewertet und hypothetisch angenommen, die Alkoholindustrie könnte für den Verlust an Lebensqualität haftbar gemacht werden. Hier errechnete er einen Betrag von nahezu 20 Milliarden Euro, den ich aber in meiner Auswertung nicht berücksichtige.

Kosten durch Tabakkonsum

Schließen Sie die Augen, und stellen Sie sich eine der legendär gewordenen rauchenden Filmfiguren vor. Wie viele Frauen erscheinen da vor Ihrem inneren Auge? Ich sehe Don Draper in *Mad Men,* Rust in *True Detectives* oder Kommissar Gedeon Winter in *Der Pass.* Jon Hamm, Matthew McConaughey und Nicolas Ofczarek spielen alle drei Figuren, die ihre Kreise durch das Leben als einsame, desillusionierte Gestalten ziehen und die alles dafür tun, um nicht mit ihren Gefühlen konfrontiert zu werden. Und doch sind sie Helden, die als Identifikationsfiguren stilisiert werden. So wird Männlichkeit im Film regelmäßig als eine Art Fortschreibung des einsamen Marlboro Cowboys erzählt (fünf Darsteller der berühmten Zigarettenwerbung starben an Lungenkrankheiten infolge des Rauchens, was dazu führte, dass Marlboro-Zigaretten in Amerika den Spitznamen »Cowboy Killers« erhielten).[38] Solche medialen Konstruktionen von Männlichkeit sind Öl auf das Feuer des Patriarchats; sie beeinflussen das Verhalten und das Rauchverhalten der Männer.

Rauchende Männer dominieren nicht nur in Film und Fernsehen, sondern auch im echten Leben. Hier wieder relevante Fakten aus dem Jahr 2017:

Ungefähr 26 Prozent der Männer in Deutschland ab 15 Jahren rauchen, bei den Frauen sind es circa 19 Prozent.[39] Das sind in absoluten Zahlen 9,3 Millionen männliche und 6,8 Millionen weibliche Raucher:innen.

Abb. 12

Es ist wichtig und höchst aufschlussreich, drei Gruppen zu unterscheiden:

- Bei der Gruppe der gelegentlichen Raucher:innen, also Menschen, die nicht täglich rauchen, liegen die Zahlen noch recht nah beieinander. Vier Prozent der Männer und 3,3 Prozent der Frauen ab 15 Jahren konsumieren wenigstens ab und zu Tabakprodukte. Das sind 1,4 Millionen Männer und 1,2 Millionen Frauen.
- Unter den regelmäßigen Raucher:innen geht die Schere weiter auseinander. Hier rauchen knapp 20 Prozent der Männer zumindest täglich und nur circa 14 Prozent der Frauen.

Umgerechnet sind das 6,9 Millionen Männer gegenüber 5,2 Millionen Frauen.

- Bei den starken Raucher:innen, und das sind die Menschen, die am meisten unter den Folgen der Sucht leiden und die höchsten gesellschaftlichen Kosten verursachen, führen die Männer das Feld mit Abstand an. 2,7 Prozent oder 948.000 Männer rauchen mehr als 20 Zigaretten am Tag. Bei den Raucherinnen sind es nur 402.000 oder 1,1 Prozent. Damit gibt es mehr als doppelt so viele starke männliche Raucher.[40]

Abb. 13

Die volkswirtschaftlichen Kosten des Rauchens betragen – basierend auf der Analyse von Tobias Effertz – 97,24 Milliarden Euro jährlich.[41] Das entspricht einem Anteil von knapp drei Prozent des deutschen Bruttoinlandsprodukts in Höhe von 3.336 Milliarden Euro im Jahr 2020.[42] Diese Zahl erschüttert deshalb so sehr, weil die deutsche Politik seit Jahrzehnten im Würgegriff der Tabakindustrie verharrt. Das Bild passt gut, denn Tabakkonsum schnürt irgendwann jeder Raucherin, jedem Raucher die Luft ab. Der Spitzenverband der Tabakindustrie (BVTE) wird übrigens noch im Jahr 2022 von Jan Mücke, einem ehemaligen Staatssekretär mit FDP-Parteibuch, als Hauptgeschäftsführer geleitet – nach dessen Ausstieg aus der Politik im Jahr 2014.[43] Mit besten

Verbindungen zu den alten Kollegen, versteht sich. Solche Männer-Netzwerke in Politik und Verbänden sind dafür verantwortlich, dass Deutschland als letztes EU-Land ein weitreichendes Werbeverbot für Tabakprodukte verabschiedet hat. Aber auch das ist noch löchrig wie ein Schweizer Käse und wird nur schrittweise bis zum Jahr 2024 umgesetzt. Diese Information findet sich übrigens prominent platziert auf der Webseite der Bundesregierung, garniert mit der Information, dass der Tabakkonsum 100 Milliarden Euro volkswirtschaftliche Kosten verursacht.[44] Eine späte Erkenntnis, wenn man bedenkt, dass die Einnahmen durch die Tabaksteuer im Jahr 2020 lediglich 14,6 Milliarden Euro betragen haben.[45]

Wie können die volkswirtschaftlichen Kosten des Rauchens nun belastbar auf die Geschlechter verteilt werden?

Zwar ist davon auszugehen, dass der Großteil der gesellschaftlichen Kosten des Rauchens durch die relativ kleine Gruppe der starken Raucher verursacht wird, in der die Männer deutlich überrepräsentiert sind. Dennoch wird (erneut aus Gründen der Vorsicht) die Geschlechterverteilung aller Raucher:innen, unabhängig vom Rauchverhalten, zur Gewichtung herangezogen: Demnach sind unter allen Raucher:innen 57,7 Prozent Männer und 42,3 Prozent Frauen.[46] Werden die oben eingeführten volkswirtschaftlichen Kosten in Höhe von 97,24 Milliarden Euro hiermit gewichtet, verbleiben gerundete Beträge in Höhe von 41,13 Milliarden Euro für die Frauen und 56,11 Milliarden Euro für die Männer.

Abb. 14

Trotz dieser vorsichtigen Berechnung verbleibt ein Betrag in Höhe von **14,98 Milliarden Euro,** den das männliche Rauchverhalten die deutsche Volkswirtschaft Jahr für Jahr mehr kostet als das weibliche, mindestens.

Kosten durch Glücksspiel

Vor einigen Jahren schon schrieb ich einen Text über Männer und Glücksspielsucht.[47] Ich erzähle darin davon, dass am Monatsanfang die Telefone in den Beratungsstellen besonders häufig klingeln, weil die spielsüchtigen Männer ihren Monatslohn schon nach wenigen Tagen in der Spielhalle verprasst haben.

Früher habe ich selbst solche Anrufe beim Frankfurter Drogennotruf entgegengenommen. Das Hilfetelefon wird vom Verein Basis e.V. betrieben. Am anderen Ende der Leitung war aber in den seltensten Fällen der betroffene Mann. Meist haben die Frauen die Initiative ergriffen und versucht, Hilfe für die Familie zu bekommen, wenn ihre Männer, Väter, Brüder das Geld verzockt hatten.

Damals habe ich erlebt, in welch existenzielle Nöte Familien geraten können, wenn ein Mensch in die Fänge der Glücksspielindustrie gerät. Deshalb ist es mir wichtig, an dieser Stelle noch einmal für das einzelne Schicksal zu sensibilisieren. Denn in den volkswirtschaftlichen Schäden der Glücksspielsucht drohen die alltäglichen Dramen unterzugehen, die sich Monat für Monat in Tausenden Familien abspielen.

Für die Berechnung der Kosten habe ich eine Untersuchung der Forschungsstelle Glücksspiel an der Universität Hohenheim aus dem Jahr 2011 als Grundlage herangezogen.[48] Der hier errechnete Betrag wurde von mir unter der Berücksichtigung von

Kostensteigerungen in das Jahr 2021 fortgeschrieben. Die so ermittelten Kosten des Glücksspiels belaufen sich demnach auf 430 Millionen Euro jährlich.[49] Die Basis der Berechnung bilden erneut direkte und indirekte Kosten der Sucht. Finanzielle Belastungen durch Schuldnerberatung, stationäre Therapien oder auch durch Beschaffungskriminalität sind Beispiele für direkte Folgen. Indirekte Kosten ergeben sich durch krankheitsbedingte Fehlzeiten oder auch den Verlust des Arbeitsplatzes.

Bevor ich die jährlichen Kosten des Glücksspiels nachvollziehbar und verursachungsgerecht auf die Geschlechter verteile, lohnt ein Blick auf die Struktur der Süchtigen. Die Suchthilfeforschung unterscheidet nämlich zwischen problematischem und pathologischem Glücksspiel. Beim problematischen Glücksspiel haben die betroffenen Personen zwar noch die Kontrolle, erfahren aber schon erste negative Konsequenzen, wie z. B. den Verlust hoher Geldeinsätze. Eine Studie der Bundeszentrale für gesundheitliche Aufklärung (BzgA) zählt 229.000 problematische Spieler:innen ab 16 Jahren – 87 Prozent Männer und 13 Prozent Frauen. Da die Erhebung telefonisch durchgeführt wurde, gehe ich davon aus, dass sich in der Gruppe der problematischen Spieler:innen auch pathologische »verbergen«. Soziale Erwünschtheit und Scham spielen hier eine bedeutende Rolle. Die Übergänge zum pathologischen Glücksspiel dürften deshalb fließend sein.

Pathologisches Glücksspiel wird immer dann diagnostiziert, wenn Menschen die Kontrolle über ihr Spielverhalten hinsichtlich Zeitaufwands und Einsatzhöhe verlieren. Die Folge ist Glücksspielsucht. Ein Verhalten, dass auch offiziell als psychische Störung eingestuft wird. Laut der BzgA-Studie aus dem Jahr 2019 wird mit 200.000 Menschen gerechnet, die am Krankheitsbild des pathologischen Glücksspiels leiden.[50]

Abb. 15

Die erste Folge pathologischen Glücksspiels ist Kontrollverlust. Er bringt dann Stück für Stück, ähnlich einem Dominoeffekt, alle Lebensbereiche der Süchtigen zum Kippen. Die Beziehung, den Arbeitsplatz, die Wohnung. Deshalb habe ich entschieden, die Geschlechterverteilung des pathologischen Glücksspiels als Grundlage der Gewichtung zu wählen. Das Ungleichgewicht der Geschlechter ist hier – wie zu erwarten – besonders stark ausgeprägt. 88,4 Prozent der pathologischen Suchtkranken sind männlich und nur 11,6 Prozent weiblich.

Abb. 16

Wird der Betrag von 430 Millionen Euro mit dieser Verteilung gewichtet, entfallen 380 Millionen Euro auf männliche pathologische Spieler und 50 Millionen Euro auf weibliche.

Damit fließen **330 Millionen Euro,** die von spielsüchtigen Männern an Mehrkosten verursacht werden, in die weitere Gesamtberechnung ein.

Abb. 17

Diese krasse Unwucht in der Geschlechterverteilung beim Thema Glücksspiel eignet sich für einen Exkurs in die Welt der Werbebotschafter der Glücksspielbranche. Die im Fachjargon auch Testimonials genannten Figuren erzählen viel über Männlichkeit, über das Patriarchat, über den Kapitalismus und über Moral. Das geradezu omnipräsente Gesicht des Glücksspielkonzerns Tipico war bis Ende 2020 Oliver Kahn. Der als Titan bekannte ehemalige Nationaltorhüter hat ein geschätztes Vermögen von 35 Millionen Euro und ist seit 2021 Vorstand des FC Bayern München. Kahn vermittelt ein Bild von Männlichkeit, das mich erschauern lässt. Noch während seiner aktiven Zeit war er für seine Körperlichkeit gefürchtet. Das Bild, auf dem festgehalten ist, wie er den Stürmer Heiko Herrlich versucht ins Ohr zu beißen, ist in die Sportgeschichte eingegangen. Ebenso sein Schlagabtausch mit Jürgen Klopp im ZDF aus dem Jahr 2014, in dem er offensichtlich und verkrampft zeigen will, dass er der härtere Brocken ist. Ich prognostiziere, dass es nicht mehr lange dauern wird, bis er auch im Stil angemessen in die Fußstapfen des dauerprovozierenden Uli Hoeneß steigen wird. Dann ist da der jungenhaft verspielte

Spaßvogel Lukas Podolski, bis vor Kurzem in der Türkei als Spieler aktiv. Er fungierte ebenfalls bis ins Jahr 2020 als Werbepartner für den Sportwettenanbieter *xTip* (»Willkommen im Team Poldi«), einem Tochterunterunternehmen des Marktführers im Glücksspielmarkt, der Gauselmann-Gruppe. Genau wie Oliver Khan hat er diese Rolle als Werbeträger erst nach einer Gesetzesänderung aufgegeben, nach der Funktionäre und aktive Sportler nicht mehr für Wettanbieter werben dürfen. Und schließlich ist da noch Bastian Schweinsteiger, das Gesicht des Weltmeistertitels von 2014. Blutend warf er sich in jeden Zweikampf und danach gleich aufs Sofa mit einer gesunden Tüte Chio Chips. Heute tritt er als mehr oder weniger seriöser Co-Kommentar in der ARD auf. Der Sender hatte ihn im Rahmen der Europameisterschaft im Jahr 2021 aufgrund von plumper Schleichwerbung gleichzeitig im TV und auf Twitter ermahnt.[51] Zumindest bis ins Jahr 2019 machte der Ex-Nationalspieler Werbung für den Verband der Automatenwirtschaft, unter dem Motto »Wir spielen fair«. Drei der berühmtesten und wohlhabendsten Sportler dieses Landes – Kahn der Titan, Podolski der Frechdachs und Schweinsteiger der Kämpfer – geben ihre Gesichter gegen Bares für eine Branche her, die nachweislich jedes Jahr zur Verschuldung von Hunderttausenden Menschen und vor allem Männern in diesem Land beiträgt.

Kosten durch illegale Drogen

Das Kapitel über berauschte Männer habe ich mit eigenen Erfahrungen als Geschäftsführer eines Drogenhilfeträgers eingeleitet. Nun soll es mit der Analyse der volkswirtschaftlichen Kosten der illegalen Substanzen, aufgeschlüsselt nach Geschlechtern, beschlossen werden.

Die Datenlage im Feld der illegalen Drogen ist komplex, da ein Großteil der Kosten auf kommunaler sowie auf Länderebene anfällt und deshalb eine Vielzahl an Erhebungsquellen vorliegen. Dennoch hat sich eine Forschergruppe der Universitäten München und Essen mit Unterstützung des Bundesministeriums für Gesundheit im Jahr 2006 dem Thema gewidmet und die direkten Kosten evaluiert, also solche Ausgaben, die in unmittelbarem Zusammenhang mit den illegalen Drogen stehen.[52]

Die Forscher:innen kommen auf eine Kostenschätzung für die gesamten direkten Kosten, die zwischen 3,7 Milliarden Euro und 4,6 Milliarden Euro liegt. Sie verweisen an mehreren Stellen in der Studie darauf, dass die erhobenen Zahlen deutlich unter den Realwerten liegen dürften und sie deshalb von einer Unterschätzung ausgehen. Dem Grundsatz der Vorsicht folgend, habe ich den niedrigeren Wert von 3,7 Milliarden Euro als Basis für die Kostenermittlung verwendet. Diesen Betrag habe ich zunächst um die Aufwendungen für den Strafvollzug bereinigt, da sie schon im Kapitel *Eingesperrte Männer* berücksichtigt wurden. Den verbleibenden Kostenblock habe ich mit dem Anstieg der Verbraucherpreise von 2006 bis 2021 gewichtet, um die aufwendig zusammengetragenen Zahlen an das heutige Lohn- und Preisniveau anzupassen.[53] So ergeben sich volkswirtschaftliche Kosten in Höhe von vier Milliarden Euro, die als Grundlage für die Gewichtung herangezogen werden. Eine vergleichbare Studie aus dem Jahr 2017 im Auftrag des Schweizer Bundesamtes für Gesundheit kommt für die Alpenrepublik auf deutlich höhere Kosten. Hier wurden 0,9 Milliarden Euro an volkswirtschaftlichen Kosten der Sucht berechnet. Umgerechnet auf die Bevölkerung Deutschlands wären die Kosten in etwa doppelt so hoch. Allerdings wurden in der Schweizer Untersuchung auch die indirekten Kosten wie z. B. Kosten für Arbeitslosigkeit oder Arbeitsunfähigkeit einberechnet.[54]

Wie aber sieht nun die Geschlechterverteilung im Hinblick auf illegale Drogen aus? Hierfür habe ich erneut auf Zahlen der Deutschen Suchthilfestatistik aus dem Jahr 2019 zurückgegriffen.[55] Das Institut für Therapieforschung in München, das die Studie verantwortet, erhebt alle Süchtigen nach Geschlecht, die im ambulanten sowie im stationären Hilfesystem betreut wurden. Das sind genau die Menschen, die den größten Hilfebedarf haben und die meisten Kosten verursachen. Beispiele hierfür sind die Inanspruchnahme von Drogenberatungsstellen, die Nutzung von Notschlafstellen oder auch Aufenthalte in Suchthilfekliniken. Das Institut erfasst die Geschlechterverteilung in Bezug auf fünf verschiedene Stoffgruppen. Die Ergebnisse zeigen, dass die eingangs erwähnte Geschlechterverteilung der Frankfurter Konsumräume nicht so weit von den Zahlen für den gesamten Sektor der illegalen Drogen entfernt ist. Sowohl in der ambulanten als auch in der stationären

Geschlechterverteilung
Stoffgruppe und Betreuungsform

	STATIONÄR		AMBULANT	
	Männer	Frauen	Männer	Frauen
Opioide	80 %	20 %	79 %	21 %
Kokain	90 %	10 %	88 %	12 %
Cannabis	83 %	17 %	83 %	17 %
Stimulanzien	75 %	25 %	71 %	29 %
Polytoxikomanie	80 %	20 %	82 %	18 %
Mittelwert	81,6 %	18,4 %	80,4 %	19,5 %

Tab. 2

Suchthilfe liegt der Anteil der betreuten Männer in fast allen Stoffgruppen über 80 Prozent.

Basierend auf den in der obigen Tabelle berechneten Mittelwerten habe ich die Kosten in Höhe von vier Milliarden Euro mit einer (vorsichtigen) Geschlechterverteilung von 80 Prozent Männern und 20 Prozent Frauen gewichtet. So errechnet sich ein Betrag von 3,2 Milliarden Euro, verursacht durch süchtige Männer, und 800 Millionen Euro, durch süchtige Frauen. Es verbleiben **2,4 Milliarden Euro,** die Jahr für Jahr mindestens an Mehrkosten auf das Konto der Männer gehen.

Abb. 18

Das Suchtverhalten von Männern verursacht Kosten in Höhe des BIP von Serbien

In der unten stehenden Tabelle sind noch einmal die Mehrkosten durch süchtige Männer in den verschieden Suchtgruppen aufgelistet und in einer Summe zusammengefasst.

Der Betrag von 43,93 Milliarden Euro an Mehrkosten wird bei der Ermittlung der Gesamtkostenposition der Kosten des Patriarchats berücksichtigt.

Serbien, der flächenmäßig größte Nachfolgestaat des ehemaligen Jugoslawiens mit knapp sieben Millionen Einwohnern, hatte im Jahr 2019 ein Bruttoinlandsprodukt (BIP) von circa 45 Milliarden Euro. Das ist nahezu der Betrag, den süchtige Männer in Deutschland jedes Jahr an zusätzlichen Kosten verursachen. Das

Mehrkosten durch süchtige Männer

Alkohol	26,22 Mrd. €
Tabak	14,98 Mrd. €
Glücksspiel	0,33 Mrd. €
Illegale Drogen	2,4 Mrd. €
Summe	**43,93 Mrd. €**

Tab. 3

5,77 Mrd. €
Bisherige Kosten

\+ **43,93 Mrd. €**
Mehrkosten durch süchtige Männer

= **49,7 Mrd. €**

Abb. 19

BIP errechnet sich aus der Summe aller produzierten Waren und Dienstleistungen innerhalb der Landesgrenzen in einem Jahr. Der Vergleich mit einem Land dieser Größe veranschaulicht die Dramatik hinter den Zahlen. Jahr für Jahr rollt über Deutschland eine Welle männlicher Sucht hinweg. Angesichts der gewaltigen Schäden, die sie sowohl ökonomisch als sozial in unserer Gesellschaft verursacht, ist es mehr als irritierend, dass dieses nationale Ungleichgewicht von den verantwortlichen Personen in Politik und Verwaltung offenbar mehr oder weniger billigend in Kauf genommen wird. Anders ist kaum zu erklären, dass im Jahresbericht der Drogenbeauftragten der Bundesregierung für das Jahr 2020 auf

88 Seiten das Wort *Männer* nur viermal genannt wird und das Wort *männlich* nicht ein einziges Mal.[56] Der Bericht für das Jahr 2019 ist wesentlich umfangreicher, und hier werden sogar einige nach Geschlechtern differenzierte Statistiken vorgestellt.[57] Dennoch findet sich keine grundsätzlich thematische Problematisierung des Ungleichgewichts der Geschlechter in nahezu allen Suchtbereichen. Ebenso hält es die Deutsche Hauptstelle für Suchtfragen (DHS e.V.) mit Sitz in Hamm. Zwar sind die Jahresberichte 2020[58] sowie 2021[59] informativ und umfassend. Allerdings werden vornehmlich Statistiken verarbeitet. Die seit Jahren extreme Schieflage der Geschlechter ist der Hauptstelle leider keinen eigenen Beitrag im Jahresbericht wert. Auch auf der umfassenden Website der DHS e.V. ist es mühsam, Informationen bezüglich des problematischen Drogenkonsums von Männern zu finden. Keine Pressemeldung seit 2016 war dem Ungleichgewicht der Geschlechter gewidmet, und über die Suchfunktion findet man den Begriff »Männer« nur in 19 Einträgen. Von diesen beschäftigt sich keiner monothematisch mit dem deutlich heftigeren Suchtverhalten von Männern.

Wie aber kann es sein, dass kostenintensive Datenerhebungen nicht dazu genutzt werden, auch den Ursachen des Problems auf den Grund zu gehen? Wenn in allen Statistiken Männer zu 80 Prozent oder mehr betroffen sind als Frauen, wäre es dann nicht dringend geboten, einen Zusammenhang mit längst überholten Bildern von Männlichkeit herzustellen? Denn nur dann, wenn man die Ursachen in den Blick nimmt, lassen sich Missstände beheben. Nur so kann dem Patriarchat mit seinen folgenschweren Auswirkungen mittelfristig der Nährboden entzogen werden.

Damit auch hier keine Missverständnisse aufkommen. Frauen müssen in der Suchthilfe – ebenso wie Männer und alle anderen Menschen – Rahmenbedingungen vorfinden, die ihren Bedürfnissen und Problemlagen gerecht werden. Eben im Sinne einer geschlechtergerechten Gesellschaft. Das kann aber nicht bedeuten, dass Männer als die Hauptzielgruppe in der Suchthilfe kaum benannt werden. Das strukturelle Problem männlicher Sucht muss dringend prominent thematisiert und bearbeitet werden, ohne dabei die Bedürfnisse der weiblichen Suchtkranken außer Acht zu lassen.

Teure Langfinger – Kosten durch Diebstähle

Vor ungefähr 15 Jahren renovierte ich mit einer Gruppe engagierter Eltern an einem Sonntag den Klassenraum in der Grundschule meines Sohnes. Ein dumpfes Klopfen erregte damals meine Aufmerksamkeit. Ich folgte dem Geräusch bis zur Eingangstür, die aus mit Draht durchzogenem Milchglas gefertigt war. Auf der anderen Seite der Türe erkannte ich schemenhaft eine Person, die gegen die Tür schlug. Es war einer dieser Momente, in denen das Gehirn Informationen erhält, diese aber nicht wirklich logisch verarbeiten kann. Die Tür war nämlich aufgeschlossen, es machte also keinen Sinn dagegenzuschlagen. Erst als ich die Spitze eines Zimmermannshammers das Glas mit dem Drahtgeflecht durchdringen sah, dämmerte mir, was hier passierte. Auf der anderen Seite der Tür stand ein Einbrecher, der weder wusste, dass die Türe offen steht, noch, dass eine Truppe Eltern im Schulgebäude unterwegs war. Intuitiv öffnete ich die Tür und blickte einem jungen Mann in die Augen. Bruchteile von Sekunden standen wir beide uns wie erstarrt gegenüber. Ich erinnere noch die etwas »abgerissene« Erscheinung und eine Traurigkeit in seinem Blick. In der Rückschau war die Situation richtig gefährlich. Mit meinem Pinsel hätte ich nicht viel gegen den Hammer ausrichten können, und so hatte ich Glück, dass er sich nach kurzem Zögern umdrehte und davonrannte.

Der Täter konnte damals nicht dingfest gemacht werden, aber die Polizei war schnell vor Ort und nahm sich des Delikts an. So ist davon auszugehen, dass der Fall damals seinen Platz in der

Datenbank der Sicherheitsbehörden gefunden hat. In der polizeilichen Kriminalstatistik des BKA werden nämlich alle erfassten Straftaten präzise dokumentiert. Diese können dann auf der Website der Behörde bis in die kleinste Deliktgruppe eingesehen werden. Hilfreich für die vorliegende Untersuchung sind dabei zwei Auswertungsdimensionen, die mir eine verlässliche geschlechtsspezifische Zuordnung der entstandenen Schäden möglich macht.

Zum einen werden die erfassten Straftaten wo immer möglich mit der entsprechenden Schadenshöhe bewertet. Dabei gilt als Schaden grundsätzlich der Geldwert des rechtswidrig erlangten Gutes bzw. die Wertminderung eines Vermögens z. B. bei Zerstörungen durch einen Einbruch.

Zum anderen wird eine Statistik der Tatverdächtigen vorgelegt, die eine Auswertung nach Geschlechtern erlaubt. Beide Auswertungen sind nach den gleichen Straftatenschlüsseln codiert. So kann die Geschlechterverteilung der Tatverdächtigen über die Straftatenschlüssel unkompliziert mit den Kosten aus der Schadensstatistik bewertet werden.

In der Kriminalstatistik des Bundeskriminalamts (BKA) wurden im Jahr 2019, dem letzten Erhebungszeitraum vor Corona, knapp 1,8 Millionen Diebstähle dokumentiert. Die entstandenen Schäden wurden von den Polizeibehörden mit einer Höhe von zwei Milliarden Euro beziffert.[60]

Wie oben erwähnt sind hier nur die Geldwerte der gestohlenen Gegenstände bzw. Wertminderungen bei Schäden erfasst. Ein Großteil der direkten Aufwendungen, wie z. B. Kosten der Polizeiarbeit bzw. Verfahrenskosten, tauchen in dieser Statistik nicht auf. Indirekte Schäden, wie z. B. Arbeitslosigkeit als Folge einer Straftat (z. B. durch das Trauma eines Angestellten nach einem Bankraub), werden hier ebenfalls nicht einberechnet. Auch immaterielle Kosten, wie die Einbuße von Lebensqualität aufgrund eines verlorenen Sicherheitsgefühls (z. B. nach Einbrüchen), werden in der BKA-Statistik nicht abgebildet.

Vor der genaueren Betrachtung der Straftatengruppe »Diebstahl« möchte ich einleitend die Geschlechterverteilung der gesamten Statistik der Tatverdächtigen beleuchten. In dieser Auswertung des Bundeskriminalamts werden die Verdächtigen aller in der Kriminalstatistik dokumentierten Straftaten erfasst. So wird noch einmal die Tragweite der Auswirkungen ungesunden männlichen Verhaltens für die Gesellschaft in das Bewusstsein gerückt. Im Jahr 2019 wurden ungefähr zwei Millionen Tatverdächtige ermittelt. Das Geschlechterverhältnis beläuft sich hier genau auf 75 Prozent Männer gegenüber 25 Prozent Frauen.[61]

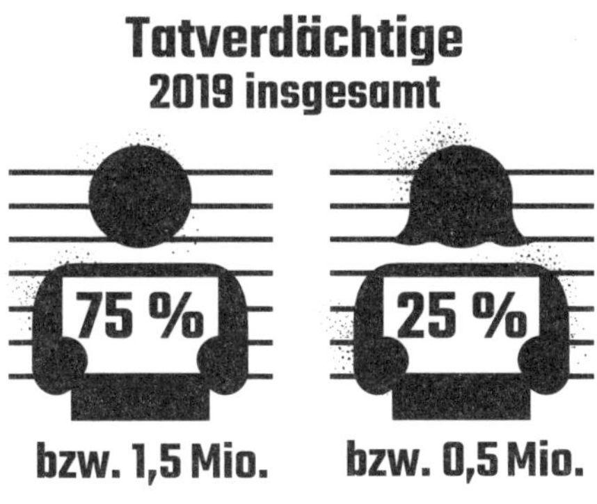

Abb. 20

Diese Zahlen sprechen eine deutliche Sprache, verraten aber nicht die ganze Wahrheit. Die besonders schweren Straftatbestände mit massiven Auswirkungen für das Zusammenleben werden noch deutlicher von den Männern dominiert und weichen entsprechend vom Geschlechterverhältnis der Gesamtstatistik ab. So sind die Tatverdächtigen in der Straftatengruppe »Mord, Totschlag und Tötung auf Verlangen« in 89 Prozent der Fälle Männer.[62]

Tatverdächtige
Mord und Totschlag

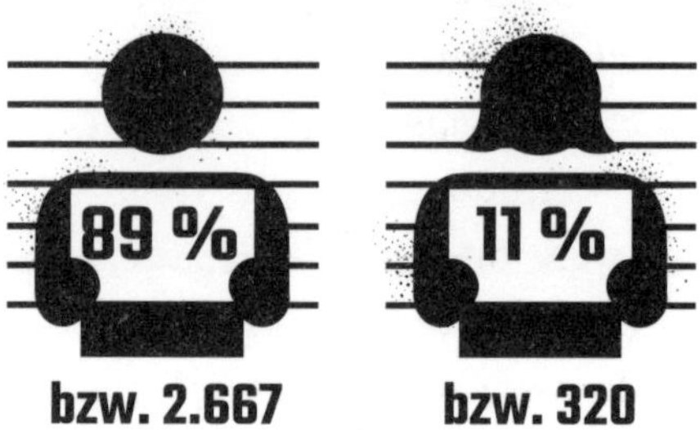

Abb. 21

Auch die Deliktgruppe der Diebstähle weist ein großes Ungleichgewicht der Geschlechter aus. Werden alle diesbezüglichen Tatverdächtigen im Jahr 2019 betrachtet – das waren 377.425 – sind knapp 70 Prozent der Tatverdächtigen männlich und immerhin 30 Prozent weiblich.[63] Hier rutscht das Geschlechterverhältnis sogar unter die Gesamtverteilung aller Straftaten. Diese Zahlen täuschen jedoch.

Tatverdächtige
Diebstahl insgesamt

Abb. 22

Werden die Eigentumsdelikte nämlich nach ihrem Schweregrad differenziert, zeigt sich ein ganz anderes Bild. Deshalb lohnt es sich, zunächst die sogenannten »Diebstähle unter erschwerenden Umständen« gemäß dem Strafgesetzbuch zu betrachten.[64] Solche Delikte sind z. B. Diebstähle, die mit einem Einbruch verbunden sind, mit einer Waffe durchgeführt werden, die bandenmäßig organisiert durchgeführt werden oder die Hilflosigkeit einer Person ausnutzen. Hier kippt das Geschlechterverhältnis der Tatverdächtigen wieder drastisch auf 87 Prozent Männer gegenüber nur 13 Prozent Frauen.[65] Es ist wichtig, diese Statistiken hinter den Statistiken offenzulegen. Denn die Schäden, die durch schweren Diebstahl entstehen – circa 1,57 Milliarden Euro –, übersteigen die der verbleibenden Diebstahldelikte um ein Dreifaches.[66]

Abb. 23

Demgegenüber stehen Fälle ohne erschwerende Umstände bzw. »einfache« Diebstähle. Ladendiebstähle fallen beispielsweise unter diese Kategorie. Bei diesen weniger schweren Delikten nähern sich die Geschlechter wieder an. 33 Prozent Frauen sind 2019 verdächtigt worden, solche einfachen Diebstähle begangen zu haben, und 67 Prozent Männer. Das Schadenvolumen beträgt hier allerdings »nur« 510 Millionen Euro.[67]

Abb. 24

Mit der oben stehenden Differenzierung nach schweren und einfachen Diebstählen konnte ich die geschlechtsspezifischen Kosten dann entsprechend gewichten.[68] Als Ergebnis entfallen 1,72 Milliarden Euro auf die Konten männlicher Straftäter. Werden die durch Frauen verursachten Schäden in Höhe von knapp 380 Millionen Euro davon abgezogen, so verbleiben 1,34 Milliarden Euro

Abb. 25

an jährlichen Mehrkosten. Dieser zusätzlich durch Männer verursachte Betrag wird bei der weiteren Berechnung berücksichtigt.

Eine umfassende Untersuchung des britischen Innenministeriums aus dem Jahr 2018 möchte ich als Indikator dafür anführen, dass die vom BKA erfassten Schäden infolge von Diebstählen nur einen Bruchteil der tatsächlich entstehenden volkswirtschaftlichen Kosten abbilden.[69] Das Ministerium erfasst in seiner Untersuchung für alle Straftaten allerdings drei unterschiedliche Kategorien.

Solche Kosten, die zur Verhinderung von Straftaten wie z. B. Präventionsarbeit der Behörden oder die Installation von Alarmanlagen anfallen. Weiterhin Schäden, die durch Straftaten entstehen, wie z. B. Opferarbeit oder Kosten des Gesundheitswesens. Schließlich Kosten, die bei der Ermittlung und strafrechtlichen Verfolgung von Verbrechen eintreten, wie z. B. Polizeikosten sowie Kosten des Justizapparats.

Ausgehend von diesen drei Kategorien, errechnet das britische Innenministerium ökonomische und soziale Kosten nur für England und Wales in Höhe von umgerechnet circa 14 Milliarden Euro für den Deliktbereich des Diebstahls. Dem stehen die von mir berücksichtigten Kosten in Höhe von zwei Milliarden Euro aus der deutschen Polizeistatistik gegenüber. Dieser Unterschied der Schadensummen zwischen England (mit seinen 60 Millionen Einwohnern) und Deutschland (mit 83 Millionen Einwohnern) verdeutlicht einmal mehr, wie vorsichtig ich bei der Kalkulation vorgegangen bin, aber auch, dass die tatsächlichen Schäden mit großer Wahrscheinlichkeit um ein Vielfaches höher sind.

Mehr Schein als Sein – Kosten durch Wirtschaftskriminalität

Eine der großen Gegenwartstragödien des Patriarchats handelt von Macht, Machtmissbrauch, Männlichkeit, Männerbünden, von Verschwiegenheit, von sehr viel Geld und von mangelnder Moral. Der Name der Tragödie: Cum-Ex. Ein Wirtschaftskriminalfall, der den deutschen Staat laut dem Finanzwissenschaftler Christoph Spengel in den letzten zwanzig Jahren über 30 Milliarden Euro gekostet hat.[70] Im Grunde geht es bei Cum-Ex um nichts anderes als die gesetzeswidrige mehrfache Rückerstattung von Steuergeldern. Mithilfe von Cum-Ex wurde der Staat schlicht und ergreifend bestohlen. Hauptdarsteller der Tragödie, Kopf und Erfinder der Betrugsmasche ist Hanno Berger, Steueranwalt und ehemaliger Steuerprüfer der hessischen Finanzbehörde. Berger lebte lange in einem Schweizer Bergdorf, scheinbar sicher vor dem Zugriff der deutschen Behörden.[71] Sichtet man die Unterlagen zum Cum-Ex-Komplex, so trifft man ausnahmslos auf Männer: Der Kronzeuge und ehemalige Geschäftspartner von Hanno Berger, Benjamin Frey. Christian Olearius, ehemaliger Sprecher der renommierten M.M. Warburg Bank, der das Cum-Ex-Modell nicht nur selbst nutzte, sondern auch an seine Kunden vertrieb. Paul Mora, neuseeländischer Staatsbürger, Cum-Ex-Mastermind, der die Aktiendeals koordinierte und mit internationalem Haftbefehl gesucht wurde.[72] Und dann die vielen superreichen männlichen Kunden, die Cum-Ex genutzt haben, um den Staat zu erleichtern, und die natürlich von nichts eine Ahnung hatten. Carsten Maschmeyer, bekannt aus der TV-Sendung »Die Höhle der Löwen«. Erwin Müller, Besitzer der gleichnamigen Drogeriekette. Clemens Tönnies, der auch wegen anderer Skandale bekannte Fleischmogul aus Rheda-Wiedenbrück. Matthias Prinz, weithin bekannter Medienanwalt.[73]

Aber halt, es gibt doch Frauen in der Cum-Ex-Story, und die sollten aus Gründen der Fairness nicht aus dem Skandal herausgehalten werden. Da ist zunächst einmal Anna Schablonski, die eigentlich anders heißt. Sie hat als Sachbearbeiterin im Bundeszentralamt für Steuern in Bonn im Jahr 2011 die Aufdeckung des Skandals ins Rollen gebracht. Ein Sammelantrag zur Steuerrückerstattung kam ihr eigenartig vor, und so fing sie an nachzuforschen.[74] Dann ist da Olaya Argüeso Pérez, Chefredakteurin des Recherchenetzwerks Correktiv, die den Skandal im Oktober 2018 mit den sogenannten Cum-Ex-Files einer breiteren Öffentlichkeit zugänglich machte. Sie wird in einem SWR-Radiobeitrag mit den eindringlichen Worten zitiert, dass es sich beim Cum-Ex-Komplex um sehr maskuline Welten handelt, in denen Testosteron und Individualismus herrschen und es keine Vorstellung vom Gemeinwohl mehr gibt.[75] Schließlich die Kölner Oberstaatsanwältin Anne Brorhilker, die den Fall seit elf Jahren beharrlich und hartnäckig verfolgt, Wohnungen durchsuchen ließ, Beweise zusammentrug und zahlreiche Verfahren gegen Beschuldigte eröffnete und abschloss.[76]

Der Cum-Ex-Skandal ist ein Symbol für männliche Dominanz in der Wirtschaftskriminalität in Deutschland. Und dabei handelt es sich keinesfalls um einen Einzelfall. Der Dieselskandal des Volkswagen Konzerns mit Martin Winterkorn und Rupert Stadler an der Spitze wurde von Männern initiiert und von Männern gedeckt.[77] Ebenso der Wirecard-Skandal. Hier haben die Vorstände Jan Marsalek und Markus Braun Aufsichtsbehörden und Finanzbranche durch vorgetäuschte Einnahmen jahrelang genarrt. Die Folge war eine gigantische Insolvenz, die einen

Untersuchungsausschuss im Bundestag nach sich zog. In der Folge musste der damalige Chef der Finanzaufsicht Felix Hufeld aufgrund einer zu großen Nähe zu dem Unternehmen zurücktreten. Beraten wurde Wirecard übrigens von Ole von Beust (Ex-Bürgermeister von Hamburg), Kai Diekmann (Ex-Bild Chefredakteur), Klaus-Dieter Fritsche (Ex-Staatssekretär für Geheimdienste), Waldemar Kindler (Ex-Landespolizeipräsident von Bayern) und von Karl-Theodor zu Guttenberg (Ex-Verteidigungsminister).[78] Die Männerbünde funktionieren eben auch noch, wenn einige der großen Karrieren vorüber sind.

Auch wenn die meisten Männer fraglos einem funktionierenden Wertkompass folgen, der ihr Handeln prägt und sie somit davor schützt, dem Gemeinwesen durch Wirtschaftsstraftaten zu schaden, komme ich nicht umhin, den Finger in die Wunde zu legen: Warum sind es vor allem Männer, die die Gesellschaft immer wieder in derart großem Stil betrügen und bestehlen? Liegt die Quelle solcher massiven Wirtschaftskriminalfälle in patriarchalisch geprägten Geschlechterstereotypen? Ich meine ja. Die fortwährende Prägung der Jungen und Männer durch den Konkurrenzgedanken, die mediale Glorifizierung beruflicher und finanzieller Erfolge und auch die Verklärung von Machtpositionen sind die Saat für eine männliche Dominanz auf diesem Feld.

Das Lagebild des Bundeskriminalamts zum Thema Wirtschaftskriminalität und die dazugehörigen statistischen Auswertungen bestätigen diese These. Mehr als drei Viertel aller Tatverdächtigen im Deliktfeld der Wirtschaftskriminalität im Jahr 2019 waren Männer. Genau 76,5 Prozent männliche Verdächtige stehen 23,5 Prozent Frauen gegenüber.[79]

Auch im Bereich der Wirtschaftskriminalität werden vom Bundeskriminalamt jährlich die Schäden ermittelt, die Opfern durch die Straftaten entstanden sind. Das Amt macht in seinem

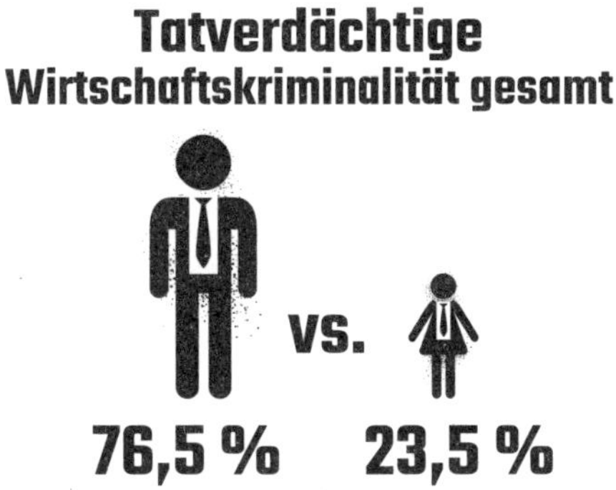

Abb. 26

Lagebild aber deutlich, dass die Statistik das wahre Ausmaß der ökonomischen Folgen nur eingeschränkt wiedergeben kann. Nicht erfasst werden nämlich solche Straftaten, die direkt von den Staatsanwaltschaften und ohne Einbindung der Polizei erfasst wurden. Ein weiteres Beispiel dafür, dass die realen Folgen toxischen männlichen Verhaltens in Wahrheit viel höher und schwerwiegender sind. Die oben erwähnten Cum-Ex-Schäden in Höhe von knapp 30 Milliarden Euro über einen Zeitraum von 20 Jahren sind da nur ein erstes Indiz. Dennoch wurden von den Polizeibehörden für das Jahr 2019 knapp drei Milliarden Euro[80] an Schäden dokumentiert.[81] Gewichtet mit dem Verhältnis der Geschlechter aus der Statistik der Strafverdächtigen, verteilen sich die Kosten mit 2,27 Milliarden Euro auf Männer und 0,7 Milliarden Euro auf Frauen. Somit verbleiben 1,57 Mrd. an Kosten, die Männer in der Wirtschaftskriminalität an Mehrkosten verursachen.

Das Feld der Wirtschaftskriminalität und ganz besonders der Fall Cum-Ex zeigen, wie eng das Patriarchat und neoliberaler Turbokapitalismus miteinander verwoben sind. Männer, jahrzehntelang davon geprägt, sich in einem aufreibenden Wettbewerb gegen andere Männer und auch Frauen durchzusetzen, gewinnen

Abb. 27

endlich Macht und Einfluss. Darüber verlieren sie Maß, Anstand und Orientierung. Sie verbünden sich mit anderen Männern, nutzen schamlos Lücken im System aus, um ihr eigenes Vermögen auf Kosten des Gemeinwohls sinnlos aufzublähen. Die Ignoranz und Skrupellosigkeit dieser Herren verdeutlicht ein Satz, der während eines Meetings der Betrüger gefallen sein soll: »Wer sich nicht damit identifizieren kann, dass in Deutschland weniger Kindergärten gebaut werden, weil wir solche Geschäfte machen (Cum Ex), der ist hier falsch.«[82] Es passt ins Bild, dass den Drahtziehern am Ende sogar dann noch die Einsicht fehlt, wenn Schuld nachgewiesen ist. Cum-Ex-Mastermind Hanno Berger versuchte noch 2021 den Eindruck zu erwecken, er habe sich an Gesetze gehalten, sich nicht bereichert und der Staat verfolge ihn völlig zu Unrecht.[83] Aber es gibt positive Nachrichten. Der Steueranwalt sitzt in der Schweiz mittlerweile in Haft und muss seine Auslieferung fürchten. In Wiesbaden wurde ein neuer Prozess angestrengt, in dem der Tatbestand des bandenmäßigen Betrugs verhandelt wird. Auch wenn Cum-Ex reiche Männer noch reicher gemacht hat und die gesellschaftlichen Schäden des Konstrukts nie gänzlich geheilt werden können, wäre die Verurteilung von Hanno Berger ein hoffnungsvolles Ende dieser Tragödie.

Noch ein Bier, noch ein Steak – Kosten durch ungesunde Ernährung

Wird über die Ernährung der Geschlechter gesprochen und geschrieben, dauert es selten lange, bis die gängigen Rollenklischees bedient werden. »Männer essen keinen Honig, sie kauen Bienen«. Ein Zitat, das Chuck Norris zugeschrieben wird, dem Urvater männlicher Stereotype. »Gemüsefrauen und Fleischmänner« ist eine Umschreibung, die mir bei der Recherche für dieses Buch mehrfach begegnet ist. Auch in meinem persönlichen Umfeld gibt es Männer, die davon sprechen, dass sie nichts essen, was grün ist, oder die kein Wasser trinken, weil darin die »Fische ficken«. Kein Spruch könnte dieses Kapitel aber besser einleiten als der eines ehemaligen Klienten. Er sagte mit dem Brustton der Überzeugung: »Ein Mann ohne Bauch ist ein Krüppel«.

Die Beispiele polarisieren, und im falschen Kontext verwendet, können sie Geschlechterstereotype sogar verfestigen. Aber sie sind keinesfalls aus der Luft gegriffen. Umfrageergebnisse aus verschiedenen Quellen bestätigen das unterschiedliche Ernährungsverhalten von Männern und Frauen.

In einer repräsentativen Umfrage im Auftrag des Bundesministeriums für Ernährung und Landwirtschaft aus dem Jahr 2021 geben 33 Prozent der Männer ab 14 Jahren an, täglich Fleisch zu essen, und nur 18 Prozent der Frauen.[84]

Männer konsumieren durchschnittlich 78 Prozent mehr Fleisch, Fleischerzeugnisse und Wurstwaren als Frauen pro Woche, nämlich 1085 Gramm gegenüber 609 Gramm.[85]

Beim täglichen Verzehr von Obst und Gemüse liegen die Frauen wiederum mit 89 Prozent vor den Männern mit 69 Prozent.[86]

Der Anteil der Männer unter den Vegetarier:innen lag im Jahr 2020 gerade einmal bei 20 Prozent.[87] Dabei leben in Deutschland nur fünf Prozent der Menschen vegetarisch.[88]

Ähnlich ist das Verhältnis bei Menschen, die gänzlich auf Tierprodukte verzichten. Nur 19 Prozent aller Veganer:innen sind männlich.[89] Ein Prozent der Menschen in Deutschland ab 14 Jahren ernährten sich laut einer Studie im Auftrag des Bundesministeriums für Ernährung und Landwirtschaft vollständig vegan.[90]

Laut der Deutschen Gesellschaft für Ernährung trinken Männer sechsmal so viel Bier wie Frauen und viermal so viele Softdrinks.[91]

Und beim Einkaufen achten Männer viel seltener auf ungesunde Zutaten wie Fett, Salz und Zucker als Frauen.[92]

Diese Forschungsergebnisse zeigen, dass sich Männer nicht nur systematisch ungesünder ernähren als Frauen, sondern auch ein insgesamt geringeres Bewusstsein für ihr eigenes körperliches Wohlbefinden haben. Dazu passt der Grill- und Craft-Bier-Boom, der mit Equipment von *Weber* und Zeitschriften wie *Beef, Fire & Food* oder *Craft Beer* in einer fast ausschließlich männlichen Zielgruppe zu beobachten ist und den Stereotyp des Bier trinkenden, Fleisch essenden und Feuer liebenden Naturburschen befördert.[93] Das Ergebnis ist ein patriarchales Männerbild, in dem ein Mann ohne Konsequenzen essen und trinken kann, was er möchte; nein, nicht nur das: Die Gesellschaft suggeriert ihm sogar, so zu essen, um ein »richtiger Mann« zu sein. Er scheint ein Fels zu sein, an dem sich die Brandung der ungesunden Ernährung bricht. Selbstfürsorge und Vorbeugung liegen bei vielen Männern leider nicht sonderlich hoch im Kurs. Dabei würde es sich lohnen, die Ergebnisse der Gesundheitsstatistiken ernst zu nehmen und den Empfehlungen von Ärzt:innen Folge zu leisten. Schon durch relativ maßvolle Verhaltensänderungen können Männer viel erreichen. So vermeiden sie unnötige Beeinträchtigungen im fortgeschrittenen Alter aufgrund ernährungsbezogener Krankheiten bzw. einem bewegungsarmen Lebensstil.

Eurostat, das europäische Pendant zum Statistischen Bundesamt, erhebt in diesem Zusammenhang eine sehr spannende Kennzahl. Die Statistiker erforschen jedes Jahr die noch zu erwartenden gesunden Lebensjahre von Menschen im Alter von 65 Jahren. Es wird auch von beschwerdefreien Altersjahren gesprochen, die laut Eurostat dann vorliegen, wenn eine gute gesundheitliche Verfassung

Abb. 28

ohne Funktionsbeschränkung vorliegt. Frauen in Deutschland haben in diesem Alter eine Erwartung von noch 12,8 gesunden Jahren und Männer von 11,5. Immerhin ein Unterschied von elf Prozent. Verglichen mit den Zahlen für Deutschland, überraschen die Ergebnisse für Norwegen. Bei den Nordländern können beide Geschlechter damit rechnen, mit 65 noch 15,8 beschwerdefreie Jahre verleben zu dürfen.[94] Das sind nicht nur deutlich mehr gesunde Jahre, es besteht auch kein Unterschied zwischen den Geschlechtern.

Wenn man jetzt noch berücksichtigt, dass Norwegen weltweit (nach Island und Finnland) als das Land gilt, in dem die Gleichstellung der Geschlechter am weitesten vorangeschritten ist[95], lädt das zur vorsichtigen Formulierung einer interessanten These ein: Je höher das Maß der Gleichberechtigung bzw. Gleichstellung der Geschlechter in Bildung, Politik und Wirtschaft, desto länger ist die Phase der beschwerdefreien Altersjahre und desto geringer der Unterschied in dieser Frage zwischen Männern und Frauen. Die Daten sind zumindest ein Indiz dafür, dass sich die Überwindung des Patriarchats und die Gleichstellung der Geschlechter in Lebenszeit und Lebensqualität niederschlagen. Zahlen für Irland und Schweden stützen diese These. Beide Staaten landen in der OECD-Gleichstellungsrangliste vor Deutschland. Und in beiden Ländern leben Menschen nicht nur länger beschwerdefrei, auch der Unterschied zwischen den Geschlechtern ist geringer als in Deutschland.

Dass wir hierzulande von solch einem Zustand noch weit entfernt sind und sich mancher Mann immer noch für unverwundbar hält, lässt sich am Gesundheitsmonitoring des Robert Koch Instituts ablesen. Das geschieht über die sogenannte GEDA-Studie, in der regelmäßig Daten zum Gesundheitsverhalten der Bundesbürger:innen erhoben werden. Die Studie erfasst, wie sich das oben dargestellte ungesunde Konsumverhalten in Krankheitsbildern und Beschwerden nach Alter und Geschlecht abbildet.[96]

So lässt sich in den Ergebnissen ablesen, dass Männer mit höherer Wahrscheinlichkeit an Diabetes erkranken[97] als Frauen (+ 22 Prozent) und sie deutlich häufiger an koronaren Herzkrankheiten[98] leiden (+ 62 Prozent). Beide Krankheitsbilder können eine Folge der Volkskrankheit Übergewicht (einschließlich Adipositas[99]) sein. So komme ich den Kosten des ungesunden männlichen Lebenswandels langsam auf die Spur. Das Fact-Sheet »*Übergewicht und Adipositas bei Erwachsenen in Deutschland*«, erschienen 2017 im Journal of Health Monitoring des RKI, spricht eine deutliche Sprache. 46,7 Prozent der Frauen bewegen sich übergewichtig oder adipös durch ihr Leben. Bei den Männern sind es 61,6 Prozent.[100]

Übergewichtige Frauen und Männer
in der Geschlechtergruppe

61,6 % vs. 46,7 %

Abb. 29

Diese Zahlen geben an, wie häufig Übergewicht in der jeweiligen Geschlechtergruppe ausgeprägt ist. Umgerechnet sind das 20,9 Millionen Männer und 16,7 Millionen Frauen. Das entspricht einem Geschlechterverhältnis von 55,7 Prozent Männer zu 44,3 Prozent Frauen. Die Annäherung der Prozentwerte ergibt sich durch mehr Frauen in den höheren Altersgruppen.[101]

Übergewicht ist laut einer aktuellen Untersuchung der OECD[102] für knapp elf Prozent der Gesundheitskosten[103] in Deutschland oder 44 Milliarden Euro im Jahr 2019 verantwortlich. Das sind vornehmlich Kosten für die Behandlung von Diabetes, koronarer Herzerkrankung und Bluthochdruck sowie ihrer Folge- und Begleiterkrankungen. Differenziert man die Gesundheitskosten mit dem oben errechneten Geschlechterverhältnis, verbleiben 24,5 Milliarden Euro, die für Männer, und 19,5 Milliarden Euro, die für Frauen aufgewendet werden müssen. Fünf Milliarden Euro an direkten Kosten im Gesundheitswesen werden demnach zusätzlich aufgrund von Übergewicht durch Männer verursacht.

Abb. 30

Und hier sind noch nicht die indirekten Kosten, die durch krankheitsbedingte Arbeitsausfälle, Rehabilitationsmaßnahmen oder Arbeitslosigkeit entstehen, einberechnet. Es ist davon auszugehen, dass hier mit einem zweistelligen Milliardenbetrag zu rechnen ist. Tobias Effertz, der bereits oben zitierte Pionier in der Ermittlung der volkswirtschaftlichen Kosten durch schädlichen Konsum, hat allein für das Segment der an Adipositas leidenden Menschen (ab einem Body-Mass-Index von 30) indirekte Kosten in Höhe von 33,65 Milliarden Euro errechnet.[104] Aufgrund fehlender Zahlen, die nach den Geschlechtern differenzieren, verzichte ich an dieser Stelle darauf, die indirekten Kosten mit in die Rechnung einzubeziehen.

Wilde Kerle – Kosten in der Jugendhilfe

In meinem Büro in der Geschäftsstelle des Jugendhilfeträgers, den ich gemeinsam mit einem Vorstandskollegen leite, sitzt mir ein wacher junger Mann gegenüber. Gerade 17 Jahre alt geworden, erzählt er mir begeistert von einer kleinen Geburtstagsparty mit Freunden. Er wird in unserer Einrichtung für Ambulante Hilfen im Rahmen einer sogenannten Intensiven Sozialpädagogischen Einzelmaßnahme betreut. Solche Hilfen werden häufig gewährt, wenn junge Menschen sehr individuelle und flexible Formen der Unterstützung benötigen. In Gegenwart seines Betreuers hat er beiläufig erwähnt, dass er am Wochenende regelmäßig Ecstasy konsumiert. Darauf haben wir ihn zu einem Gespräch eingeladen, da ich im Rahmen einer früheren Tätigkeit viele Erfahrungen in der niedrigschwelligen Drogenhilfe sammeln konnte. Schnell entspinnt sich eine spannende und intensive Diskussion. Er beeindruckt mich mit seinem Wissen über die Substanz, gleichzeitig erschreckt mich seine Blauäugigkeit ob der Gefahren.

Ein anderer Fall: Eine Kollegin wird von einem jungen Mann, Klient in unserer Einrichtung für Betreutes Wohnen, bedroht. Wenn sie noch einmal unangekündigt in seiner Wohnung auftauche, werde er auch zu ihr nach Hause kommen, und das würde schmerzhaft werden. Da der Klient nicht erreichbar war, musste sich die Betreuerin direkt zu seiner Wohnung begeben. Eine Bedrohung durch junge Erwachsene ist in unseren Einrichtungen ein Grund, eine Jugendhilfemaßnahme umgehend zu beenden. Da steht der Schutz der Mitarbeitenden über dem Ziel der Maßnahme.

Ein dritter Klient, auch im Betreuten Wohnen untergebracht, ist zum wiederholten Mal zum Gespräch bei mir, weil er es nicht lassen kann, während der Woche Partys in seinem Zimmer zu feiern. Die Musik wird laut aufgedreht, alle Beteiligten rauchen, trinken und grölen. Beschwerden von Nachbarn werden ignoriert. Zudem wird er verdächtigt, die Pakete anderer Mieter abgezweigt zu haben. Das Problem für uns als Jugendhilfeträger: Uns droht der Verlust der Wohnung, wenn die Regeln einer Hausgemeinschaft dauerhaft missachtet werden.

Die drei Episoden aus meinem Berufsalltag habe ich durch fiktionale Elemente so verfremdet, dass kein Rückschluss auf junge Menschen möglich ist, die von unserem Verein betreut werden. In der Mehrzahl sind es Jungen und junge Männer, die Jugendhilfeträger vor besondere Herausforderungen stellen. Dass bedeutet nicht, dass Mädchen und junge Frauen keine Probleme bereiten. Auch die weibliche Klientel in der Jugendhilfe wird gewalttätig, konsumiert Drogen und stellt das pädagogische Personal immer wieder vor schwierige Aufgaben. Zudem beobachten wir, dass die Mädchen im Bereich problematischen Verhaltens zu den Jungen aufschließen. In den offiziellen Statistiken, die das Statistische Bundesamt auf der Basis der Daten der Jugendämter jährlich veröffentlicht, wird allerdings deutlich, dass Jungs und junge Männer immer noch mit Abstand den größeren Hilfebedarf haben. Ich halte es für sinnvoll, sich den Zahlen über zwei zentrale Felder der Jugendhilfe anzunähern.

Unser Verein erbringt im Auftrag der Jugendämter sogenannte **Hilfen zur Erziehung** entweder ambulant oder stationär. Ambulante Betreuung erfolgt in der Regel in der Familie oder im angestammten familiären Umfeld. Stationäre Jugendhilfe umfasst sozialpädagogische Betreuung, die eine Unterkunft in unseren Einrichtungen einschließt.

Zusätzlich bieten wir Leistungen der **Eingliederungshilfe** für Menschen mit seelischen Behinderungen an. Die Aufgabe der Eingliederungshilfe ist es, eine drohende Behinderung abzuwenden bzw. eine bestehende Behinderung oder ihre Folgen zu mäßigen oder sogar zu beseitigen. Das bedeutet insbesondere, Teilhabe in den verschiedensten Bereichen des Lebens herzustellen.[105] In unserem Verein geschieht das vorwiegend über sogenannte Teilhabeassistent:innen im Schulalltag.

Die in den Sozialgesetzbüchern 8 und 9 festgeschriebene Jugendhilfe hat ein noch viel größeres Spektrum als die **Hilfen zur Erziehung** und die **Eingliederungshilfe.** Aber genau diese beiden Bereiche verdeutlichen die unterschiedlichen Problemlagen von Jungen und Mädchen bzw. jungen Männern und jungen Frauen. Zudem weist die amtliche Statistik in diesen Feldern verlässliche und nach den Geschlechtern getrennte Daten aus.

Es ist sehr aufschlussreich, die Geschlechterverteilung auf der Mikroebene in unserem Verein mit der bundesweiten Makroebene zu vergleichen. Im Sommer 2021 sind 62 Prozent der von uns betreuten Kinder und jungen Menschen männlich und 38 Prozent weiblich. Zudem stellen Jungen und junge Männer die Fachteams vor besondere pädagogische Herausforderungen, die sich mit anderen Statistiken aus diesem Buch decken: Jungs sind anfälliger für Drogen. Sie sind häufiger in Kleinkriminalität involviert, und leider werden sie öfter gewalttätig.

Die Jugendhilfestatistik für 2019 für das gesamte Bundesgebiet bestätigt das Übergewicht der männlichen Klienten sowohl für die **Hilfen zur Erziehung** als auch für die **Eingliederungshilfe.** Jungs und junge Männer nehmen in einigen Hilfefeldern über 73 Prozent der Leistungen in Anspruch (Erziehung in Tagesgruppen), in anderen 71 Prozent (Soziale Gruppenarbeit) und in wieder anderen etwas mehr als 54 Prozent (Heimerziehung). In den Endnoten findet sich eine detaillierte Tabelle, die ich auch als Grundlage für die Verteilung der Jugendhilfekosten auf die Geschlechter verwendet habe.[106]

Insgesamt wurden im »Vor-Corona« Jahr 2019 etwas mehr als **12 Milliarden Euro** für Hilfen zur Erziehung sowie für Eingliederungshilfe ausgegeben. Die Zahlen können auf Basis der detaillierten Erhebung von Destatis verlässlich auf männliche und weibliche Hilfsbedürftige verteilt werden.[107]

Durch die Gewichtung ergeben sich circa 7,01 Mrd. für Jungen und junge Männer und 5,05 Mrd. für Mädchen und junge Frauen. Demnach verbleiben 1,96 Milliarden Euro an zusätzlichen Kosten, verursacht durch überdurchschnittlich viele Jungen und junge Männer in der Jugendhilfe.

Abb. 31

Wie kommt es aber zu diesem systematischen Ungleichgewicht, das gleichsam die Grundlage für die Schieflage vieler anderer Statistiken bildet, die in diesem Buch thematisiert werden? Mit der Beantwortung dieser Frage wage ich schon einen Vorgriff auf Teil III des Buches, in dem ich mögliche Wege aus der Krise aufzeigen werde.

Zunächst sind da tief verwurzelte Rollenstereotype, die Jungen und junge Männer schon lange geprägt haben, bevor sie in den Fokus der Jugendhilfe geraten sind. Sie haben Bausätze, Waffen und Fahrzeuge geschenkt bekommen. Im Kindergarten sind sie häufig vom ersten Tag in die Ecke mit den Bauklötzen verwiesen worden. Sie wurden von ihren Eltern darin bestätigt, dass es gut ist, wild zu sein. Sie haben viel häufiger als Mädchen gehört, dass sie nicht weinen sollen, und so gelernt, ihre Gefühlswelt abzuschotten. Immer wieder haben sie erfahren müssen, dass nur, wer sich durchsetzt, weiterkommt und dass Stärke und Dominanz obsiegen. Mit solchen Klischees wird das Entwicklungsfeld für Jungs und junge Männer bestellt und gleichzeitig enorm eingeschränkt. Die Frucht ist häufig eine Überforderung mit genau diesen Rollenmustern. Im Ergebnis brauchen Jungen und junge Männer viel häufiger Unterstützung durch die Jugendhilfe als Mädchen und junge Frauen.

Über diese Schieflage herrscht großes Schweigen. Das Ungleichgewicht der Geschlechter in der Jugendhilfe wird meiner Einschätzung nach viel zu wenig thematisiert. Und zwar in Bezug auf die Anzahl der Fälle, aber auch die Art und die Intensität der notwendigen Hilfen. Die Verantwortlichen in Politik und Verwaltung wirken ratlos angesichts so vieler männlicher Klienten in der Jugendhilfe. Die Jungen und die Männer scheinen doch die Gewinner des Patriarchats zu sein. Wie kommt es dann, dass so viele von ihnen Unterstützung benötigen?

Das Schweigen über die männliche Dominanz in der Jugendhilfe hat zur Folge, dass viel zu wenig geschlechtssensible Angebote für die männliche Zielgruppe bereitgestellt werden. Das hängt sicherlich auch mit der oben erwähnten Ratlosigkeit zusammen. Wie ich in Teil III zeigen werde, sind Netzwerke und Angebote im Entstehen, aber eine flächendeckende geschlechterreflektierte Jungenarbeit ist noch lange nicht in Sicht. Der Weg dorthin wird von den beteiligten Fachpersonen in Jugendämtern und in Politik Offenheit, Verständnis und Entgegenkommen erfordern.

Umgekehrt zum Geschlechterverhältnis bei den hilfebedürftigen Jugendlichen besteht in der Erziehung und Betreuung von Kindern ebenfalls ein Ungleichgewicht: In der gesamten Kinder- und Jugendhilfe (inklusive Kindertageseinrichtungen) betrug das Geschlechterverhältnis der Fachkräfte 2018/2019 immer noch 87,5 Prozent Frauen gegenüber 12,5 Prozent Männer.[108] Auch das trägt zum Problem bei, denn damit fehlt es Jungen und Mädchen an der notwendigen Vielfalt an Vorbild- und Identifikationspersonen, an denen sie sich orientieren können.

Hilfreich für einen erfolgreichen Wandel wäre eine ausgewogene Geschlechterverteilung des Fachpersonals in der Jugendhilfe. In den letzten zehn Jahren haben sich die Zahlen jedoch kaum verändert. Betrachtet man die unterschiedlichen Felder der Kinder- und Jugendhilfe, zeigen sich differenzierte Werte. In den oben analysierten **Hilfen zur Erziehung** arbeiteten 2018 noch knapp 71 Prozent Frauen. Damit ist das Ungleichgewicht in den letzten zehn Jahren sogar noch größer geworden. In den Allgemeinen Sozialen Diensten (ASD) der Jugendämter sieht es nicht besser aus. Hier werden die sozialen Leistungen zielgerichtet verteilt und die Fälle fachlich gesteuert. In den ASDs arbeiteten 2018 knapp 81 Prozent Frauen. Das sind circa fünf Prozent mehr als noch vor zehn Jahren. Das Geschlechterungleichgewicht im Care-Beruf der Sozialen Arbeit ist ein Symptom für das fest verwurzelte Patriarchat. Denn darin spiegelt sich das Stereotyp der sich kümmernden Frauen und der nach Erfolg und Dominanz strebenden Männer wider. Dabei brauchen die betreuten Klienten dringend nicht nur positive weibliche, sondern auch männliche Identifikationsfiguren. Allerdings übernehmen Männer, sofern sie dann doch einmal in sozialen Trägern tätig sind, häufig auch dort Führungsrollen. Ich selbst und mein Vorstandskollege sind Beispiele für diese Entwicklung. Dennoch habe ich den Eindruck, dass sich in den letzten Jahren ein vorsichtiger Wandel vollzieht und immer mehr Frauen in die Leitungspositionen von sozialen Organisationen und Verwaltungen streben.

Schließlich klafft meiner Ansicht nach zusätzlich eine Kompetenzlücke im Bereich der Arbeit mit Jungen und Männern. Neben meiner Tätigkeit als Vereinsvorstand engagiere ich mich zusätzlich als Berater für Männer und Jungen in Krisen. Eine solche Krise kann beispielsweise bedeuten, dass ein Mann seine Partnerin geschlagen hat oder er selbst Opfer von Gewalt geworden ist. Zudem berate ich mit meiner männerfokussierten Arbeit Männer in beruflichen Krisen, bei Trennungen oder am Übergang in den Ruhestand. Besonders im Gewaltkontext verweisen Jugendämter und private Jugendhilfeträger männliche Täter, aber auch Opfer auf mein Angebot. Meine Warteliste ist mittlerweile lang, weil es kaum andere kompetente Ansprechpartner in der Region gibt, die geschlechtsspezifisch auf die Bedürfnisse männlicher Klienten eingehen. Der Grund für den Mangel an kompetenten Fachkräften ist offensichtlich: In Aus- und Fortbildung der Sozialen Arbeit spielt die geschlechterreflektierte Arbeit mit Jungen und jungen Männern insgesamt keine besondere Rolle. Dieser Mangel an Fachkräften kann mittelfristig nur durch Anpassungen der Hochschul-Curricula oder kurzfristig durch entsprechende Fortbildungsprogramme ausgeglichen werden.

Die Jugendhilfe leistet einen zentralen Beitrag für das gelingende Zusammenleben einer Gesellschaft in der Gegenwart, aber vor allem in der Zukunft. Deshalb bin ich davon überzeugt, dass es sich lohnt, auch dort das Ungleichgewicht der Geschlechter wahrzunehmen, zu thematisieren und ihm durch entsprechende Rahmenbedingungen zielgerichtet entgegenzuwirken.

Fußballromantik – Kosten durch Hooligans

Vor einigen Jahren gewann mein Sohn bei einem Preisausschreiben zwei Eintrittskarten für ein Fußballspiel seines Lieblingsvereins gegen die Hertha aus Berlin. Das Besondere an dem Gewinn war, dass er vor Spielbeginn an der Hand eines Spielers der Frankfurter Eintracht ins Stadion einlaufen durfte. An diesem Tag erlebte ich mit meinem Sohn zweimal toxisches männliches Verhalten in Extremform.

Zunächst wurden wir am Eingang des Stadions, als die Pressesprecherin von Hertha BSC Berlin die circa zehn Kinder mit Begleitungen begrüßte, Zeuge eines archaischen Schauspiels. Urplötzlich, wie von Geisterhand choreografiert, stürzten in nur dreißig Meter Entfernung zwei Horden von jeweils circa fünfzig Mann aufeinander los. Sie schlugen und traten vollkommen willkürlich aufeinander ein und schrien dabei wie die Barbaren. Innerhalb von wenigen Minuten war eine Polizeimannschaft vor Ort und nahm einige wenige Hooligans fest. Die anderen zerstreuten sich zügig in der Weite des Olympiastadions. Zurück blieben weinende Kinder und geschockte Eltern. Wenig später dann folgte der Einlauf ins Stadion. Mein Sohn platzte vor Stolz, dass er ausgerechnet an der Hand seines Lieblingsspielers den Innenraum des Stadions betreten durfte. Es gab aber ein Problem: Alle Kinder mussten ein Trikot von Hertha BSC tragen und durften nach dem Einlaufen auch noch eine Ehrenrunde im Stadion drehen. Als sich mein Sohn mit den anderen Jungen und Mädchen zwischen sieben und zehn Jahren dem Eintracht-Block näherte, war laut und deutlich die Beschimpfung

»Hurensöhne« zu vernehmen. Abwertungen, Beleidigungen, Hass und Homophobie. In der deutschen Fanszene, sie besteht fast ausschließlich aus Männern, leider auch heute noch Alltag.

Dass solche Erfahrungen wie damals in Berlin einem System entspringen, das sich Wochenende für Wochenende in den Stadien der drei Profiligen sowie der Regionalligen entfaltet, zeigen Zahlen aus dem Jahresbericht Fußball der zentralen Informationsstelle für Sporteinsätze für die Saison 2018/2019.[109] Nach den offiziellen Zahlen sind in dieser Spielrunde über **2,44 Millionen Polizeistunden** aufgelaufen.[110] Und diese Einsatzzeiten fallen ganz sicher nicht an, weil die Polizeikräfte den Familien mit Kindern den Weg weisen müssen. Hierfür sind die Ordner und Ordnerinnen im Auftrag der Vereine zuständig.

2,44 Mio.
Polizeistunden
Saison 2018/2019

Abb. 32

Bei der Bewertung dieser Zahlen mit den entsprechenden Kosten habe ich auf die Gebührenordnung aus dem Bundespolizeigesetz zurückgegriffen, die für das Begleiten oder Transportieren von Personen einen Stundensatz von 67,64 Euro veranschlagt.[111] So ergeben sich Gesamtkosten in Höhe von etwas über **165 Millionen Euro.**[112]

Abb. 33

Der Landesrechnungshof Baden-Württemberg kommt in einer Evaluation aus den Jahren 2012 und 2013 zu ähnlichen Zahlen.[113] Zu diesen Kosten kommen noch viele Millionen Euro, die von den Vereinen jährlich für private Sicherheitsdienste ausgegeben werden.[114] Solche Kosten werden bei der Gesamtberechnung aber nicht berücksichtigt, da der Fokus der Arbeit der Stadion-Security viel stärker auf das gesamte Publikum ausgerichtet ist.

Nehmen wir also den Betrag von 165 Millionen Euro in die Gesamtrechnung auf:

Abb. 34

Der Inhalt des jährlichen Lageberichts verdeutlich den Fokus der Polizeiarbeit in und um die Stadien. In dem Papier werden ausschließlich sicherheitsrelevante Themen wie Gewalt, Tatorte, Festnahmen, eingeleitete Verfahren, verletzte Personen u. v. m. behandelt.[115] Kurz, die Polizei schützt friedliche Fußballfans, mittlerweile ein Drittel Frauen[116], vor einer relativ kleinen Gruppe Gewalt suchender und gewaltbereiter männlicher Fans. Die Polizeibehörden zählen für den Betrachtungszeitraum insgesamt 13.373 gewaltbereite bzw. Gewalt suchende Fans.[117] Diese Zahl erscheint surreal klein, wenn man ihr die Anzahl von 22 Millionen Menschen gegenüberstellt, die in der Saison 2018/2019 die Spiele der ersten drei Ligen besucht haben.[118]

Anzahl gewaltbereiter und Gewalt suchender Fans

Abb. 35

Doch wer jetzt mutmaßt, dass das Problem nicht wirklich groß, sondern nur teuer sei, der irrt. Obwohl ich den Sport liebe und selbst Fan bin, ist das System Profifußball nach meiner Einschätzung ein Nährboden für toxisches männliches Verhalten, das nicht nur gewalttätige Fangruppierungen hervorbringt. Daneben gibt es noch eine ganze Reihe Abstufungen:

Jeder Mensch, der ab und zu ein Stadion besucht, kennt die Situation, wenn Gästefans angefeindet werden. Das passiert meist in den gemischten Sitzplatzbereichen, wo Gäste- und Heimfans direkt aufeinandertreffen und eigentlich eine Kultur der Gastfreundschaft herrschen sollte.

Auch übertriebenes körperliches Dominanzgehabe gegenüber dem Gegner ist Teil des Spektakels in Deutschlands Stadien – auf dem Platz und auf den Rängen. Gerne, wenn Tore für die eigene Mannschaft fallen oder Entscheidungen der Unparteiischen gegen sie gefällt werden.

Moderatoren und Kommentatoren leisten sich immer wieder rassistische, sexistische und die Geschlechter diskriminierende Ausrutscher, die von Millionen Fernsehzuschauern (die ja häufig auch Stadionbesucher:innen sind) gehört werden. Oliver Kahn spottete als Kommentator im Champions-League-Finale 2018 über Spieler, die bei verletzungsbedingten Auswechslungen weinen. Das könne man doch auch später machen.[119] Der ehemalige Sky-Kommentator Jörg Dahlmann machte während eines Spiels einen sexistischen Spruch über eine Schauspielerin. Immerhin beendete der Sender kurz danach die Zusammenarbeit mit ihm.[120] Dennis Aogo, ehemaliger Fußballprofi und Co-Kommentator auf Sky, veröffentliche eine fehlgeleitete Nachricht des ehemaligen Nationaltorhüters Jens Lehmann, in der er ihn als »Quotenschwarzen« bezeichnete. Dennis Aogo musste seine Tätigkeit unabhängig davon kurz danach selbst ruhen lassen, weil er in einem anderen Zusammenhang kommentierte, dass man bis zum »Vergasen« trainieren müsse.

Mittlerweile wird in unterschiedlichen Aktionen mit Unterstützung von Medien und Spielern immer wieder gegen Homophobie und für sexuelle Vielfalt mobil gemacht.[121] Dennoch werden Spieler und auch die Schiedsrichter von den Zuschauern immer wieder als Schwuchteln oder als schwul beschimpft. Der ehemalige Nationalspieler Philipp Lahm rät Profis deshalb davon ab, sich zu outen. Die Akzeptanz sowohl auf dem Fußballplatz als auch im Umfeld sei noch nicht hoch genug.[122] Es ist also kein Wunder, dass sich bis heute nur ein einziger aktiver Profifußballer geoutet hat. Josh Cavallo, unter Vertrag bei Adelaide United, hat sich im Herbst 2021 öffentlich zu seiner Homosexualität bekannt. Nur wenig später wurde er im Rahmen eines Spiels bei Melbourne Victory Opfer homophober Beleidigungen.

Während ich diesen Text schreibe, es tobt die zweite Corona-Welle, und im Stadion sind keine Fans erlaubt, bewegen zwei Ereignisse die Fußball-Community. Im Netz taucht ein Video aus dem Spielerbus von Borussia Dortmund auf. Der Verein hat kurz zuvor gegen den mittlerweile abgestiegenen Konkurrenten Schalke 04 deutlich gewonnen. Die Bilder zeigen grölende Spieler mit geballten Fäusten, die durch den Bus rennen und mit den sie draußen empfangenden Fans feiern. Die Hooligans sind mit Pyros bewaffnet und springen wie die Berserker um den Bus. Ein absurdes Schauspiel, das an Kriegsgeheule erinnert. Wenige Wochen später wird Martin Hinteregger, Abwehrrecke der Frankfurter Eintracht, zu einem Vorfall vor dem Stadion in Leverkusen befragt. Dort hatten sich Frankfurter und Leverkusener Fans zu einer Prügelei verabredet. Der österreichische Nationalspieler kommentiert, dass das doch in Ordnung sei, wenn das beide Gruppen wollen, und dass das doch auch irgendwie zum Fußball dazugehöre. Na danke. So sind sie halt, die Männer, hört man es raunen. So werden sie gemacht, die Männer, rufe ich zurück, und daran können wir etwas ändern.

Männer mit eingebauter Vorfahrt – Kosten durch Verkehrsunfälle

In einer Umfrage des Statistikportals Statista aus dem Jahr 2017 wurden Männer und Frauen gefragt, wer wohl die besseren Autofahrer:innen seien. Kaum überraschend: Der Anteil der Männer, der für das eigene Geschlecht die versierteren Fahrkünste reklamierte, ist 63 Prozent höher als in der Gruppe der Frauen.[123] Es ist eine leidige und ermüdende Diskussion, die man allein mit harten Fakten ersticken kann. Ich würde das Ganze gerne in eine Frage umformulieren:

Wer richtet auf Deutschlands Straßen mehr Schaden an, wer verursacht mehr Leid und Trauer? Die Antwort folgt auf dem Fuß.

Mit 5,21 Milliarden Euro wird dieses Land im Jahr 2018 durch Unfälle mit Personenschaden belastet, die durch Männer mit dem Pkw verursacht wurden. Die volkswirtschaftlichen Kosten, die Frauen als Hauptverursacherinnen produzieren, belaufen sich auf 2,7 Milliarden Euro.

Abb. 36

Somit sind die durch Männer verursachten Kosten bei Unfällen mit Personenschäden mehr als doppelt so hoch. Demnach verursachen Männer **2,51 Milliarden Euro** an Mehrkosten. Diesen Betrag werde ich bei der Gesamtberechnung berücksichtigen.

Abb. 37

Wieder einmal klingen die Zahlen stählern und kalt. Aber die Erhebung ist wichtig, um ein Maß für notwendige Veränderungen zu schaffen. Die oben ermittelten Kosten habe ich aus zwei Quellen zusammengetragen. Die Bundesanstalt für Straßenwesen (BAST) in Bergisch-Gladbach ermittelt in einem komplexen Verfahren die volkswirtschaftlichen Kosten, die in diesem Land durch Verkehrsunfälle entstehen.[124] Dabei werden direkt zurechenbare Kosten wie z. B. Behandlungskosten bei Verletzungen, Kosten der Polizei und der Rechtsprechung, aber auch indirekt zurechenbare Aufwendungen wie z. B. Kosten durch Erwerbsminderung oder Kosten durch Zeitverzögerungen bei Staus erhoben. Gewichtet habe ich diese Kosten dann mit Zahlen des Statistischen Bundesamtes (Destatis). In Wiesbaden werden jedes Jahr die Hauptverursacher:innen von Unfällen mit Personenschaden nach Geschlecht ermittelt.[125] Der Abstand zwischen den Geschlechtern ist in Wahrheit größer als oben errechnet. Denn Destatis weist die Hauptverursacher differenziert nach Geschlecht nur für Pkw aus. Besonders in Fahrrad- und Motorradunfälle sind jedoch überdurchschnittlich viele Männer involviert. Eine detaillierte Berechnung der Zahlen findet sich im Anhang.[126]

Das BAST erhebt zusätzlich die volkswirtschaftlichen Kosten für den Bereich der Sachschäden. Hier schlägt für das Jahr 2018 ein astronomischer Betrag in Höhe von 20,62 Mrd. Euro zu Buche. Leider erfasst das Statistische Bundesamt hier keine Daten über das Geschlecht der Unfallverursacher:innen. Auch meine Anfrage an den Gesamtverband der Versicherungswirtschaft (GDV) zu diesem Thema führte zu keinem Ergebnis. Dabei ist das Versicherungswesen interessant, denn bis zu einem Urteil des Europäischen Gerichtshofs (EuGH) vom 21. Dezember 2012 mussten Männer höhere Prämien zahlen, weil sie mehr Schäden verursachten. Seit etwa zehn Jahren aber gibt es nur noch Unisextarife, denn das Gericht sah in der Praxis der Tarifdifferenzierung eine unzulässige Diskriminierung, die der Gleichstellungsrichtlinie der Europäischen Union widerspreche.[127] Der GDV argumentiert, dass er deshalb seit dem Urteil 2012 keine geschlechtsspezifischen Daten mehr veröffentlicht. Allerdings erschließt sich mir diese Begründung nicht. Man kann doch Unisex-Tarife erheben und trotzdem Daten darüber veröffentlichen, welches Geschlecht die höchsten Sachschäden verursacht. Auf der Basis solcher Daten könnten zielgruppengerecht dringend notwendige Präventionskampagnen sowie Verkehrssicherheitsprogramme entwickelt werden. Davon würde gerade die Versicherungswirtschaft profitieren. Auch wenn die Daten im Bereich der Sachschäden bisher nicht nach Geschlechtern erhoben werden, bin ich davon überzeugt, dass der Großteil der 20,62 Milliarden Euro für Sachschäden auf die Konten männlicher Unfallverursacher gehen.

Die nachfolgenden Fakten über das Verkehrsverhalten der Männer nähren diese These eindrucksvoll. Schnallen Sie sich an:

- **Unfälle unter Alkoholeinfluss:**
  Männer verursachten im Jahr 2018 mit ihren Pkw mehr als fünfmal so viele Unfälle unter Alkoholeinfluss wie Frauen (6299 vs. 1214). Betrachten wir alle erfassten Verkehrsmittel, sind es sogar mehr als sechsmal so viele Unfälle, die durch Männer im Rausch verursacht werden (12167 vs. 1881).
- **Unfälle mit leistungsstarken Pkw:**
  Männer waren im Jahr 2018 in nahezu 48.000 Unfälle in der höchsten erfassten Fahrzeugklasse ab 120 KW (circa 163 PS) involviert. Im Gegensatz dazu waren nur knapp 15.000 Frauen an Unfällen in diesem Segment beteiligt. Diese Zahlen sind ein Abbild der von Männern dominierten deutschen Autoindustrie. Leistungsstärkere Motoren, bessere Sicherheitssysteme und mehr Status für den Mann von heute. Zeitgemäße umweltschonende Systeme sind erst auf der Agenda der Autoindustrie, seit sie spüren, dass sich der klimapolitische Wind dreht.
- **Maßnahmen zur allgemeinen Fahrerlaubnis:**
  So nennt es das Kraftfahrtbundesamt in Flensburg, wenn Menschen aus unterschiedlichen Gründen ihren Führerschein abgegeben haben bzw. abgeben müssen. 83 Prozent der einbehaltenen Fahrerlaubnisse gehören Männern.[128] Ich finde es erstaunlich, dass solche Zahlen nicht regelmäßig und prominent in den Medien kommuniziert werden.
- **Geschwindigkeitsübertretungen:**
  Allein im Jahr 2018 wurden circa 3,1 Millionen Geschwindigkeitsübertretungen an der Förde in Flensburg aktenkundig. 78 Prozent der Einträge gehen auf die Konten meiner Geschlechtsgenossen.[129]
- **Punktekonten in Flensburg:**
  Insgesamt waren am 01. Januar 2021 im berühmten Punkteregister (Fahreignungsregister) des KBA knapp elf Millionen

Personen registriert. Etwas mehr als acht Millionen bzw. 76,7 Prozent davon sind Männer.[130] Mehr als drei Viertel aller Einträge in Flensburg gehen auf männliche Konten, und wieder einmal redet kaum jemand darüber.

- **Medizinisch-Psychologische Untersuchung (MPU):**
  Die im Volksmund auch Idiotentest genannte MPU ist eine fast ausschließlich männliche Veranstaltung. »Sie überprüft die Fahreignung von Verkehrsteilnehmern, die (wiederholt) auffallen, weil sie Verkehrsregeln missachten und damit andere gefährden.«[131] In der Regel wird bei Verkehrsteilnehmern und ganz selten Verkehrsteilnehmerinnen eine MPU angeordnet, wenn Drogen oder (wiederholt) Alkohol im Spiel waren, die Fahrerlaubnis wiederholt entzogen oder eine Straftat im Straßenverkehr begangen wurde. Leider werden die Zahlen nicht offiziell ausgewiesen, aber nach Schätzungen des Bundesamtes für Straßenwesen sowie Recherchen der Wochenzeitung *Die Zeit* bewegt sich der Anteil der männlichen Teilnehmer zwischen 80 Prozent[132] und 95 Prozent[133].
- **Autoposer:**
  In fast jeder Stadt gibt es diese Straße, in der Männer ihre Autos nicht nur optisch, sondern auch akustisch vorführen; Momente, in denen sich in den Straßencafés die Köpfe nach den aufheulenden Boliden recken. In den meisten deutschen Großstädten gibt es spezielle Polizeieinheiten, die nichts anderes tun, als den Versuch zu unternehmen, Autoposern das Handwerk zu legen. Dass ein solches Unterfangen in die Millionen geht und dass es fast ausschließlich Männer (nicht nur die jungen Männer!) betrifft, wird niemand bezweifeln. Es gibt kaum ein besseres Beispiel für fehlgeleitete Männlichkeiten aufgrund sinnlos festgefahrener Rollenstereotype als das absurde Schauspiel der Autoposer. Gleich einem bunt gefiederten

Vogel, der mit lautem Balzruf die Weibchen anlocken möchte, rollen die Männer mit ihren aufgemotzten Kisten durch die Innenstädte. Die mit viel Zeit und Geld erkauften Mühen locken allerdings keine »Weibchen« an, sondern vor allem andere »Männchen«, die dann glauben, das auch machen zu müssen. Und so dreht sich das sinnlose Rad der Geschlechterstereotype immer weiter. Junge Männer sind jahrzehntelang damit aufgewachsen, dass ein großes und leistungsfähiges Auto Status und Anerkennung bedeutet. Das Auto ist Teil des Panzers, den sie sich aufbauen müssen, um vor sich selbst zu flüchten, vor ihren Ängsten, Sorgen oder Schwächen, die ihnen in jahrelanger Kleinarbeit abtrainiert werden. Und genau an dieses Thema muss unsere Gesellschaft ran. Anstatt Polizeieinheiten für Millionenbeträge auf Poser anzusetzen, müssen wir in Aufklärungsarbeit für Lehrkräfte, Erzieher:innen und Eltern investieren, die Jungen und Mädchen zeigen, wie entlastend es ist, sich nicht bestimmten Stereotypen zu unterwerfen. Im Fall des Straßenverkehrs heißen die Rollenstereotype bei Männern leider viel zu oft: leistungsstarke Autos, risikoreiches Fahren oder systematische Rücksichtslosigkeit. Niemand braucht das, niemand hat etwas davon.

Wer kann nach diesem Stakkato an Argumenten noch daran zweifeln, dass wir etwas unternehmen müssen, um toxischem männlichen Verhalten im Straßenverkehr Einhalt zu gebieten? Um Milliarden Euro einzusparen, die in anderen Bereichen viel dringender benötigt werden. Aber vor allem, um Leben zu retten und um individuelle Dramen abzuwenden, in die jeder Mensch unverschuldet geraten kann.

Männlicher Fußabdruck – Kosten für Umwelt- und Klimaschutz

Die USA kündigten im November 2019, angeführt von Donald Trump, formell den Austritt aus dem Pariser Klimaschutzabkommen an. Kurz zuvor unterzeichnete die schwedische Umweltministerin Isabella Lövin ein Gesetz zur CO_2-Neutralität ihres Landes bis zum Jahr 2045.[134] Zwei Beispiele, die symbolisch dafür stehen, wie unterschiedlich Männer und Frauen in politischen Ämtern mit den begrenzten Ressourcen dieser Erde umgehen. Ich könnte den Rest dieses Buches mit der Dokumentation über Verfehlungen männlicher Politiker in Umweltfragen vortragen, und natürlich agieren auch Frauen nicht immer im Einklang mit den Bedürfnissen des Planeten. Aber es ist nicht zu leugnen, dass Männer die Politik der letzten 70 Jahre geprägt haben und Männer notwendige Klimaschutzmaßnahmen immer wieder auf Kosten eines sozial ungerechten und Ressourcen zehrenden Wirtschaftssystems auf die lange Bank geschoben haben. Immer mehr sollen die Menschen konsumieren, immer schneller die Wirtschaft wachsen und immer größer die Marktanteile werden. Dominanz und Status ohne Rücksicht auf Verluste. Und dabei gab und gibt es nicht nur Schwarz und Weiß. Eine Marktwirtschaft ist möglich, die Nachhaltigkeit im Blick behält und soziale Gerechtigkeit als Eckpfeiler definiert. Das geht aber nur mit einem Staat, der eingreift, wenn der Markt versagt. Der bremst und ordnet, wenn der patriarchalisch geprägte Turbokapitalismus ungezügelt und zerstörerisch um sich greift. Dazu passt eine Meldung aus der *Süddeutschen*

Zeitung, die heute, während ich an diesem Text schreibe, über den Ticker läuft. Andreas Scheuer, noch im Sommer 2021 viel kritisierter Verkehrsminister, soll in seiner Amtszeit seit März 2018 insgesamt 80 Treffen mit der Autoindustrie möglich gemacht haben und nur einen mit Umweltverbänden. Das geht aus einer Antwort des Verkehrsstaatssekretärs Enak Ferlemann (CDU) auf eine Anfrage des haushaltspolitischen Sprechers der Grünen, Sven-Christian Kindler, hervor.[135]

Beflügelt von den Rahmenbedingungen eines solchen Wirtschaftssystems, haben sich patriarchale Muster nicht nur in der Politik, sondern auch in Unternehmen und Verbänden verfestigt und bis heute gehalten. Viel zu oft marginalisieren solche Strukturen den Umwelt- und Klimaschutz. Beispiele gibt es viele. An dieser Stelle seien drei Organisationen mit rückwärtsgewandter Struktur und Verbandspolitik exemplarisch vorgestellt.

Der ADAC, in Deutschland Vertreter von über 21 Millionen Autofahrer:innen, setzte noch bis in den Herbst 2021 auf ein rein männliches Präsidium. Die Wahl im Rahmen der Hauptversammlung im Jahr 2019 fand im Übrigen an der Rennstrecke Nürburgring statt.[136] Ein fragwürdiger Ort, gerade in Zeiten, in denen ein Verband sich mit neuen Mobilitätskonzepten und alternativen Antriebsformen auseinandersetzen muss. Noch im gleichen Jahr kritisierte der ADAC die Forderungen des Umweltbundesamts nach strengeren Maßnahmen im Klimaschutz als überzogen.[137]

Nicht viel besser ist die Situation beim Deutschen Bauernverband e.V. Hier werden Landwirtinnen im Vorstand überhaupt nicht repräsentiert.[138] Dabei liegt der Anteil der Betriebsleiterinnen landwirtschaftlicher Betriebe mittlerweile bei ungefähr zehn Prozent.[139] Gleichzeitig ist der rückwärtsgewandte Verband seit Jahren bekannt als Blockierer der ökologischen Landwirtschaft, als Kämpfer für billiges Fleisch ohne Rücksicht auf Verluste und als Bewahrer des Status quo der konventionellen Landwirtschaft. Und das, obwohl gerade der nationale und globale Fleischkonsum erhebliche Auswirkungen auf das Klima hat. Aber es gibt auch Lichtblicke, und die sollen hier unbedingt benannt werden. Im Juni 2021 wurde ein Bericht über die Zukunft der Landwirtschaft veröffentlicht, an dem Umweltverbände und auch der Bauernverband im Auftrag der Bundesregierung mitgewirkt haben. Die Verfasser:innen fordern in dem Bericht mehr Klimaschutz, weniger Fleischkonsum und eine ökologischere Landwirtschaft. An den Bericht sind keine konkreten Maßnahmen geknüpft, aber immerhin.

Ein drittes Beispiel dafür, wie patriarchalische Strukturen die Wirtschaft prägen und die Umwelt schädigen, ist der relativ unbekannte Verein FGSV e.V. (Forschungsgesellschaft für Straßen- und Verkehrswesen e.V.). Die Organisation erstellt Empfehlungen für das technische Regelwerk des gesamten Straßen- und Verkehrswesens in Deutschland und rekrutiert seine Mitglieder aus den entsprechenden Fachgebieten. Der Einfluss der FGSV bei Gesetzgebungsverfahren und der Festlegung von Standards ist enorm, die Folgen sind gravierend. So hat das Bundesministerium für Verkehr und digitale Infrastruktur auf Empfehlung der FGSV das Normfahrzeug (auch Bemessungs-Kfz), das die Grundlage für den Straßenbau bildet, im Jahr 2021 an die aktuelle Entwicklung angepasst. Da die Autos immer größer werden und es im Autofahrerparadies Deutschland nicht zu eng werden darf, wurde die Länge des sogenannten Bemessungs-Kfz um zwölf Zentimeter (auf 488 Zentimeter) und die Breite um 13 Zentimeter (auf 189 Zentimeter) angepasst. Mit Außenspiegeln hat das Bemessungs-Kfz sogar eine Normbreite von 213 Zentimeter.[140] So passt auch der SUV Volkswagen Tiguan, 2020 das meistverkaufte Auto dieser Fahrzeugklasse, mit seinen 209 Zentimeter Gesamtbreite (inkl. Seitenspiegeln) noch bequem auf die Straße. Man mag es sich gar nicht vorstellen, welche Ressourcenverschwendung und welchen Flächenfraß es zur Folge hätte, wenn alle Straßen künftig 26 Zentimeter breiter gebaut würden. Es ist erschreckend, wie solche Strukturen die Rahmenbedingungen für eine autofreundliche und menschenfeindliche Umwelt schaffen. Angefangen bei den Autokonzernen, unterstützt von den Lobbyisten und den Fachverbänden und umgesetzt durch die Ministerien. In Zeiten von weltweiten Extremwettern, im Angesicht eines Klimawandels, der eigentlich Klimaschrecken heißen müsste, folgt ein deutsches Ministerium einer Empfehlung, (neue) Straßen breiter zu bauen, damit SUVs ausreichend Platz haben. Wie viel Umwelt wird dafür vernichtet? Wie viel Material verbraucht? Wie viel mehr Luft verpestet? Die Wochenzeitung *Die Zeit* schreibt, dass in der FGSV überwiegend Leute am Werk sind, »die ein Interesse daran haben, dass der Verkehr sich nicht grundlegend verändert oder wenn, dann eben so, dass er weiter fließt. Sie handeln nach der Logik: Wenn die Autos breiter werden, muss das in der Verkehrsplanung beachtet werden.«[141]

Die Professoren Becker und Schwedes der TU Berlin kritisieren die FGSV in einem Diskussionspapier als dringend reformbedürftig. Sie schreiben von einem »Closed Shop«, einer Expertokratie, die ihre Mitglieder immer wieder selbst rekrutiert und sich nur dem Staat gegenüber rechtfertigen müsse. Es fehle die Sensibilität, um zivilgesellschaftliche Strömungen wahrzunehmen und darauf zu reagieren. Zudem seien in der FGSV Männer deutlich überrepräsentiert. In allen Arbeitsgremien des Vereins sind Männer mit einem Anteil von knapp 87 Prozent vertreten. Sie rekrutieren sich in erster Linie aus Planungsbüros, Ministerien und Hochschulen. Aber auch das produzierende Gewerbe und Interessenverbände sind in den Gremien vertreten. Eine untergeordnete Rolle nehmen Teilnehmer:innen des öffentlichen Verkehrs ein, auf dem eigentlich die Hoffnungen der Zukunft ruhen.[142] Kein Wunder, dass die Herren die Baugrößen von aktuellen Standard-SUVs wie dem VW Tiguan berücksichtigen.

Was im Wirtschaftssystem und in der Folge in Unternehmen und Verbänden aufgrund patriarchaler Strukturen falsch läuft, kommt irgendwann auch bei den Individuen an, die in diesem Land leben. So werden Rollenstereotype verstärkt und verfestigt, die sich dann in Auftreten von Männern und Frauen in den unterschiedlichsten Lebensbereichen abbilden. Die Auswirkungen des unterschiedlichen Verhaltens der Geschlechter im Straßenverkehr wurden schon im vorigen Kapitel beschrieben. Wie es aber mit dem ökologischen Fußabdruck von Männern und Frauen aussieht und welche Möglichkeiten es gibt, hieraus volkswirtschaftliche Kosten abzuleiten, das möchte ich auf den folgenden Seiten herausarbeiten.

Zunächst ist zu sagen, dass es mit einigen Schwierigkeiten verbunden ist, die menschengemachte Umweltbelastung in Euro zu quantifizieren und in einem zweiten Schritt verlässlich nach Geschlechtern zu differenzieren. Es gibt aber starke Indizien im Bereich der *Mobilität* und harte Fakten im Bereich des *Fleischkonsums,* die zeigen, dass auch hier Männer durch ihr Verhalten wesentlich mehr Kosten verursachen als Frauen.

Mobilität

Männer sind am Steuer eines Kfz laut der letzten Mobilitätsstudie des Bundesministeriums für Verkehr und digitale Infrastruktur (BVMI) durchschnittlich an jedem Tag 15 Kilometer mehr unterwegs als Frauen.[143] Diese Differenz lässt sich zum Teil mit den unterschiedlichen Berufswelten erklären, in denen Männer und

Frauen sich bewegen, aber auch mit der deutlich höheren Vollzeitquote der männlichen Beschäftigten. Die Anzahl und Art der Fahrzeuge aber, die auf Männer und Frauen zugelassen sind, lassen spannende Schlüsse zu. Sie ergeben sich aus von mir gerundeten Zulassungszahlen des Kraftfahrtbundesamtes (KBA).[144]

Bestand der Halter:innen

	MÄNNLICHE HALTER	WEIBLICHE HALTERINNEN
Gesamtbestand privat 1.1.2020	62 %	38 %
Hubraum bis 1399 cm³	50 %	50 %
Hubraum 1400 bis 1999 cm³	68 %	32 %
Hubraum bis 2000 cm³ und mehr	79 %	21 %

Tab. 4

Zunächst wird aus den Daten deutlich, wie viel mehr Fahrzeuge auf Männer insgesamt zugelassen sind. Da ist in der Garage manches Mannes wohl noch ein Zweit- bzw. Drittwagen geparkt. Besonders interessant, aber kaum verwunderlich ist die Erkenntnis, dass der Anteil männlicher Halter ebenso steigt wie die Leistung der Fahrzeuge. Nur in der niedrigsten und sparsamsten Fahrzeugklasse halten sich die Halterzahlen der Frauen und die der Männer noch die Waage. Fahrzeuge mit größerem Hubraum, mit mehr Leistung und demnach einem größeren ökologischen Fußabdruck werden von Männern deutlich bevorzugt.

Noch stärker auf die Spitze getrieben wird das Ungleichgewicht der Geschlechter bei extrem leistungsstarken und prestigeträchtigen Autos.[145]

Ausgewählte Fahrzeuge nach Haltergeschlecht

	PS	MÄNNLICHE HALTER	WEIBLICHE HALTERINNEN
Audi RS6	579	85,5 %	14,5 %
Merc. AMG E 63 S	611	85 %	15 %
Ferrari F12 Berlinetta	735	95 %	5 %
Porsche 911 GTS R2	700	96 %	4 %
Jaguar F-Type Coupe	550	93 %	7 %

Tab. 5

Die Tabelle zeigt ausgewählte Fahrzeuge aus dem Datenbestand des KBA. Je mehr Status, je mehr PS, je mehr Krach und je mehr CO_2 in die Atmosphäre geblasen wird, desto größer ist die Wahrscheinlichkeit, dass ein Mann hinter dem Steuer sitzt. Ich bin sicher, dass alle Leser:innen in ihrem Alltag regelmäßig Zeug:innen dieses in Statistik gegossenen Rollenstereotyps des Mannes mit dickem, lautem und leistungsstarkem Auto werden.

Wie aber steht es um den CO_2-Ausstoß der privaten Fahrten in Deutschland und den damit verbundenen Kosten? Hier gibt es Zahlen des Umweltbundesamtes aus dem Jahr 2018. Insgesamt belief sich der CO_2-Ausstoß der privaten Haushalte durch Kraftstoffe im Straßenverkehr auf knapp 110 Millionen Tonnen CO_2.[146] Wird diese Emissionsmenge mit dem ab 2022 durch die Politik festgelegten Preis von 30 Euro pro Tonne des Treibhausgases multipliziert, errechnen sich jährliche ökologische Kosten in Höhe von 3,3 Milliarden Euro.[147] Würde der vom Umweltbundesamt aus dem Dezember 2020 empfohlene CO_2-Preis in Höhe von 195 Euro zugrunde gelegt, ergäbe sich sogar ein Betrag von knapp 21 Milliarden Euro.[148] Wie ich oben gezeigt habe, bevorzugen Männer deutlich leistungsstärkere Fahrzeuge. Leider liegen aber keine verlässlichen und detaillierten geschlechtsspezifischen Daten für die privaten Fahrten vor, um die Kosten entsprechend auf die Geschlechter zu verteilen. Die Leser:innen mögen sich ihr Urteil selbst bilden.

Fleischkonsum

Anders sieht es beim Fleischkonsum aus. Es gibt einen Werbespot von Burger King aus dem Jahr 2006, der immer noch auf YouTube verfügbar ist.[149] Großes Kino. Ein Stück Werbefilmgeschichte, wenn auch erst 15 Jahre alt. In dem Spot sitzt ein Mann mit seiner Frau in einem Feinschmecker-Restaurant und bekommt einen Teller serviert, auf dem nur ein halber Happen drapiert ist. Plötzlich springt er auf, fängt an zu singen, dass er ein Mann sei und zu hungrig für dieses »Mädchen-Essen«. Dann stürmt er in den Burger King, der zufällig auf der gegenüberliegenden Straßenseite liegt, klagt, dass er mit Quiche »gefüttert« wurde, und sagt der »Tofu-Welle« Bye-bye. Mit einem riesigen Texas Double Whopper und einer Horde von bestimmt hundert weiteren Männern verlässt er das Restaurant, und gemeinsam intonieren sie, dass sie am Verhungern und eigentlich auch unverbesserlich seien, Männer eben.

Aus heutiger Sicht ist solch ein Spot kaum mehr denkbar. Trotzdem wird Fleischkonsum immer noch mit Männlichkeit assoziiert. In einer Studie der University of British Columbia konnte nachgewiesen werden, dass Männer, die kein Fleisch essen, signifikant weniger als männlich wahrgenommen wurden als solche Geschlechtsgenossen, die regelmäßig Fleisch konsumieren.[150] Die Professorin Jana Rückert-John, die zur Soziologie des Fleischkonsums forscht, verweist in einem Interview der Deutschen Welle auf die These, dass die Einverleibung eines getöteten Tieres dem Mann Kraft verleihen solle. Dieses Denken beeinflusse die Werbung auch heute noch und präge junge Männer und ihre Männlichkeit schon in der Pubertät auf Fleischkonsum.[151] Die Soziolog:innen Paulitz und Winter von der TU Darmstadt, die ebenfalls zu dem Thema forschen, sehen im Fleischkonsum zwei zusätzliche Dimensionen: Die Verkörperung von Männlichkeit durch Fleischkonsum hänge mit der Industrialisierung und dem beginnenden Kapitalismus zusammen. Fabrikarbeiter seien mit Fleisch versorgt worden, um Muskeln aufzubauen, damit sie ihre Arbeit entsprechend verrichten konnten. Dieser Ursprung falle heute kaum noch ins Gewicht. Was sich aber bis in die Gegenwart gehalten habe, seien die Muskeln, die Männern die Möglichkeit geben, sich vom weiblichen Geschlecht abzugrenzen; in einer Welt, in der Frauen immer mehr partizipieren und in Bereiche vordringen, die bisher von Männern dominiert werden.[152]

In der heutigen Zeit braucht es keine dumpfen Burger-King-Spots mehr, um die männliche, Fleisch konsumierende Zielgruppe anzusprechen. Es wurden einfach eigene Medien und Marktplätze geschaffen, die mit ihrer Kommunikation und ihrem Branding vorwiegend Männer ansprechen. Der Grillboom und die Fleisch-Fachzeitschriften wurden schon im Kapitel *Noch ein Bier, noch ein Steak* thematisiert. Spannend ist aber auch ein Blick in den sogenannten Online-Gourmetfleischhandel. Nach einer kurzen Recherche konnte ich knapp 20 verschiedene Anbieter identifizieren. Shops wie »Fleischrebellen«, »Don Carne« oder »Genusshandwerker« sind in der Gestaltung ihrer Websites deutlich auf Männer ausgerichtet. Man findet plakative, vermeintlich männlich wirkende Westernschriften, Hinweise, dass die Seiten bekannt aus den »Männermedien« DMAX und Playboy seien sowie männliche Grillmeister und Köche als Testimonials. Männlichkeit dominiert hier allerorten. Während der Analyse bin ich mit Werbung von Fleischreifekühlschränken, Hochleistungsgrills und ultimativen Messer-Sets bombardiert worden, dass mir schwindelig wurde. Es scheint, als habe das Patriarchat über das Internet direktere Wege zur Zielgruppe gefunden, um die Männer bei der »Fleischstange« zu halten.

Gibt es aber einen Weg, die Kosten des Verzehrs von Fleisch für unsere Umwelt zu ermitteln und entsprechend auf die Geschlechter umzurechnen? Teilweise, da eine Studie vorliegt, in der die volkswirtschaftlichen Kosten für den Verzehr von Rind- und Schweinefleisch zusammengetragen wurden. Zudem liegen geschlechtsspezifische Daten bezüglich des Konsums dieser Fleischsorten vor. So ist eine Gewichtung der Kosten mit Anteilen für Frauen und Männer möglich.

Basierend auf der Nationalen Verzehrstudie berechnete eine Forschergruppe, dass Männer durchschnittlich 78 Prozent mehr Fleisch und Wurstwaren konsumieren als Frauen.[153] Betrachtet man nur den Verzehr von Rind- und Schweinefleisch, konsumieren Männer sogar 88 Prozent mehr als Frauen. Der Fleischatlas 2021, jährlich von der Heinrich-Böll-Stiftung gemeinsam mit dem BUND und *Le Monde Diplomatique* herausgegeben, beschreibt den männlichen Fleischkonsum sogar als doppelt so hoch.[154]

Dass der Verzehr von Fleisch unsere Umwelt belastet und einen deutlichen Einfluss auf den individuellen ökologischen Fußabdruck hat, zeigt eine aktuelle Studie der Umweltorganisation Greenpeace in Zusammenarbeit mit der Soil Impacts GmbH. Hier wurden die externen Kosten zusammengetragen, die durch die

Produktion von Rind- und Schweinefleisch in Deutschland entstehen. Externe Kosten sind die Auswirkungen der Produktion und des Konsums von Fleisch auf Klima, Wasser, Boden und Biodiversität. Für die Realisierung der Untersuchung verwendeten die Autor:innen ausschließlich öffentlich zugängliche und von Industrie und Wissenschaft anerkannte Modelle und Daten z. B. vom Joint Research Center der EU oder der internationalen Food and Agriculture Organisation (FAO).[155]

Greenpeace und Soil Impact errechnen jährliche externe, von der Gesellschaft zu tragende Kosten in Höhe von 5,9 Milliarden Euro. Da etwa ein Drittel der Fleischproduktion nicht für den menschlichen Verzehr vorgesehen ist, habe ich die Kosten, die auf Männer und Frauen verteilt werden, noch um diesen Anteil reduziert. So verbleiben vier Milliarden Euro. In der Greenpeace-Studie werden, wie oben erwähnt, ausschließlich externe Kosten der Produktion von Rind- und Schweinefleisch ermittelt. Deshalb habe ich auch das entsprechende Geschlechterverhältnis aus der oben erwähnten Nationalen Verzehrstudie für Konsum von Rind- und Schweinefleisch herangezogen, nämlich 66 Prozent zu 34 Prozent bzw. 791 Gramm pro Woche gegenüber 413 Gramm.[156] Es ergeben sich etwa 2,62 Milliarden Euro an externen Kosten, die durch männlichen Fleischkonsum entstehen, und 1,37 Milliarden Euro durch weiblichen. Es verbleiben 1,25 Milliarden Euro, die für

Abb. 38

die Gesellschaft an zusätzlichen Kosten durch den übermäßigen Fleischkonsum von Männern anfallen. Dieser Betrag wird bei der Gesamtberechnung berücksichtigt.

Die tatsächlichen durch männlichen Fleischkonsum verursachten Kosten sind mit großer Wahrscheinlichkeit höher. In der Greenpeace-Studie wurden nämlich keine externen Kosten für den Verzehr von Geflügel und Wild erfasst. Das Argument, dass Männer einen höheren Grundumsatz haben und deshalb mehr Fleisch benötigen, verfängt hier nicht. Die Deutsche Gesellschaft für Ernährung (DGE) empfiehlt einen Fleischkonsum zwischen 300 Gramm und 600 Gramm pro Woche.[157] Damit liegt der durchschnittliche Verzehr von Männern weit über der Richtlinie der DGE.

Was Männer kosten – die Vogelperspektive

Das Patriarchat kostet und strapaziert mit seinen Auswirkungen die ohnehin schon knappen Haushalte des Bundes, der Länder und der Kommunen. Das habe ich in der vorliegenden Untersuchung Schritt für Schritt nachweisen können. Toxische männliche Verhaltensweisen verursachen jedes Jahr weit über 63 Milliarden

Summe volkswirtschaftliche Kosten

THEMENFELD	VOLKSWIRTSCHAFTLICHE KOSTEN
Gefängnisse	3,02 Mrd. €
Häusliche Gewalt	2,75 Mrd. €
Sucht	43,93 Mrd. €
Diebstahl	1,34 Mrd. €
Wirtschaftskriminalität	1,57 Mrd. €
Ernährung	5,00 Mrd. €
Jugendhilfe	1,96 Mrd. €
Hooligans	0,17 € Mrd. €
Verkehrsunfälle	2,51 Mrd. €
Umwelt und Klima	1,25 Mrd. €
GESAMTKOSTEN	**63,5 Mrd. €**

Tab. 6

Euro an gesellschaftlichen Kosten. Und zwar nur in den zehn untersuchten und hier noch einmal aufgelisteten Themenfeldern.

Erzähle ich Menschen aus meinem Umfeld von diesem Betrag, ernte ich in der Regel ungläubiges, ratloses Staunen. Manches Mal entbrennt danach eine Diskussion darüber, was man mit dem Geld, würde es eingespart, in unserem Land alles verändern könnte. Programme für soziale Gerechtigkeit, Investitionen in Bildung und Erziehung, Umbau des Rentensystems, Bürgergeld oder Schuldenabbau. Bevor aber ein solcher Diskurs Früchte tragen kann, finde ich es wichtig, die gesamte Analyse zunächst aus der Vogelperspektive zu betrachten. Dann erst wird weitaus mehr sichtbar als der Betrag von 63 Milliarden Euro.

Bei den ermittelten volkswirtschaftlichen Schäden handelt es sich um **Mindestkosten.** Sie mögen als vorsichtige Orientierung dienen, wie viel ungesundes männliches Verhalten in den untersuchten Bereichen unsere Gesellschaft kostet. Häufig war es mir nicht möglich, indirekte Kosten z. B. durch Arbeitsausfälle, Transferzahlungen durch das Job-Center oder Reha-Maßnahmen zu ermitteln. In den Bereichen Wirtschaftskriminalität, Diebstahl, Hooligans, Jugendhilfe oder Gefängnisaufenthalte standen entsprechende verwertbare Kosteninformationen nicht zur Verfügung. Wie deutlich die indirekten Kosten ins Gewicht fallen, konnte ich auf den Gebieten der Sucht (Alkohol, Tabak, Glücksspiel und illegale Drogen) sowie der häuslichen Gewalt nachweisen. Hier waren indirekte Kosten ermittelbar, die jeweils mehr als die Hälfte der Aufwendungen verursacht haben.

Weiterhin habe ich Kostendaten nur dann mit dem Index der Preissteigerung gewichtet, wenn die verfügbaren Zahlen älter als zehn Jahre waren. Zudem habe ich konsequent den niedrigeren Wert gewählt, wenn nur eine Kostenspanne vorlag. Kurz, die wahren Kosten der untersuchten Themenfelder liegen mit großer Wahrscheinlichkeit weit über der Summe von den errechneten 63 Milliarden Euro.

In diesem Buch habe ich sicherlich mehr als nur die **Spitze des Eisbergs** der gesellschaftlichen Kosten zusammengetragen. Dennoch gibt es weitere Felder, in denen Männer die negativen Statistiken und Schlagzeilen deutlich dominieren, für die es mir aber nicht möglich war, belastbare Kosten zusammenzutragen. Beispiele hierfür sind:

- Gewaltkriminalität
- Schäden durch berufsbedingte Unfälle und Krankheiten
- Freizeitunfälle
- Folgen mangelnder gesundheitlicher Vorsorge
- Obdachlosigkeit und Wohnungslosigkeit

Zweifellos würden die in diesem Buch zusammengetragenen Summen deutlich höher ausfallen, gäbe es entsprechende valide Daten für die aufgelisteten und weitere, hier nicht berücksichtigte, aber relevante gesellschaftliche Felder.

Und ja, mit Sicherheit dominieren auch Frauen bestimmte Statistiken, und auch hierfür fordere ich engagierte Forscher:innen auf, entsprechende Kosten zusammenzutragen und in den Fokus der Öffentlichkeit zu rücken. Ich lehne mich hier aus dem Fenster und stelle die These auf, dass viele Ungleichgewichte zuungunsten der Frauen ebenso ihre Quelle im Patriarchat haben. Die Felder der Essstörungen[158] – aufgrund soziokultureller Ursachen bzw. vorherrschender Schönheitsideale – oder Tablettensucht seien hier nur beispielhaft benannt.

Die zusammengetragenen Daten, Fakten und Kosten mögen als Impuls und als **Steigbügel** dienen, der geschlechtsspezifischen Forschung zukünftig mehr Gewicht zu geben. Hier ist in den letzten Jahrzehnten viel versäumt worden. Wir sind eine in hohem Maße auf Effizienz getrimmte Gesellschaft, und zwar vor allem auf ökonomische Effizienz. Trotzdem werden die Kosten, die ungesundes

Verhalten verursacht, kaum adressiert und schon gar nicht nach Geschlechtern differenziert. Dass bisher kaum zu geschlechtsspezifischen volkswirtschaftlichen Kosten geforscht wurde, hängt meiner Einschätzung nach mit der Dominanz der Männer in Politik, Forschung und Verwaltung zusammen, die diesen Prozess im Hintergrund unbewusst steuern. Gleichsam einer unsichtbaren Kraft, die sich dagegen wehrt, entmachtet zu werden. Anders ist es kaum zu erklären, dass Institutionen wie das Kraftfahrbundesamt, der Deutsche Verkehrssicherheitsrat, der ADAC, das Robert Koch Institut oder das BKA zwar über die entsprechenden Daten verfügen, diese aber nur sehr selten öffentlichkeitswirksam differenziert nach Geschlechtern präsentieren; und schon gar nicht werden entsprechende notwendige Maßnahmenpakete gefordert, um dem Ungleichwicht der Datenlage entgegenzusteuern. Alle oben benannten Organisationen werden seit vielen Jahren vornehmlich von Männern gesteuert.

Die ermittelten Zahlen sind nur die messbaren Folgen eines Systems, das vom Patriarchat geprägt und immer noch geleitet wird. Dabei sind die Kosten nur ein Indikator für eine gesamtgesellschaftliche Schieflage. Sie zeigen nicht das Gesamtbild. Ebenso wie das gemessene Fieber nur ein Symptom für eine darunter liegende ernste Erkrankung sein kann, ziehen die Kosten durch toxisches männliches Verhalten weitreichende Folgen für die Gesellschaft nach sich. Eingangs habe ich schon darauf aufmerksam gemacht und auch in den einzelnen Kapiteln immer wieder daran erinnert, dass es um Einzelschicksale geht. Traumata, Not, Ablehnung, Einsamkeit, Trauer, Angst und Scham sind die Folgen toxischen männlichen Verhaltens. Sie ziehen eine emotionale Schneise der Verwüstung nach sich, die sich Jahr für Jahr den Weg durch dieses Land bahnt und deren Folgen nicht in monetären Werten ausgedrückt werden können. Die Kosten können aber sehr wohl eine Flagge sein, die eingepflockt darauf aufmerksam macht, dass etwas falsch läuft und dringend etwas dagegen unternommen werden muss.

Das Patriarchat kostet, und die Kosten sind messbar. Aber sie zeigen nur einen Bruchteil der Folgen für die Gesellschaft. Es gibt noch zahlreiche andere Dimensionen.

TEIL II

NICHT MESSBARE NEBENWIRKUNGEN

Das Patriarchat ist allgegenwärtig. Wie ich in Teil I dieses Buches veranschaulicht habe, sind seine Auswirkungen in den unterschiedlichsten Lebensbereichen spürbar und auch messbar. Aber nicht immer ist es möglich oder sinnvoll, die monetären Folgen des patriarchalischen Unterbaus unserer Gesellschaft zu ermitteln. Die Nebenwirkungen des Patriarchats sind dennoch in fast allen Lebensbereichen erfahrbar. Das bremst den Weg zu einer geschlechtergerechten Gesellschaft und belastet den gesellschaftlichen Zusammenhalt. In den folgenden fünf Kapiteln werde ich am Beispiel von lebensnahen Themenfeldern zeigen, wie das Patriarchat ein gutes Leben und auch Zusammenleben erschwert und belastet. Durch das sinnlose zu frühe Versterben der Männer. Durch erschreckend viele von Männern begangene Suizide. Durch energieraubenden Hass, der von Männern über Frauen ausgegossen wird. Durch rechtsextreme Strömungen, die in allen Bereichen stark männlich dominiert und von den Ideen des Patriarchats genährt sind. Durch die dunklen Seiten der männlichen Sexualität, die auf Kosten aller Menschen Männer erhebt und Frauen erniedrigt. Schließlich durch die ungerechten und negativen Auswirkungen in der Welt des Sports.

Die Grenzen des Lebens – Lebenserwartung und Suizid

Lebenserwartung

Die Stiftung Männergesundheit aus Berlin begeht seit 2018 immer am 10. Dezember den Tag der ungleichen Lebenserwartung von Männern und Frauen. Das Datum entspringt einem Gedankenexperiment des Theologen, Erziehungswissenschaftlers und Männerforschers Dr. Matthias Stiehler.[159] Es markiert ungefähr den Tag im Jahr, an dem Männer früher sterben würden, würde man die durchschnittliche Lebenserwartung der Frauen mit den 365 Tagen des Jahres gleichsetzen. Männer leben laut Destatis durchschnittlich immer noch 4,73 Jahre kürzer als Frauen; rechnet man dieses Verhältnis auf ein Jahr um, entspricht dieser Zeitraum knapp

Abb. 39

21 Tagen.[160] Die Kampagne startet in der Regel am 19. November, dem internationalen Männertag, und bewegt sich mit verschiedenen Aktionen auf den 10. Dezember zu.[161]

Die Macher:innen der Stiftung schonen Männer und Frauen nicht, wenn sie provozierend und aufrüttelnd kommunizieren, dass Männer nach diesem Maßstab an Weihnachten schon tot wären. Eine spannende und gelungene Idee, um auf die Ungleichheit zwischen Männern und Frauen aufmerksam zu machen. Doch leider verfängt die Kampagne viel zu wenig in der Öffentlichkeit. Es finden sich nur wenige Presseberichte im Netz, und die eigens für die Aktion produzierten YouTube-Videos erreichen kaum dreistellige Klickzahlen. Es scheint, als würden Meldungen, in denen Männer statistisch hinter den Frauen zurückbleiben, weniger von den Massenmedien aufgegriffen. Die durchschnittlich knapp fünf Jahre kürzere Lebenserwartung widerspricht dem verfestigten Bild des privilegierten und »starken« Geschlechts und fordert zum Differenzieren auf. Denn es stimmt ja, dass Männer noch in vielen Bereichen strukturelle Vorteile genießen. Es stimmt aber auch, dass Männer aufgrund ihrer Lebensweise immer noch nahezu fünf Jahre kürzer leben. Beides ist richtig, und über beides sollte auch berichtet werden.

Es gibt aber auch gute Nachrichten. Die Lebenserwartung von Männern hat sich in den letzten 15 Jahren um 2,74 Jahre verlängert. Jetzt könnte man annehmen, dass eine solche Zahl auf den medizinischen Fortschritt zurückzuführen ist. Das stimmt aber nur zum Teil. Denn die Lebenserwartung der Frauen ist im gleichen Zeitraum nur um 1,81 Jahre gestiegen. Der Abstand der unterschiedlichen Lebenserwartung ist in den letzten 15 Jahren also um fast ein Jahr geschrumpft (0,93 Jahre).[162] Diese Annäherung der Lebenserwartung ist ein deutlicher Hinweis auf den positiven Einfluss einer geschlechtergerechteren Gesellschaft. Es dauert, aber es zeigen sich Erfolge, wenn Männer toxische patriarchalische Verhaltensweisen überwinden und infolgedessen gesünder leben und weniger Risiken eingehen. Dennoch, es verbleiben die oben erwähnten fast fünf Jahre Unterschied, an die am 10. Dezember Jahr für Jahr die Stiftung Männergesundheit erinnert.

Dass da noch viel mehr möglich ist, zeigt die deutsch-österreichische Klosterstudie.[163] Sie wurde vor über 20 Jahren von dem Bevölkerungswissenschaftler Dr. Marc Luy begründet und erforscht bis heute die Mechanismen von Gesundheit, Alterung und Lebenserwartung von männlichen und weiblichen Ordensmitgliedern in Österreich und in Deutschland. Der Vergleich der Lebenserwartung ist deshalb so interessant, weil Mönche und Nonnen in vergleichbaren Umfeldern leben und altern. Die Studie kommt zu einem überraschenden Ergebnis: Die Lebenserwartung von Nonnen ist im Untersuchungszeitraum »nur« circa ein Jahr länger als die der Mönche.[164] Frauen aus der Normalbevölkerung haben eine ähnliche Lebenserwartung wie die Nonnen. Das bedeutet, in der Normalbevölkerung fallen allein die Männer deutlich zurück. Gleichen sich die Lebensstile hinsichtlich Stresses, Ernährung und Bewegung durch eine nachhaltig geschlechtergerechte Gesellschaft an, dann schließt sich auch die Lücke in der Lebenserwartung zwischen Männern und Frauen. Wenn Frauen irgendwann nur noch ein Jahr länger leben als Männer, weil es auch biologische Gründe gibt (die durch die leicht höhere Säuglingssterblichkeit von männlichen Babys belegt ist[165]), dann haben wir immerhin das erreicht, was möglich ist. Dann ist die vergleichbar hohe Lebenserwartung auch nur der erfreuliche Nebeneffekt einer Gesellschaft, in der sich die Geschlechter in allen Lebensbereichen auf Augenhöhe begegnen.

Suizid

Ein befreundeter Männerberater erzählte mir vor einigen Jahren von einer prägenden Erfahrung während seiner Studienzeit. Plötzlich und für das gesamte Umfeld überraschend stürzte sich ein Kommilitone von einer Brücke im Ruhrgebiet. Es gab keine Anzeichen für eine Depression, der junge Mann war in keiner Behandlung, und er hatte sich auch niemandem gegenüber anvertraut. Ein Suizid aus dem Nichts, der Freunde und Verwandte ratlos zurückließ. Leider kein Einzelfall. Häufig treten Männer aus freien Stücken aus dem Leben, ohne vorher nach einem Ausweg gesucht zu haben. Die männliche Sozialisation und das jahrelange Einüben männlicher Rollenklischees befeuern ein solches Verhalten. Männer reden nicht, Männer handeln. Und das leider manches Mal bis zum bitteren Ende. Der Psychologe und Männertherapeut Björn Süfke schreibt in seinem eindrucksvollen Werk *Männerseelen* überspitzt: »Männer lösen ihr Problem selbst und wenn es das letzte ist, was sie tun.«[166] Deshalb ist es kein Wunder, dass Männer auch die Suizidstatistik mit weitem Abstand anführen. Im Jahr 2019 wurden durchschnittlich mehr als drei von vier Suiziden in Deutschland von Männern begangen. Um genau zu sein 75,7 Prozent. Noch einmal in absoluten Zahlen, damit kein tragischer Einzelfall verloren geht: 6842 Suizide unter Männern stehen 2199 bei Frauen gegenüber.[167]

In der Altersgruppe zwischen 20 und 45 Jahren, wenn sich die beruflichen und familiären Pfade ins Leben langsam ausbilden und die Erwartungen steigen, dann werden sogar über 80 Prozent der Suizide von Männern begangen.[168] Diese Zahlen decken sich mit einer These von Björn Süfke. Er konstatiert, dass männlicher Suizid ganz wesentlich vom Versagen oder der Angst vor dem Versagen getrieben wird.[169] Und diese These wiederum deckt sich mit den vom Patriarchat geformten ungesunden Rollenstereotypen,

Abb. 40

die Männern von klein auf Erfolg und Dominanz einflüstern. Männer sind eher überfordert, wenn sie diesen Erwartungen nicht gerecht werden, und greifen häufiger zu schrecklichen Mitteln, um einen Ausweg zu finden. Aber auch hier gibt es Hoffnung. Seit dem Jahr 1980 hat sich die Suizidrate in Deutschland halbiert. Diese Entwicklung ist unter anderem auf den Ausbau therapeutischer Angebote im ambulanten und stationären Bereich zurückzuführen. Betrachten wir aber die Zahlen seit 1980 getrennt nach Geschlechtern, dann fällt auf, dass die Suizidzahlen der Frauen deutlicher gesunken sind als die der Männer.

Aus der Grafik lässt sich ablesen, dass die Suizide unter den Frauen in den letzten 40 Jahren um 67 Prozent gesunken sind (von 6662 auf 2199) und unter den Männern nur um 42 Prozent (von 11789 auf 6842).[170]

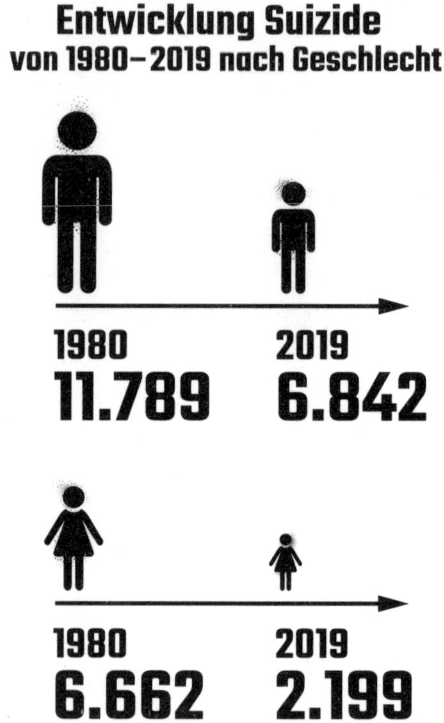

Abb. 41

Dieser Unterschied zwischen den Geschlechtern lässt sich so interpretieren, dass Hilfen für Menschen mit psychischen Belastungen zwar vorhanden sind, sie aber von Frauen viel häufiger in Anspruch genommen werden. Diese Erkenntnis deckt sich auch mit Zahlen der Stiftung Deutsche Depressionshilfe. Die Hilfs- und Lobbyorganisation zur Bekämpfung der Depressionen in Deutschland informiert auf ihrer Website und in Pressemeldungen, dass in Deutschland im Laufe eines Lebens etwa jede vierte Frau und jeder achte Mann von einer Depression betroffen ist.[171]

Mehr als doppelt so viele Frauen erkranken demnach an der tückischen Krankheit. Kann das wirklich sein? Ist es nicht vielmehr so, dass Depressionen bei Frauen häufiger diagnostiziert werden, weil sie gelernt haben, sich Hilfe zu holen? Männer dagegen versuchen vielfach ihre psychischen Krisen mit sich selbst auszumachen oder erkennen diese nicht als solche. Wäre es da nicht angeraten, bei der Veröffentlichung entsprechender Zahlen das Wort Erkrankung durch Diagnose zu ersetzen? Auch ist es nicht nachvollziehbar, warum die Stiftung auf der einen Seite einen Großteil der Suizide auf unbehandelte Depressionen zurückführt, dann aber keinen Zusammenhang zum Ungleichgewicht zwischen Männern und Frauen in der Suizidstatistik herstellt. Hier wäre es doch Aufgabe der Organisation, gerade solche Männer (und andere Menschen) anzusprechen, die von einer Depression betroffen sind, aber vor der Diagnose davonlaufen. Indem Frauen so stark ins Zentrum der Arbeit der Depressionshilfe gerückt werden, wird die Erkrankung zudem mit Weiblichkeit konnotiert. Das wiederum führt gerade bei solchen Männern, die in Rollenmustern feststecken, dazu, dass sie mögliche Depressionen abspalten – und das bis zum bitteren Ende. Meiner Ansicht nach wäre es Aufgabe der Stiftung Depressionshilfe, geschlechtssensibel und zielgruppengerecht auch die Nöte der Männer stärker in den Fokus zu nehmen. Gelänge es nämlich, noch mehr Männer dafür zu sensibilisieren, dass sie sich Hilfe holen müssen, würde sich das auch mittelfristig in der Suizidstatistik und letztlich auch in der durchschnittlichen Lebenserwartung abbilden. Im Rahmen der Recherche für dieses Buch habe ich die Deutsche Depressionshilfe kontaktiert und mit meiner Sicht auf die Krankheit und den Einfluss von Geschlechterstereotypen bezüglich der Diagnose konfrontiert. Die Pressestelle konnte meine These, dass Männer genauso häufig an Depressionen erkranken, sie sich aber seltener Hilfe holen, nicht nachvollziehen, versprach mir aber einen Kontakt zum männlichen Vereinsvorstand herzustellen. Leider hat sich niemand bei mir gemeldet.

Blinde Wut – Männer und ihr Hass auf Frauen

Der amerikanische Soziologie Michael Kimmel veröffentlichte im Jahr 2013 das viel beachtete Buch, *Angry White Man*. Kimmel spricht in seinem Text immer wieder von der kränkenden Enteignung, unter der viele Männer leiden würden. Von dem Gefühl, dass ihnen etwas weggenommen werde, was ihnen rechtmäßig zustehe, und im Gegenzug unverdient an andere gesellschaftliche Gruppen weitergegeben werde.[172] Die Philosophin Hilkje Hänel spricht in diesem Kontext vom männlichen Anspruchsdenken. Hieraus erwachse die Haltung, Männern stünde Anerkennung, Fürsorge, Lautstärke, Raum, Ansehen und Frauenkörper zu. Werden ihre scheinbar naturgegebenen Ansprüche nicht erfüllt oder drohten sie den Männern entzogen zu werden, komme es zu Frauenhass, Diskriminierung oder Gewalt.[173] Im Grunde geht es um die Erhaltung eines ungerechten patriarchalischen Systems, das den Mann an der Spitze der Gesellschaft sieht und alle anderen darunter einordnet. Wird versucht dieses ungerechte System zu hinterfragen oder zu dekonstruieren, fühlen sich die Protagonisten selbst wiederum ungerecht behandelt. So stark ist in manchen Köpfen das Patriarchat noch als normaler oder naturgegebener Zustand verankert. Das ist so, als würde jemand ein Fahrrad stehlen und sich dann ungerecht behandelt fühlen und Hass entwickeln, wenn er oder sie Jahre später damit konfrontiert und das Rad zurückgefordert wird.

Ich bin davon überzeugt, dass die eigentliche Quelle für die Überforderung vieler Männer nicht Hass oder Wut ist, sondern

Angst. Angst vor Veränderung, Angst vor Augenhöhe, Angst, selbst dominiert zu werden, oder Angst, nicht mehr kontrollieren zu können. Im Grunde ist es eine Angst vor Gerechtigkeit bzw. gleichberechtigter Teilhabe, die sich in Hass und Wut mit all den dramatischen Folgen entlädt.

In meiner Beratungsarbeit mit Männern, besonders auch mit Tätern von häuslicher Gewalt gegen Frauen, ist die originäre Ursache für die Gewalt ebenfalls nicht selten Angst. Die unkontrollierte Wut, die sich in körperlichen Gewaltakten entlädt, nimmt hier ihren Anfang. Gelingt es, gemeinsam mit den Tätern zur Angst vorzudringen, gerät viel in Bewegung, und nicht selten fließen Tränen. Dann sprudelt aus den Männern heraus, dass sie Angst haben, verlassen zu werden, Angst davor, dass andere Männer besser sind als sie, Angst, nicht mehr der Herr im Haus zu sein, Angst, unbestimmten Vorstellungen von Männlichkeit nicht zu genügen. Gelingt es, die Angst zu enttarnen, entstehen Entlastung und Raum für Veränderungsprozesse.

Überwindung der Angst vor Gerechtigkeit

Wenn wir davon ausgehen, konsequente Gerechtigkeit zwischen den Geschlechtern ist das Ziel des Feminismus, dann hat das für uns Männer zunächst zur Folge, vermeintliche Privilegien abzugeben. Das ist nicht leicht, weil wir uns so sehr daran gewöhnt haben. Wie können wir Männer aber bei genauerer Betrachtung Angst vor Gerechtigkeit zwischen den Geschlechtern haben? Versetzen wir uns in die Lage der Frauen: Kein Mann möchte ständig unterbrochen werden oder die Welt erklärt bekommen. Kein Mann möchte nachts auf dem Heimweg Angst haben. Kein Mann möchte sexuelle Übergriffe erfahren oder Opfer von Catcalling werden.

Catcalling[174]

Der Begriff Catcalling (»Katzen-Rufen«) bezeichnet eine verbale sexuelle Belästigung im öffentlichen Raum. Catcalls können übergriffige, sexuell aufgeladene Kommentare von Männern gegenüber Frauen sein, die sich in Rufen, Pfeifen, Reden oder sonstigen Lauten äußern. Juristisch kann Catcalling als Beleidigung gewertet werden, wobei die Hürden hierfür hoch sind. Beispielhafte Catcalls sind:

- Hinterherpfeifen/-johlen/Kussgeräusche
- Auf das Aussehen bezogene Kommentare wie »tolle Beine«
- Aussagen wie »Wen haben wir denn da«
- Aufforderungen wie »Lächel doch mal«

Catcalling ist eine Abwertung von Mädchen und Frauen und eine patriarchale Geste einer vermeintlichen männlichen Dominanz. Es hat nichts mit Komplimenten, Wertschätzung oder Respekt zu tun.

Kein Mann möchte im Haushalt nur aufgrund seines Geschlechts systematisch mehr Arbeit übernehmen. Kein Mann möchte einen Job nicht bekommen, weil der Arbeitgeber befürchtet, dass er schwanger werden könnte.

Gelingt es Männern, sich dieser Ungerechtigkeit angstfrei und wahrhaftig zu nähern, dann wird es auch möglich sein, selbstbewusst und konstruktiv für sich selbst Gerechtigkeit einzufordern, wo sie nicht erfahren wird. Denn es gibt ja auch Fälle, in denen auch Männer strukturelle Ungerechtigkeit erleben. Von Jugendämtern und Gerichten, weil die gängigen Rollenstereotype Frauen per se als die besseren Bezugspersonen für Kinder definieren. Von

Politiker:innen, die häusliche Gewalt gegen Männer für einen Mythos halten. Oder auch einfach nur auf dem Spielplatz, wenn die anwesenden Mütter einen sorgenden Vater immer wieder damit konfrontieren, wann er denn gedenke, wieder zu arbeiten. Stellen sich Männer einer echten Geschlechtergerechtigkeit, gehen auf die Frauen zu und zeigen den aufrichtigen Wunsch nach Augenhöhe, mit allen schmerzhaften Konsequenzen, dann wird es auch möglich sein, eigene erfahrene Ungerechtigkeiten konstruktiv zu thematisieren. Ruhig, sachlich, ohne Schubladendenken, sondern auf der gleichen Basis, die dazu geführt hat, die eigenen Privilegien abzugeben. Das entlastet, nimmt Druck aus dem System des Kampfes der Geschlechter und schafft ein Klima des Miteinander anstatt des permanenten Gegeneinander.

Im Gegeneinander, in der Wut und im Hass aber manifestiert sich eine Männlichkeit, die mit dem Wandel der Zeit überfordert ist, die mit aller Macht festhalten will, was scheinbar gottgegeben oder biologisch festgeschrieben ist. Sie zeigt sich in unterschiedlichen Ausprägungen. Dabei ist blinde Wut häufig das hörbare und sichtbare Symptom. In Hasskommentaren im Netz, in der Männerrechtsbewegung oder durch die sogenannte Incel-Bewegung.

Männerrechtsbewegung

Hinter dem Begriff verbirgt sich eine vorwiegend antiemanzipatorische Bewegung, die sich als Gegenreaktion zum Feminismus begreift. Männerrechtler lehnen gleichstellungspolitische Initiativen ab, beklagen eine strukturelle Benachteiligung alles Männlichen und sehen Männer, die sich als Feministen begreifen oder den Feminismus unterstützen, als politische Gegner. Die Bewegung ist diffus und schwer greifbar und in ihrer Extremität bzw. Polarisierung unterschiedlich stark ausgeprägt. Der Verein Agens kämpft beispielsweise für den Erhalt der Kernfamilie und arbeitet sich dafür an Feminismus und Gleichstellungspolitik ab. MANNdat e.V. hat sich auf die Fahne geschrieben, »gesetzliche Benachteiligungen und öffentliche Diskriminierungen von Männern zu beseitigen«, macht das aber ausschließlich über einseitige Kommunikation und eine systematische Polemik gegenüber Feminismus und Frauenbewegung. In einer rechtlichen Grauzone bewegen sich seit Jahren die Online-Auftritte von *Wieviel Gleichberechtigung verträgt das Land* (WGvdL) und *WikiMANNia,* auf denen systematisch Hetze, Antifeminismus und Frauenhass verbreitet wird. In den Foren wird zudem rechtes Gedankengut ebenso geteilt wie Verschwörungsmythen. Belangt werden können die Seitenbetreiber kaum. Die Server stehen im Ausland, hinter den Adressen verbergen sich Briefkastenfirmen, und es ist nicht bekannt, wer hinter den Kulissen die Strippen zieht. Der Journalist und Buchautor Thomas Gesterkamp hat die Szene und ihre Bedeutung in einem Beitrag für die Wochenzeitung *der Freitag* sehr pointiert beschrieben:

> Die deutschen Männerrechtler stecken in einer Filterblase. Am virtuellen Stammtisch machen sie sich Mut, verstärken gegenseitig ihr tiefsitzendes Ressentiment gegen Frauen im Allgemeinen und Feministinnen im Besonderen. Auffällig oft wiederholen sich die Namen der Verfasser, für Onlinebeiträge in den Kommentarspalten der großen Zeitungen nutzen manche

zusätzlich Pseudonyme. So wird der Eindruck einer Masse erweckt, die gar nicht vorhanden ist. Es handelt sich um keine Graswurzelbewegung, die von unten wächst, sondern um das Bespielen von Kunstrasen.[175]

Die Belastungen für die Gesellschaft sind enorm. Denn die Werkzeuge der wütenden und hassenden Männer sind systematische Abwertung und Einschüchterung. Wie aber sich diesen negativen Strömungen nähern, ohne ihnen noch mehr Auftrieb zu geben, ohne Öl ins Feuer zu gießen? Die Publizistin Carolin Emcke liefert in ihrem Buch *Gegen den Hass* eine berührende Anleitung. Sie schreibt, dass man sich dem Hass unter anderem nur durch genaues Beobachten und nicht nachlassendes Differenzieren nähern könne. Begegne man dem Hass mit Hass, tappe man in die Falle der Hassenden, denn genau das wollen sie erreichen.[176]

Frauenhass im Netz

Das Internet ist das perfekte Feld für ängstliche und unsichere Männer. Hier können sie anonym für die Erhaltung oder Wiederherstellung der Privilegien kämpfen, von denen sie glauben, dass sie ihnen zustehen. Das Angenehme daran: Sie müssen keinen Widerspruch aushalten, keinen sachlichen Diskurs, nicht fürchten, »überzeugt zu werden«. Das Gefährliche: Verdeckt und unerkannt, ohne zwischenmenschlichen Austausch, ohne »persönliche Echokammer«, das heißt ohne ein Korrektiv im privaten, persönlichen Umfeld, droht die unzivilisierte Verrohung. Viele Männer geraten so in eine exzessive Spirale des Abwertens und Erniedrigens. Die

Projektionsfläche für solche anonymen Hasstiraden sind in den meisten Fällen Frauen. Die ängstlichen (wären sie nicht ängstlich, würden sie sich zeigen) und im digitalen Nebel verborgenen Männer setzen die Abwertung des Weiblichen und häufig die digitale sexuelle Gewalt als Waffe ein.

Die gemeinnützige Berliner Organisation *HateAid* engagiert sich für die Betroffenen digitaler Gewalt, für Menschen, die online Hass und Hetze erleben, die beleidigt, verleumdet oder bedroht werden. Im Rahmen einer öffentlichen Sitzung im Bundestagsausschuss Digitale Agenda zur digitalen Gewalt gegen Frauen und Mädchen hat *HateAid* in einem bemerkenswerten Papier zum Thema umfassend Stellung genommen. Darin wird beschrieben, dass die größte und auch die am stärksten von digitaler Gewalt betroffene Gruppe die der Frauen sei. *HateAid* bezieht sich in der Stellungnahme unter anderem auf eine repräsentative Studie der Universität Jena aus dem Jahr 2019, in der 88 Prozent der Befragten angaben, im Netz schon einmal Hasskommentare gegen Frauen gesehen zu haben.[177] Eine Studie der Hilfsorganisation *Plan International* aus dem Jahr 2020 hat zudem ermittelt, dass 70 Prozent der befragten Mädchen im Alter von 15–24 Jahren schon einmal digitale Gewalt und Belästigung in sozialen Medien erlebt haben.[178] Die Verfasser:innen der *HateAid*-Stellungnahme verdeutlichen, dass die Art und Intensität der digitalen Gewalt, die Frauen erfahren, sich deutlich von dem unterscheiden, was Männer online erleben:

> Digitale Gewalt ist nicht nur zutiefst persönlich, sondern in den meisten Fällen auch sehr sexualisiert und überwiegend frauenfeindlich, was bedeutet, dass Frauen allein aufgrund ihres Geschlechts angegriffen werden. Frauen erhalten Vergewaltigungsdrohungen; sie werden als sexuell frustriert beschimpft und beharrlich zum Geschlechtsverkehr mit den Tätern aufgefordert

> oder schlicht »zurück in die Küche« beordert. Es ist zu beobachten, dass im Internet die Errungenschaften der Gleichberechtigung der Geschlechter wie selbstverständlich in Frage gestellt werden. Von Strafverfolgungsbehörden erfahren wir, dass die meisten Täter Männer und über 50 Jahre alt sind.[179]

Die Textstelle drückt die Panik aus, die digitale Gewalt ausübende Männer empfinden müssen. So groß ist die Furcht vor einer geschlechtergerechten Gesellschaft, vor der Abschaffung des Patriarchats, dass nur noch Abwertung und Sexualisierung funktionieren. Zu einer sachlichen Auseinandersetzung sind die Täter nicht mehr in der Lage.

Der dritte Bundesgleichstellungsbericht teilt die digitale Gewalt gegen Frauen in drei Felder[180]:

Im sogenannten **netzpolitischen Feld** sind Netzfeministinnen, Gamerinnen sowie Frauen- und Gleichstellungsbeauftragte betroffen. Aber auch Menschen jeden Geschlechts, die bestimmte Positionen zu Geschlechterthemen einnehmen. Hass wird hier als Mittel verwendet, um die eigenen kruden Weltanschauungen zu untermauern. Er wird als Waffe eingesetzt, um für Hoheit im digitalen Raum zu kämpfen, der historisch männlich konnotiert ist. Die Autorin Margarete Stokowski gibt in ihrem Werk *Die letzten Tage des Patriarchats* immer wieder Einblicke in die hasserfüllten Reaktionen ihrer männlichen Leser. Ebenso die Autorin und Satirikerin Sarah Bosetti, die auf ihre Hasskommentare mit dem Buch, *Ich habe nichts gegen Frauen du Schlampe – mit Liebe gegen Hasskommentare,* satirisch reagiert hat.

Auch jenseits des digitalen politischen Aktionsraumes werden Frauen Zielscheibe von Hass und Diskriminierung. Moderatorinnen, Journalistinnen, Influencerinnen und andere **öffentlich agierende Frauen** erfahren Anfeindungen, allein wenn sie selbstbewusst auftreten oder auf Augenhöhe mit den männlichen Kollegen agieren.

Schließlich im **sozialen Nahfeld,** wenn sich Opfer und Täter meist, aber nicht immer persönlich kennen. Digitale Gewalt wird Teil von Stalking und Belästigung. Frauen sollen verfügbar gemacht und eine entsprechende Geschlechterordnung wiederhergestellt werden. Solche Formen der digitalen Gewalt erfahren Frauen nach Trennungen, in Nachbarschaftsstreits oder auch im Berufsalltag.

Um dieser Spirale digitaler Gewalt entschieden entgegenzutreten, fordern die Aktivist:innen von *HateAid* im Bundestagsauschuss die Durchführung von Studien und Erstellung von Statistiken, um konkrete Handlungsempfehlungen abzuleiten. Die Schaffung eines bundesweiten Netzwerks von Beratungsstellen. Die Sensibilisierung öffentlicher Stellen. Die Verbesserung der Strafverfolgung ebenso wie vereinfachte Durchsetzung zivilrechtlicher Ansprüche. Schließlich die Haftung von Online-Plattformen.[181] Ich würde hier noch ergänzen, dass verurteilte Täter digitaler Gewalt gegen Frauen das Angebot einer Männerberatung unterbreitet bekommen sollten. Dort hätten sie die Möglichkeit, gemeinsam mit einem kompetenten Berater zur Quelle ihres Hasses vorzudringen und in einen Prozess einzusteigen, in dem sie sich ihrer Angst, Unsicherheit, Einsamkeit und Scham stellen können. Nur wenn man auch bei den Tätern ansetzt, kann der Kreislauf des Hasses durchbrochen werden.

Incels

Der Begriff Incel – eine Wortschöpfung aus den englischen Wörtern **in**voluntary und **cel**ibate – findet seinen Weg zuletzt immer häufiger in den öffentlichen Diskussionsraum. Erst im November

2020 erschien das Buch *Incel – Geschichte, Sprache und Ideologie eines Online-Kults*[182] von Veronika Kracher, das von den Medien prominent aufgegriffen wurde. Dennoch scheint der breiten Bevölkerung wenig über diese Gruppe bekannt zu sein, die sich übersetzt ins Deutsche als »unfreiwillig zölibatär« lebend bezeichnet. Die relativ lose, unstrukturierte und in der Regel über Online-Foren organisierte Bewegung ist ein Sammelbecken für Männer – in der Regel weiß und heterosexuell –, die Sex wollen, aber keinen haben. Sie gehen von einem Anspruch auf Sex aus und machen Frauen für ihre Enthaltsamkeit verantwortlich. In ihrer Einsamkeit suchen Incels in der Anonymität des Netzes Anschluss und finden in einschlägigen Foren Gleichgesinnte. Hier kultivieren sie die Verachtung von Frauen in den unterschiedlichsten und absurdesten Ausprägungen. Selbstabwertung mischt sich mit Hass auf alles Weibliche. Es werden Gewaltfantasien ebenso wie Bilder und Clips von Gewalt gegen Frauen geteilt. Nach meiner Beobachtung ist die Bewegung ein Raum für unsichere, häufig depressive und meist junge Männer, die sich auf der Basis eines fluiden und für Außenstehende schwer begreifbaren Codesystems gemeinsam mit Gleichgesinnten in einen digitalen Wahn hineinsteigern. Und der ist gefährlich. Für die jungen Männer, weil sie sich in einer sich selbst reproduzierenden Spirale des Frauenhasses scheinbar verpuppen und so von der echten Welt abtrennen. Und natürlich insbesondere für die Frauen und die Gesellschaft, weil der Verpuppung eine Wandlung zum exzessiven Gewalttäter folgen kann. Vielen Menschen ist nicht bewusst, dass die großen Amokläufe der letzten Jahrzehnte auf Incels zurückgehen und dass die Taten eine hohe Identifikationskraft in der Szene haben. Stephan Balliet, der Attentäter von Halle, wird der Incel-Bewegung zugerechnet, ebenso Elliot Rodgers, der 2014 in Kalifornien sechs Menschen umgebracht hat, um anschließend sich selbst zu richten. Auch

Alek Minessian, der sich sogar auf Rodgers bezog und 2018 in Toronto zehn Menschen tötete, sowie Scott Beierle, der ebenfalls 2018 in einem Yoga-Studio in Florida zwei Frauen und sich selbst erschoss, sind der Szene zuzurechnen.[183] All diese Taten verbinden sich über den Hass auf Frauen, der aber in vielen Fällen einem Selbsthass zu entspringen scheint. Die Autorin Susanne Kaiser hat den Terroranschlag von Halle aus der Sicht des Attentäters Stephan Balliet genau untersucht und in ihrem Buch *Politische Männlichkeit* präzise in seine Einzelteile zerlegt. Sie schreibt von der krisenhaften Auseinandersetzung mit Männlichkeit, die sich wie ein roter Faden durch das Video zieht, das Balliet live streamt.[184] Der Attentäter wertet sich während seiner Tat permanent und systematisch ab und eröffnet damit einen schaurigen Blick in die Welt seines Selbsthasses. Bei der Lektüre kann man förmlich spüren, wie Hass und Selbsthass im fruchtbaren Biotop seines abgedunkelten Zimmers herangezüchtet wurden. Gedüngt von Einsamkeit sowie rechtsradikalem, antisemitischem und misogynem Gedankengut, gespeist aus digitalen Unterwelten. Die Folge war einer der schlimmsten antisemitischen und ausländerfeindlichen Anschläge der letzten Jahre, getrieben von Menschenverachtung und Frauenfeindlichkeit. Die kollektiven Schäden des Anschlags für die jüdische Gemeinde in Halle und in Deutschland, für Menschen mit Migrationshintergrund und für eine weltoffene tolerante Gesellschaft lassen sich kaum benennen und schon gar nicht bemessen. Eine der zentralen Quellen aber ist das Patriarchat und eine aus ihm erwachsende toxische Männlichkeit. Und das kostet die Gesellschaft: Sicherheit, Toleranz und Gleichberechtigung. Incels sind dabei, wie Veronika Kracher in einem Interview mit dem Online-Nachrichtenportal *Belltower.News* zusammenfasst, nur die Spitze des patriarchalen Eisbergs.[185]

Eine Männerdomäne – Rechtsextremismus

Am 19. Februar 2020 erschoss der arbeitslose Tobias R. in Hanau seine bettlägerige Mutter Gabriele R. und sich selbst. Zuvor aber ermordete er innerhalb von zwölf Minuten neun unschuldige Menschen.

Gökhan Gültekin, Sedat Gürbüz, Said Nesar Hashemi, Mercedes Kierpacz, Hamza Kurtović, Vili Viorel Păun, Fatih Saraçoğlu, Ferhat Unvar, Kaloyan Velkov.

Tobias R. war bei seiner Tat von rechtsradikalen Verschwörungsmythen, Antisemitismus, Islamfeindlichkeit, Rassismus und Frauenhass getrieben. Die Inhalte eines von ihm auf seiner Website veröffentlichten Pamphlets sowie ein kurz vor dem Anschlag veröffentlichtes Video auf YouTube lassen keinen anderen Schluss zu.[186]

Der Anschlag war im Vorfeld, währenddessen und danach von einem systematischen Versagen der Behörden geprägt und hätte definitiv an mehreren Stellen verhindert oder in seinen Folgen begrenzt werden können. Aufgrund psychischer Auffälligkeiten hätte der Täter keine Waffenerlaubniskarte erhalten dürfen. Während der Tat war exakt im Zeitfenster der kritischen zwölf Minuten der Polizeinotruf überlastet.[187] Schließlich zögerte der hessische Innenminister lange mit der offensiven Aufklärung der Tat.

Für mich persönlich war es besonders schockierend, als Monate nach der Tat die Gesinnung eines Teils der zur Hilfe geeilten Sicherheitskräfte an die Öffentlichkeit drang. Bei dem Einsatz in Hanau waren nämlich unter anderem 13 männliche Beamte des

Sondereinsatzkommandos der Frankfurter Polizei im Einsatz, gegen die seit Juni 2021 wegen volksverhetzender Chats ermittelt wurde. Entdeckt worden war der Chat durch Zufall, weil gegen einen Beamten aufgrund des Verdachts des Besitzes und der Verbreitung kinderpornografischen Materials ermittelt worden war. Insgesamt waren 49 männliche Polizisten Mitglieder der Chatgruppe. Das Frankfurter SEK wurde in der Folge aufgelöst.[188]

Es ist erschütternd, dass ein großer Teil der Frankfurter Elitepolizisten – ursprünglich angetreten und vereidigt, um die Verfassung und die geltenden Gesetze zu wahren – sich in einer Gruppe engagiert und bewegt hat, die offensichtlich einer rechtsradikalen und menschenfeindlichen Ideologie folgte. Der Skandal ist aber kein Einzelfall. Auch in der Eliteeinheit der Bundeswehr, dem Kommando Spezialkräfte (KSK), wurde noch 2020 vom militärischen Abschirmdienst gegen 20 Soldaten wegen rechtsextremer Haltungen und des Verdachts der Verfassungsuntreue ermittelt.[189]

Was über die Eliteeinheiten von Polizei und Bundeswehr durch Zufälle nach außen an die Öffentlichkeit dringt, hat seine Quelle in einer Konstruktion von Männlichkeit, die eine erhebliche Anziehungskraft für Jungen und Männer hat. Woran liegt das? Ulrich Overdiek, Experte für Rechtsextremismus, spricht davon, dass die rechtsextreme Ideologie Männern attraktive Rollenbilder anbiete, deren Kern die Vorstellung der Überlegenheit des weißen heterosexuellen Mannes sei. Hieraus erwachse dann eine Geschlechterordnung, die den Mann über die Frau stelle, verbunden mit der Verpflichtung, sie vor Überfremdung und insbesondere dem fremden Mann zu schützen. Aber es gelte nicht nur die Frauen vor anderen, sondern auch vor sich selbst zu schützen, da ihnen ein Mangel an Selbstkontrolle und Rationalität zugeschrieben werde. Der deutsche Mann solle deshalb die deutsche Frau vor den verführerischen Verlockungen des sexuellen Kontakts mit fremden

Männern schützen, damit sie ihm möglichst viele »völkisch reine« Kinder schenke. Der Feminismus in seinem Kampf für die Gerechtigkeit der Geschlechter hingegen führe zum Bedeutungsverlust von Männlichkeit.[190] Übertragen auf die in diesem Buch geführte Untersuchung, kämpft der Rechtextremismus in einer auf die Spitze getriebenen Polarisierung für die Erhaltung des Patriarchats. Für eine Geschlechterordnung, in der ein weißer Mann die Frau dominiert, unterwirft und ihre unheimliche und unkontrollierbare Sexualität im Käfig einer völkisch-nationalistischen Ideologie einzusperren versucht. Es ist kaum auszuhalten. Leider funktioniert die Anziehungskraft dieses einfach gestrickten, klaren und biologistischen Männerbildes immer noch. Das zeigt die männliche Überrepräsentation in zahlreichen rechtsextremen Strömungen unserer Gesellschaft.

Rechtsextreme Straftaten

Studiert man den Verfassungsschutzbericht 2020 des Bundesministeriums des Innern, dem Horst Seehofer von 2018 bis zum Ende der Merkel-Ära vorstand, könnte man argwöhnen, dass die Verantwortlichen es vermeiden wollten, rechtsextreme Straftaten geschlechtsspezifisch auszuwerten. Dem Ministerium gelingt es tatsächlich, auf 420 Seiten einmal den Begriff *Mann*, einmal *männlich* und nicht ein einziges Mal das Wort *Geschlecht* zu verwenden.[191] Kaum anders verhält es sich im Bericht zur politisch motivierten Kriminalität für das Jahr 2020, welcher vom Ministerium gemeinsam mit dem Bundeskriminalamt herausgegeben wird. Auch hier sind die Statistiken nicht nach Geschlechtern aufgesplittet.[192] Dabei liegen die Daten dem Bundeskriminalamt vor. In der polizeilichen Grundstatistik, in der alle Tatverdächtigen nach Geschlecht erfasst sind, verbergen sich auch die politisch motivierten Straftaten. Die Zuordnung kann allerdings nur das BKA bzw. das Ministerium vornehmen, da aus dem Gesamtdatenbestand keine rechtsextremen Straftaten herausgezogen werden können. Allerdings gibt es ein Bundesland, das die Daten zu rechtsradikalen Straftaten nach Geschlechtern auswertet. Die Ergebnisse sind aufschlussreich. Es handelt sich dabei um die Lagedarstellung der politisch motivierten Kriminalität in Berlin für das Jahr 2019. Der Anteil der männlichen Tatverdächtigen für alle rechtsradikal motivierten Straftaten (Gewalt, Propaganda und sonstige Delikte) betrug demnach in Berlin 87,3 Prozent. Werden nur die Gewaltdelikte betrachtet, steigt der Anteil der Männer auf 90,4 Prozent.[193]

Abb. 42

Die Zahlen passen zur Analyse von Rahner und Agena, die eine heroische, soldatische, wehrhafte und kämpferische weiße Männlichkeit als Zentrum der rechtsextremen Ideologie ausmachen.[194] Diese Strömung einer ideologischen Männlichkeit befeuert das Patriarchat, kämpft gegen den Feminismus und rechtfertigt Straftaten, um eine angestrebte Ordnung herzustellen. Deshalb halte ich es für dringend notwendig, bundesweit Kriminalstatistiken zu rechtsextremen Straftaten nach geschlechtsspezifischen Kriterien auszuwerten, zu veröffentlichen und als Grundlage für die Polizeiarbeit, aber auch für die Prävention heranzuziehen.

Rechtsradikale Organisationen und rechtsgerichtete Strömungen

Auch andere Bewegungen des Rechtsradikalismus werden von Männern dominiert. Bei den »Patriotischen Europäern gegen die Islamisierung des Abendlandes«, auch bekannt unter der Abkürzung Pegida, sind laut einer nicht repräsentativen Umfrage aus dem Jahr 2015 in Dresden 76 Prozent Männer engagiert.[195] Das Organisationsteam sowie der Anteil der männlichen Redner auf den Veranstaltungen des eingetragenen Vereins liegt durchweg weit über diesem Anteil, wie man auf der Website von Pegida nachvollziehen kann.[196]

Ähnlich verhält es sich bei der Reichsbürgerbewegung. Reichsbürger sehen die Bundesrepublik nicht als legitimen Staat an und behaupten, dass das Deutsche Reich noch existiere. Sie lehnen alles ab, was mit dem von ihnen nicht akzeptierten Staat zu tun hat. Nicht jeder Reichsbürger ist auch rechtsextrem, aber es existiert eine gefährliche Verbindung zwischen den Ideen.[197] Und viele Reichsbürger leben diese Ideologie so extrem, dass sie mittlerweile vom Verfassungsschutz beobachtet werden. Auf Bundesebene werden auch hier leider keine Daten nach Geschlechtern ausgewertet. Der Verfassungsschutz Baden-Württemberg aber veröffentlichte aktuelle Zahlen für das Jahr 2020, wonach in dem Bundesland von 3.300 »Reichsbürgern und Selbstverwaltern« 72 Prozent Männer sind.[198] In einer Antwort der Bundesregierung auf eine Anfrage der Fraktion Bündnis 90/Die Grünen aus dem

Jahr 2018 wird von bundesweit circa 15.000 Reichsbürgern ausgegangen, die zu 75 Prozent männlich seien.[199]

Auch zahlreiche Burschenschaften, die fast ausschließlich Männern vorbehalten sind, weisen rechtsradikale, frauenfeindliche, antisemitische und fremdenfeindliche Strukturen auf. Insbesondere der Dachverband *Deutsche Burschenschaft* hat sich in den letzten Jahren als Sammelbecken für verfassungsfeindliches Gedankengut enttarnt. Das führte inzwischen dazu, dass verschiedene Landesverfassungsämter einzelne Burschenschaften beobachten. Erst im Jahr 2020 klagte die Hamburger Burschenschaft Germania erfolglos gegen eine Erwähnung im Landesverfassungsschutzbericht. Das Gericht führte aus, dass es legitim sei, die Germania unter der Kategorie »Rechtsextreme Burschenschaft« zu führen, da regelmäßig Veranstaltungen organisiert würden, bei denen rechtsradikale Positionen vertreten werden.[200] Allein die Tatsache, dass im Dachverband der *Deutschen Burschenschaften* österreichische Mitglieder seit 1971 als »Deutsche« klassifiziert werden, macht sprach- und ratlos. Der Antisemitismusbeauftragte des Landes Baden-Württemberg, Michael Blume, fordert die Beobachtung des »rechtsextremen, rassistischen und antisemitischen« Dachverbandes nicht nur auf Landes-, sondern insbesondere auf Bundesebene. Aufgrund der männerbündischen Seilschaften, die tief in den Staatsdienst reichen, gehe eine Gefahr von den Burschenschaften aus.[201] Zwar ist die Zahl der von der *Deutschen Burschenschaft* vertretenen Mitglieder von ursprünglich 25.000 auf mittlerweile – je nach Quelle – zwischen 5.000[202] und 7.000[203] gesunken. Immer noch handelt es sich aber bei solchen völkisch-nationalistischen Verbindungen um Kaderschmieden, die Männer in einflussreiche Positionen heben, nicht aufgrund von Kompetenz, sondern aufgrund von Netzwerk und Ideologie. Dabei basieren diese Netzwerke auf einem rückschrittlichen Geschlechterbild.

Männer werden durch ein krudes Wertesystem erhöht, indem sie Ehre, Vaterlandsliebe, Wehrhaftigkeit und deutsche Männlichkeit als zentrale Koordinaten definieren.[204] Der Sprecher des oben erwähnten Dachverbands der *Deutschen Burschenschaften,* Philipp Stein, räumt in einem Interview mit der *Deutschen Welle* ein, dass der Verband rechts sei, für ein traditionelles Familienbild eintrete, das Leistungsprinzip als Maßstab nehme und das Fechten als Ausdruck von Männlichkeit ansehe.[205]

Norbert Elias, der große Soziologe des letzten Jahrhunderts, fasste dieses Bild von Männlichkeit schon vor über 30 Jahren in einem Satz zusammen. »Um im Leben seinen Mann zu stehen, so [...] die Quintessenz dieser Tradition, muss man hart sein. Sowie man sich schwach zeigt, ist man verloren. Deshalb ist es gut, seine eigene Stärke zu zeigen. Wer eine Schwäche zeigt, verdient, dass man ihn auf seinen Platz verweist.«[206] Das ist der Treibstoff für eine patriarchalische Gesellschaft, in der Männer die Macht haben und dabei anderen und sich selbst Schaden zufügen.

Was in rechtsradikale Straftaten und rechtsgerichtete Organisationen und Strömungen mündet, findet sich auf der politischen Bühne im männlich geprägten politischen Spektrum der Alternative für Deutschland (AfD). Von 82 Abgeordneten der AfD im neu gewählten Bundestag sind im Herbst 2021 71 männlich. Das ist ein Anteil von 86,5 Prozent.[207] Das passt auch zum Wahlprogramm der Partei, in der die »Würdigung auch traditioneller Lebensentwürfe und die Wertschätzung der Lebensleistung von Frauen, die Familien gründen und Kinder großziehen«, gefordert wird. Geschlecht wird von der AfD allein biologisch definiert und demnach auch Männlichkeit und Weiblichkeit als biologistisch unveränderbar festgeschrieben.[208] Dazu passt nichts besser als ein Zitat des Vorsitzenden der AfD-Fraktion im Thüringer Landtag Björn Höcke aus dem Jahr 2015, das mittlerweile traurige Berühmtheit erlangt hat: »Ich sage, wir müssen unsere Männlichkeit wiederentdecken. Denn nur wenn wir unsere Männlichkeit wiederentdecken, werden wir mannhaft. Und nur, wenn wir mannhaft werden, werden wir wehrhaft. Und wir müssen wehrhaft werden, liebe Freunde!«[209] Kein Wunder, dass solche aus der Zeit gefallenen Ideen eine Anziehungskraft auf Männer ausüben, die mit dem Wandel der Zeit und mit der Gerechtigkeit der Geschlechter überfordert sind. Die Folgen für die Gesellschaft sind weitreichend und die Kosten kaum zu bemessen.

Unheimlicher Urwald – Patriarchat und Sexualität

Das Patriarchat und eine aus ihm erwachsende Sexualität sind über eine unheilige Allianz eng miteinander verwoben. Dabei bedingen sie sich gegenseitig und wirken wie Schwungräder auf die jeweilige negative Entfaltungskraft. Das Patriarchat reproduziert eine ungesunde, ungleichgewichtige und energielose Sexualität. Toxische sexuelle Entwicklungen wiederum stärken patriarchalische Strukturen. Dabei entzieht das Patriarchat durch das gesellschaftliche Gefälle zwischen den Geschlechtern dem Sex seine wahre Energie. Und gesund entfaltete sexuelle Energie ist kraft- und machtvoll. Sie ist eine zentrale Essenz bei der Gestaltung von Beziehungen zwischen Menschen. Wenn ich von sexueller Energie schreibe, meine ich genau nicht die vom Patriarchat konstituierten Gestaltungselemente. Sex und sexuelle Energie ist so viel mehr als Geschlechtsverkehr, Penetration, Samenerguss bzw. Orgasmus. Carolin Wiedemann schreibt in ihrem Buch *Zart und frei* davon, dass alle besseren Sex hätten, wenn das Patriarchat überwunden wäre.[210] Davon bin ich überzeugt. Eine solche Sexualität basiert auf Augenhöhe, gegenseitigem Einverständnis und Toleranz. Und sie entfaltet sich durch Nähe, Zärtlichkeit, Geduld, Gleichklang, Spontanität und, wer es mag, über Wildheit, Dominanz oder sonstige Spielarten. Eine solche Sexualität ist wirkmächtig, und sie hätte einen positiven Einfluss auf das Zusammenleben in unserer Gesellschaft.

Aber so weit sind wir noch lange nicht. Auch wenn der Mainstream davon spricht, dass die Gleichberechtigung weit fortgeschritten und angeblich schon so viel erreicht ist. Auf dem Feld der

Sexualität ist das sicher nicht der Fall. Hier vertilgt eine patriarchalisch geprägte Sexualität Tag für Tag positive körperliche Energie. Weil viele Männer immer noch glauben, dass sie ein Anrecht auf Sex haben. Weil sexuelle Befriedigung oft über harten, penetrierenden Sex definiert wird. Weil Dominanz und Abwertung sexuelle Kontakte bestimmen. Weil viele Männer beim Sex sich selbst bestätigen, anstatt in einer sexuellen Gemeinschaft mit der Partnerin oder dem Partner zu verschmelzen.

Es beunruhigt mich, wenn ich beobachte, wie patriarchal-kapitalistische Strömungen Wirtschaftszweige entstehen und wachsen lassen, die darauf zielen – unheimlich und scheinbar aus dem Hintergrund choreografiert –, das Patriarchat erneut zu verfestigen und unsere Sexualität zu beeinflussen und zu beschädigen. Auf den folgenden Seiten möchte ich solche Entwicklungen vorstellen und im Hinblick auf ihre gesamtgesellschaftlichen Folgen beleuchten.

Pornografie

Schon vor knapp zehn Jahren schwärmten 16 Studierende der Hochschule Esslingen unter der Leitung von Prof. Kurt Möller aus, um mit jungen Männern zu unterschiedlichen Themen an unterschiedlichen Orten ins Gespräch zu kommen. Die Studierenden der *Projektgruppe Mannopoly* wollten etwas über die Sehnsüchte, Vorstellungen, Wünsche und Interessen der Jungen und jungen Männer lernen. Herausgekommen ist der vielschichtige Interviewband »Kerle Kulte«.[211] Einige Zitate zum Thema Pornografie möchte ich der Analyse einleitend voranstellen:

Interview mit Jan (15), Nikolas (15) und Bastian (19):

Untersuchungen sagen ja, dass 95 Prozent der Jungs ab 16 Jahren (…) schon einmal einen Porno gesehen haben …

Jan: Ich würde sagen es sind 99,9 Prozent. Es gibt kaum welche, die noch keinen gesehen haben.
Bastian: Es sind auch echt viele unter 16 Jahren.
Nikolas: Ja, so ab 14 Jahren. Der größte Teil ab 14 geht auf Pornoseiten. (…)
Du hast gestern noch erzählt, dass du auch beim Essen Pornos schaust!
Jan: (lacht). Da war ich beim Niko mit dem iPod und hab mir mal Pornos angeschaut. Einfach so, weil ich irgendwie Lust darauf hatte. (…)

Interview mit Sony (17), Samer (16) und Danijel (17):
Wie, glaubt ihr, würden Männer reagieren, wenn ihr sagt, dass ihr Pornodarsteller seid?
Sony: Ich glaub, die sagen: »Richtig geil«, weil du als Pornodarsteller keine schlechte Qualität zum Bumsen hast. Du hast richtig geile, schöne Frauen.
Und was haltet ihr von den Frauen in den Pornos?
Danijel: Einmal ficken – weiterschicken! One-Night-Stand.
Sind Pornodarstellerinnen Schlampen für euch?
Danijel: Ja, genau
Was habt ihr bei den Pornos schon gelernt?
Sony: Zum Beispiel der Frau auf den Arsch zu klatschen.

Die kurzen Ausschnitte geben einen brennglasartigen Einblick in die Bedeutung der Pornografie in der männlichen Jugendkultur. Ihre Verbreitung, die Normalität des Konsums, die Ökonomisierung, aber auch ein aufwertendes Männer- und gleichzeitig abwertendes Frauenbild. Als wären die interviewten Jungs wie von Geisterhand vom Patriarchat und dem Kapitalismus ferngesteuert worden. Was aber in einzelnen Stichproben im Projekt Mannopoly qualitativ erhoben wurde, findet seinen Niederschlag in ähnlichen Ergebnissen in repräsentativen Studien. Laut der hessischen »Speak!«-Studie aus dem Jahr 2017 haben 82,2 Prozent der Jungen zwischen 14 und 16 Jahren schon einmal Pornografie konsumiert im Gegensatz zu 39,6 Prozent der Mädchen. 48,3 Prozent der männlichen Konsumenten geben an, regelmäßig Pornos zu schauen. Dem stehen nur 7,6 Prozent Mädchen gegenüber.[212]

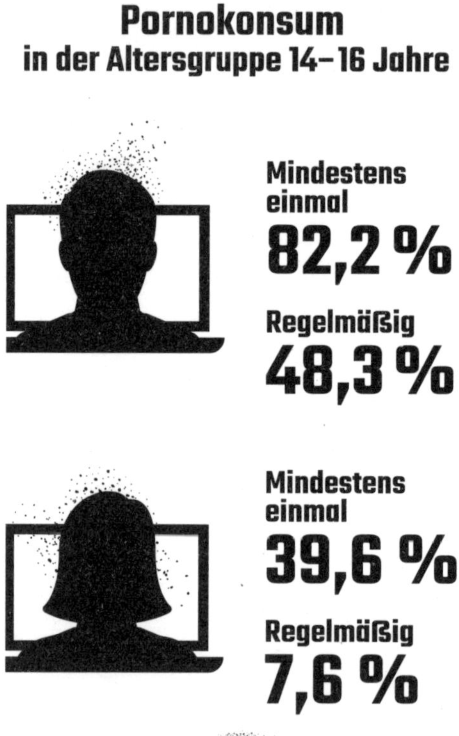

Abb. 43

Die Forscher:innen können in der Untersuchung nachweisen, dass die in pornografischen Medien dargestellten Szenen die Vorstellungen und Einstellungen der Nutzer:innen über die »reale (sexuelle) Welt« prägen. Je häufiger der Konsum von Pornografie, desto höher die Anteile der jungen Menschen, die angeben, dass sie auf diesem Weg viel über Sexualität lernen können und dass sie nur noch solche Körper schön finden, die sie in Pornos sehen. Zudem zeigt die Untersuchung, dass gewalttätige bzw. sexualisierte Gewalt ausübende Jugendliche häufiger und regelmäßiger Pornografie konsumieren. Ob die höhere Gewaltbereitschaft allein mit dem Pornokonsum zusammenhing, konnte jedoch nicht isoliert nachgewiesen werden. Die Forscher:innen gehen davon aus, dass über die Pornos bei jungen Männern solche sexuellen Rollenskripte verbreitet, eingeübt und im eigenen Verhaltensrepertoire verfestigt werden, die auf Macht, Gewalt und Dominanz von Männern gegenüber Frauen aufbauen.[213]

Die Ergebnisse der Mannopoly-Interviews und der quantitativen »Speak!«-Umfrage erschüttern. Sie zeigen, dass die Jugend der im Mainstream angekommenen, ökonomisierten Pornoindustrie fast wehrlos ausgeliefert ist. Hier drohen schon die Männer und Frauen der Zukunft heranzuwachsen, für die es normal ist, dass Sexualität nicht auf Augenhöhe geschieht und dass Frauen abgewertet und als Objekt dargestellt werden. Oder anders: Die Macht der Pornoindustrie hat einen maßgeblichen Einfluss auf die Gestaltung der Sexualität und damit auf die Grundfesten einer geschlechtergerechten Gesellschaft. Wie groß die Macht dieser Industrie ist – die zum größten Teil davon lebt, dass ein Mann oder mehrere Männer eine Frau vaginal, anal und oral penetrieren, um dann wahlweise ins Gesicht, auf die Brüste oder in den Mund zu ejakulieren –, zeigen die folgenden Daten:

- 2018 wurden mehr als 16 Prozent des globalen Internet-Datenverkehrs durch den Konsum von Pornografie verursacht. Zum Vergleich: Alle Streaming-Dienste wie Netflix, Amazon & Co verursachten knapp 20 Prozent.[214]

- 82 Millionen Tonnen CO_2 wurden im Jahr 2018 durch die starke Nutzung von Porno-Plattformen global emittiert. Das entspricht ungefähr zehn Prozent der gesamten Emissionen Deutschlands im gleichen Jahr.[215]
- Die Pornobranche arbeitet verschachtelt und verschwiegen. Die Firmensitze befinden sich meist in Steueroasen wie Luxemburg oder Malta. Umsatzschätzungen bewegen sich für das Jahr 2018 zwischen sechs Milliarden US-Dollar und 97 Milliarden US-Dollar.[216] Selbst bei vorsichtigen Schätzungen könnte der Umsatz über dem von Netflix liegen. Das weltweit einflussreichste Medienunternehmen wies 2018 globale Umsätze in Höhe von etwa 15,8 Milliarden US-Dollar aus.

Die extreme Verbreitung und Normalisierung der Pornografie hat Folgen. Ein Forscher:innen-Team des Max-Planck-Instituts für Bildungsforschung konnte in einer Studie mittels Magnetresonanztomografie (MRT) nachweisen, dass häufiger Pornokonsum bestimmte Hirnregionen verändert. Das führte die Forscher:innen zu der These, dass regelmäßiger Pornokonsum das Belohnungssystem des Gehirns »ausleiere«. Das wiederum habe zur Folge, dass die Konsumenten immer stärkere Anreize benötigen, um das gleiche Belohnungsniveau zu erreichen.[217]

Diese These wird von einer internationalen, aber nicht repräsentativen Umfrage – koordiniert von der Universität Antwerpen – mit über 3.000 Teilnehmern bestätigt. Die Studie ermittelte einen durchschnittlichen wöchentlichen Pornokonsum von 70 Minuten. Für den Studienleiter Gunter de Win ist es keine Frage, dass Pornos die Art und Weise beeinflussen, wie wir Sex wahrnehmen. Zudem haben viele Männer in der Umfrage angegeben, immer extremere Pornos zu konsumieren, um überhaupt noch erregt zu werden.[218]

Was bleibt, ist die Erkenntnis, dass die industrielle Pornoindustrie vorwiegend über die Abwertung der Frauen durch den Mann funktioniert, sie so die intimen Beziehungen nachhaltig belastet und damit großen gesellschaftlichen Schaden verursacht. Und das alles im Geiste eines möglichst freien und unregulierten Marktes. Ob dadurch die Hemmschwelle für sexuelle und gewalttätige Übergriffe auf Frauen möglicherweise niedriger geworden ist, wie der Soziologe Lothar Böhnisch bemerkt, konnte in den gesichteten Forschungen nicht eindeutig belegt werden. Mindestens aber hat die ökonomisierte Internet-Pornografie – im Sinne eines Wachstumsparadigmas auf eine immer häufigere, härtere und extremere sexuelle Interaktion ausgerichtet – eine problematische Normalität erreicht, da der Pornokonsum im allgemeinen Konsum aufgeht.[219] Sexualität jenseits des Patriarchats aber ist genau das Gegenteil davon.

Prostitution

Im Jahr 1999, zu der Zeit war ich als Geschäftsführer bei der *Integrativen Drogenhilfe e.V.* (IDH) in Frankfurt tätig, übernahm die von mir geleitete Organisation das Projekt »Hotline« vom Verein *Huren wehren sich gemeinsam* (HWG e.V.). Die Stadt Frankfurt hatte Mittel gekürzt, und die IDH, mit diversen Standorten im Bahnhofsviertel, integrierte das Projekt in ihr Hilfeportfolio. Noch heute betreuen die Mitarbeiterinnen der »Hotline« mit dem Schwerpunkt Straßensozialarbeit Drogen gebrauchende Prostituierte. Das ist auch dringend notwendig, denn die Arbeit auf dem Straßenstrich im Frankfurter Bahnhofsviertel ist gefährlich. Die Frauen werden regelmäßig Opfer von Vergewaltigung, Körperverletzung, Nötigung, Freiheitsberaubung und Raub. Alle vier

Wochen verteilen die Sozialarbeiterinnen in der Szene das »Hotline-Heft«: In einem kleinen handlichen Format werden darin alle gewalttätigen Übergriffe dokumentiert, und es wird vor gefährlichen Freiern gewarnt. Die Straftaten sind zuvor von den Frauen auf Meldezetteln dokumentiert und in Zusammenarbeit mit der Polizei überprüft worden. Zum Glück entscheiden sich immer mehr Frauen, mit Ermutigung und Unterstützung des Hotline-Teams, sexuelle Übergriffe und Vergewaltigungen anzuzeigen.[220]

Die Sex-Arbeit von Drogen gebrauchenden Frauen ist eine besonders belastende. Die prekären Lebensverhältnisse der Prostituierten und das daraus erwachsene extreme Abhängigkeitsverhältnis zieht gewalttätige und von besonders abartigen Fantasien getriebene Freier an wie die Motten das Licht. Natürlich ist die Straßenprostitution von süchtigen Frauen eine außergewöhnliche Facette der Prostitution. Schätzungen zufolge arbeiten circa 18 Prozent aller Prostituierten auf der Straße[221], viele davon sind Drogen gebrauchend.[222]

Die vom Projekt »Hotline« begleitete Straßenprostitution ist zwar ein auf die Spitze getriebenes Beispiel für das extreme Gefälle zwischen Sex kaufenden Männern und sich prostituierenden Frauen. Dennoch ist es ein Symbol für einen Wirtschaftszweig, der aus dem Patriarchat erwächst und es zugleich umgekehrt mit »Erhaltungsenergie« versorgt. Übermächtige Männer kaufen von ihnen abhängige Frauen. Da das gesellschaftlich – rechtlich und in weiten Teilen moralisch – akzeptiert ist, wird wiederum das patriarchalische Gefälle zwischen den Geschlechtern befeuert.

Oder anders: Männer dominieren das Zusammenleben in unserer Gesellschaft auf fast allen Ebenen. Hegemoniale Männlichkeit ist dabei immer noch das kulturelle Leitbild, an dem man(n) sich ausrichtet und an dem man(n) gemessen wird.[223]

Hegemoniale Männlichkeit

Der Begriff wurde in den Neunzigerjahren von der australischen Soziologin Raewyn Connell in ihrem viel zitierten Werk *Der gemachte Mann* eingeführt und beschreibt eine gesellschaftliche Praxis, in der Männer eine dominante gesellschaftliche Position einnehmen. Frauen jedoch nehmen in dem Konzept eine untergeordnete Rolle ein. Hegemoniale Männlichkeit erklärt aber nicht nur die Dominanz gegenüber Frauen, sondern auch gegenüber Männern, die als vermeintlich schwächer wahrgenommen werden, wie zum Beispiel schwule Männer. Alle Männer, ob dominant oder untergeordnet, profitieren aber von der Vormachtstellung des Patriarchats, wenn auch in unterschiedlichem Ausmaß. Connell nennt dieses Phänomen die patriarchale Dividende.[224]

Die Folge ist ein Machtgefälle, das sich über einen Zeitraum von ungefähr zehntausend Jahren langsam herausgebildet und tief in der Gesellschaft verfestigt hat. Ein schädliches Ungleichgewicht, das heute immer noch in den Medien reproduziert wird und so über toxische Rollenstereotype fest in den realen Lebenswelten verankert bleibt. Männer müssen demnach dominant, stark und erfolgreich sein und Frauen schön, einfühlsam und fürsorglich oder bei Bedarf sexy und erregend. Mächtig männlich trifft auf schön weiblich, und hier kommt die Prostitution ins Spiel, die den patriarchalischen Kreislauf unter anderem am Leben hält. Es ist eine These wert, die über Jahrtausende gewachsenen Bilder von Männlichkeit (und Weiblichkeit) mit einer Entkopplung der Sexualität der Geschlechter in Zusammenhang zu bringen. Seit der Sesshaftwerdung vor mindestens fünf- bis zehntausend Jahren wurde das Bild des »starken Mannes« durch Krieg, körperlichen Wettstreit, stilisierte Unverletzlichkeit und das hierfür notwendige Ausblenden von Gefühlen geprägt. Verstärkt wurde das Ganze später durch die aufkommenden Moralvorstellungen der Kirchen, in denen die durch den Mann beherrschte monogame Kleinfamilie, die sich bis zur Antike herausgebildet und gefestigt hatte, bewahrt blieb. Es wäre durchaus plausibel anzunehmen, dass eine durch das Patriarchat geprägte Sexualität, nah an Dominanz und Unterwerfung, sich tief in unseren Psychen verfestigt und so erst den Nährboden für die Prostitution gebildet hat. Oder anders formuliert: Könnte es sein, dass Prostitution und eine zur Unterwerfung neigende männliche Lust zusammen mit dem patriarchalischen Männerbild entstanden ist? Dass die Sexualität, die hier vorwiegend bedient wird, auch wenn es sich bei der Prostitution um den »ältesten Beruf der Welt« handelt, keineswegs so »natürlich« ist wie von manchen angenommen? Sebastian Tippe spricht davon, dass Prostitution ein Teil männlicher, toxischer Machtdemonstration gegenüber Frauen, ihren Körpern und ihrer Selbstbestimmung sei. In seinem Buch *Toxische Männlichkeit* zitiert er die ehemalige Prostituierte Rosen Hicher: »Das System Prostitution schafft Orte, an denen Männer ihre patriarchale Macht weiter ausüben können. Weil Freier kein Nein hören wollen, kaufen sie ein Ja.«[225] Erschütternde Belege für die Verbindung zwischen einem machtvollen und Frauen abwertenden Patriarchat und der Prostitution finden sich im Webprojekt »Die unsichtbaren Männer – Zitate von Männern, die Frauen kaufen«.[226] Ich empfehle allen Leser:innen einen Besuch dieser Seite und warne gleichzeitig vor dem Ausmaß an Frauenverachtung, verbaler Gewalt und Objektifizierung von Frauen, die einem hier entgegenschlägt.

Prostitution und Patriarchat bedingen sich also gegenseitig. Welche weitreichende Bedeutung dieses Zusammenspiel für die

Gesellschaft und unser Zusammenleben hat – verborgen hinter einem undurchsichtigen Geflecht aus Laufhäusern, Sauna-Klubs und Straßenstrichen –, zeigen die nachfolgenden Zahlen:

- Das Statistische Bundesamt schätzt den Umsatz der Branche für das Jahr 2013 (aktuellere Zahlen liegen nicht vor) auf 14,6 Milliarden Euro.[227] Die Behörde weist sogar die Bruttowertschöpfung in Höhe von 7,3 Milliarden Euro aus, die sich durch den Abzug von Mieten, Schutzgeldern, Kleidung und Anzeigen ergibt. Das zeigt, wie sehr Prostitution als Teil des freien Marktgeschehens betrachtet und entsprechend »geschützt« wird.[228]
- Dieser Umsatz wird angeblich von geschätzt circa 400.000 Prostituierten erarbeitet. Diese Zahl basiert auf Schätzungen der Kommunen. Davon arbeiten 22 Prozent in Bordellen, 15 Prozent als Hostessen in Wohnungen, 18 Prozent wie erwähnt auf der Straße sowie 45 Prozent in sonstigen Prostitutionsverhältnissen.[229]
- Registriert sind allerdings nicht die geschätzt 400.000 Prostituierten, sondern nur knapp über 40.000. Alle anderen bewegen sich in einer Grauzone. Nur 19 Prozent der angemeldeten Frauen verfügen über einen deutschen Pass, was auch etwas über die Abhängigkeitsverhältnisse schon im Hellfeld aussagt.[230]
- Es liegen umstrittene Schätzungen über die Anzahl der Männer vor, die Prostitution in Anspruch nehmen. Eine Zahl, die immer wieder kursiert, beziffert 1,2 Millionen tägliche Kontakte zwischen Männern und Prostituierten.[231] Über den vom Statistischen Bundesamt zusammengetragenen Gesamtumsatz der Branche ist eine genauere Annäherung möglich. Laut Daten des Unternehmerverbandes Erotikgewerbe aus dem Jahr 2013 lag der Durchschnittspreis für eine sexuelle Dienstleistung bei 56 Euro.[232] Teilt man den vom Statistischen Bundesamt ermittelten Betrag von 14,6 Milliarden Euro Gesamtumsatz für 2013

durch diese 56 Euro, errechnet sich eine Zahl von 260 Millionen in Anspruch genommenen Dienstleistungen.[233] Das wären knapp 700.000 tägliche Kontakte. Bei ungefähr 34 Millionen Männern ab 18 Jahren, die in Deutschland leben, ist das eine erschreckend hohe Zahl. Demnach wäre 2013 jeder Mann durchschnittlich 7,6-mal bei einer Prostituierten gewesen.

Diese Daten zeigen, dass Prostitution, das Patriarchat und ein intransparenter Markt eng miteinander verbunden sind. In einem unendlichen Kreislauf bedingen sie sich gegenseitig. Dabei bleiben Menschen, in der Regel Frauen, auf der Strecke, die von dem Kreislauf verschlungen und kaputt wieder ausgespuckt werden. Aber Prostitution geht auch zulasten einer geschlechtergerechten Gesellschaft, in der es nicht möglich sein sollte, dass ein dominantes Geschlecht ein schwächeres in ein System der sexuellen Ausbeutung zwingt.

Ich werde hier bewusst keine Stellung zu der regelmäßig aufflammenden Diskussion beziehen, ob Sex-Käufer bestraft werden sollten. Schweden war das erste Land, das Freier vor über 20 Jahren kriminalisierte. Zahlreiche andere Länder haben sich danach am schwedischen Modell orientiert. Das Thema ist zu groß und zu vielschichtig, um es in wenigen Sätzen angemessen diskutieren zu können. Unversöhnlich stehen sich die Vertreter:innen der verschiedenen Positionen gegenüber, beziehen sich aber alle mit ihrer Argumentation auf die Menschenrechte. Die einen, die sagen, dass Prostitution ebendiese verletzte, weil sie auf Gewalt und Ausbeutung beruhe. Die anderen, die das schwedische Modell als Verletzung der Menschenrechte betrachten, weil es Sexarbeiter:innen nicht als gleichwertige Mitglieder der Gesellschaft ansehe.[234]

Der Schweizer Philosoph Dominik Kuenzle hat im November 2018 an einem lauten und unversöhnlichen philosophischen

Stammtisch des Schweizer Radio und Fernsehens (SRF) eine leise und nachdenkliche patriarchatskritische Analyse der Prostitution vorgenommen. Er sagte sinngemäß, dass Prostitution im Rahmen der gegenwärtigen sexistischen gesellschaftlichen Struktur mit entsprechenden Machtunterschieden zwischen den Geschlechtern moralisch abzulehnen sei. In einer Gesellschaftsordnung aber, in der zwischen den Geschlechtern in allen Lebensbereichen eine Symmetrie erreicht und ein Verhandeln auf Augenhöhe möglich sei, könne auch der Austausch von sexuellen Dienstleistungen gegen Geld zwischen zwei Menschen akzeptiert werden.[235] So weit ist die Gesellschaft aber leider noch lange nicht.

Gangsta-Rap

Auch der Gangsta-Rap gehört zu den Einflüssen, die zur Erhaltung des Patriarchats im unheimlichen Urwald Sexualität beitragen. Immer härtere Reime erhöhen die Protagonisten, erniedrigen Frauen und bedrohen vermeintliche Gegner. Ein solcher Habitus – in harten Beats regelmäßig auf den Ohren – prägt die Wahrnehmung von Männlichkeit und Weiblichkeit und in der Folge die Sexualität von großen Teilen der Jugend. Den Familienvätern, Müttern und Partner:innen der Zukunft. Ich plädiere dafür, die machtvolle Jugendkultur ernster zu nehmen, denn der gesamtgesellschaftliche Einfluss des Genres ist groß. Gerade der Gangsta-Rap schallt in die Jugendzimmer aller sozialen Schichten.

Im Februar 2020 veröffentlichte die Menschenrechtsorganisation *TERRE DE FEMMES* im Rahmen der Kampagne #unhatewomen ein Video, in dem misogyne Raptexte von mehreren Frauen vorgelesen werden. Der Untertitel des Videos lautet: »Es ist Zeit etwas zu ändern«.[236]

Ganz am Ende des Clips drückt eine der Protagonistinnen ihre Ratlosigkeit über die soeben vorgetragenen Textinhalte mit einem ruhigen, aber kraftvollen Statement aus: »Die haben doch alle Mütter, Schwestern.« Das Video wurde bis zum Juli 2021 insgesamt 208.000-mal aufgerufen. Was viel klingt, ist nur ein Tropfen auf den heißen Stein in der YouTube-Welt der Gangsta-Rapper. Allein die Clips, aus denen die acht Textfetzen zitiert wurden, kommen auf insgesamt 147 Millionen Aufrufe.

Im Grunde lesen sich die Texte des Gangsta-Rap-Genres wie eine Persiflage – laut Duden eine Verspottung durch übertreibende oder ironisierende Darstellung – auf das Patriarchat. Doch handelt es sich hier wirklich nur um Ironie und Persiflage? Der Eindruck kann entstehen, wenn man in die Unterwelten des Gangsta-Rap eintaucht:

Was zum Beispiel soll man von einem Clip des Rappers GZUZ halten, der in »Keiner kann mich ficken« mit einem Ferienflieger, eskortiert von zwei Kampfjets, aus dem Gefängnis in Fuhlsbüttel in ein Kriegsgebiet flüchtet, um dann patronengurtbehängt mit einer Armee und Panzern zu posieren? Hier werden ganz offensichtlich Allmachtsfantasien zur Schau gestellt.

Beim Rapper Kollegah ist Dominanz der Markenkern. Seine Clips tragen Namen wie Alphagenetik, Alpha oder auf den Spuren des Universalgenies. Er hat auch ein Männerbuch mit dem passenden Titel *Das ist Alpha! Die 10 Boss Gebote* verfasst. In einem emotional angehauchten Promo-Clip für das Buch posiert er als Naturbursche mit Fuchsfell, Axt und Bogen.[237] Der Rapper Fler zeigt auf beängstigende Weise, wie man die Song-Narrative von Dominanz in die Realität überträgt. Im Netz kursiert ein Soundfile, in dem Fler den jüdischen Comedian Shahak Shapira auf machohafte, erniedrigende Art und Weise beleidigt und bedroht.[238] Ebenso gibt es einen Clip, in dem Fler bei einer

Verhaftung verschiedene Polizeibeamt:innen über Minuten beschimpft und erniedrigt.[239]

Der Gangsta-Rap übergießt sein Publikum mit Frauenfeindlichkeit (Misogynie) – als Text, Provokation oder Promotion. Dass er sich damit einer ungebrochen hohen Popularität erfreut, ist erschreckend und irritierend zugleich.

Misogynie

Der Begriff der Misogynie hat seinen Ursprung im Griechischen und bedeutet Frauenfeindlichkeit sowie Hass gegenüber Frauen. In einer misogynen Weltsicht stehen die Männer über den Frauen. Das Männliche hat eine höhere Wertigkeit als das Weibliche. Misogynie prägt eine Gesellschaft und reicht dabei bis in persönliche Beziehungen hinein.[240] Die amerikanische Sozialphilosophin Kate Manne begreift den Begriff als System innerhalb der patriarchalischen Gesellschaftsordnung, das Frauen unterwirft und kontrolliert, um die männliche Herrschaft aufrechtzuerhalten.[241] Sie sieht zudem einen engen Zusammenhang zwischen Sexismus und Misogynie. Sexismus stelle die Geschlechterunterschiede durch Klischees als naturgegeben hin, z. B. dadurch, dass Frauen fürsorglicher seien als Männer. Misogynie hingegen setze das System durch: Sie sei die Exekutive des Patriarchats.[242]

Der oben erwähnte #unhatewomen-Clip hat mit seinen Zitaten noch nicht einmal die Spitze des Eisbergs angekratzt. Die verwendeten Textzeilen sind oft grotesk übertrieben und vielleicht deshalb im Mainstream angekommen. Empörung regt sich kaum noch. SSIO rappt: »Dumme Huren wollen seelischen Beistand, schon nach paar Takten putzen sie die Zähne mit meinem Schwanz«[243], oder Farid Bang: »Denn ich hab teuflische Sinne, fick deine Freundin von hinten, die Nutte brauchte 'nen Pimmel, mein Freund sie war wieder feucht.«[244] SSIO und Farid Bang sind die Idole und Stars der Jugend. Sollen wir wirklich glauben, das werde von den Hörer:innen als Ironie entschlüsselt?

Auch der Kapitalismus ist Teil jeder Gangsta-Rap-Erzählung. Der Forscher Martin Seeliger spricht davon, dass Gangsta-Rap mit der Inszenierung von Status-Symbolen, dem Etwas-erreichen-Wollen und der damit verbundenen Selbstoptimierung zutiefst neoliberalen Werten folgt.[245] Gleichzeitig kultiviert der Gangsta-Rap die Konkurrenz, das Gegeneinander und das Überflügeln eines stilisierten Wettbewerbers. Dieser Habitus unterscheidet sich kaum von dem in der freien Wirtschaft.

Man könnte sich von diesem übertriebenen patriarchalen Schauspiel kopfschüttelnd abwenden und hoffen, dass das nicht wirklich jemand ernst nimmt. Die Zielgruppe des Gangsta-Rap aber ist zu großen Teilen unter 18 Jahre und häufig sogar unter 14 Jahre alt. Diese jungen Menschen können sich in einer wichtigen Entwicklungsphase ihres Lebens der dominanten Rolle der Jugendkultur Gangsta-Rap kaum entziehen. Und so werden sie, ohne es zu merken, mit jedem Track von rückschrittlichen und polarisierenden Bildern von Männlichkeit und Weiblichkeit geformt. Wie groß die Branche und damit der Einfluss auf die Wahrnehmung von jungen Menschen ist, zeigen die folgenden Zahlen:

- Fünf der zehn meistgestreamten Songs auf der Plattform des Marktführers Spotify in Deutschland sind dem Gangsta-Rap zuzurechnen. Insgesamt über 750 Millionen Mal wurden diese fünf Songs bisher schon abgespielt.[246]

- Einer der erfolgreichsten Figuren im Gangsta-Rap ist RAF Camora. Die Songs des Wieners wurden bis Januar 2020 schon über 2,8 Milliarden mal im Netz angehört.[247]
- Der *YouTube*-Channel von *Farid Bang* und ebenso der *187 Strassenbande* haben jeweils mehr als 1,8 Milliarden Aufrufe.[248]
- Die fünf Branchengrößen *Capital Bra, Apache 207, Samra, RAF Camora* und *Bones MC* wurden im Juli 2021 bei Spotify jeweils von mehr als 3,3 Millionen unterschiedlichen Accounts, also unterschiedlichen Hörer:innen konsumiert.[249]

Wer daran zweifelt, dass die Dauerbeschallung mit Gangsta-Rap »wirkt«, also zu entsprechenden Einstellungen und Überzeugungen führt, dem empfehle ich den Blick auf eine aktuelle Studie der Universität Bielefeld im Auftrag der Antisemitismusbeauftragten des Landes Nordrhein-Westfalen, Sabine Leutheusser-Schnarrenberger. Knapp ein Drittel (30,2 Prozent) der befragten 12- bis 24-jährigen jungen Menschen stimmen der Aussage zu, dass im Gangsta-Rap »gesagt wird, wie die Dinge wirklich sind«[250]. Beunruhigend, wenn man dem gegenüberstellt, dass 43,3 Prozent aller 14- bis 19-Jährigen Hip-Hop bzw. Rap als die beliebteste Musikrichtung angeben. Unter den 20- bis 29-Jährigen sind es immerhin noch 29,2 Prozent.[251] Nun ist nicht das gesamte Genre dem Gangsta-Rap zuzurechnen. Betrachtet man aber die Klickzahlen bei YouTube und die Anzahl der Streams bei Spotify, kann eindeutig von einer dominanten Strömung ausgegangen werden. Die Bielefelder Forscher:innen haben zudem ermittelt, dass Gangsta-Rap-Hörer:innen im Schnitt signifikant frauenfeindlicher bzw. chauvinistischer eingestellt sind als Nicht-Hörer:innen.[252] Anlässlich der Veröffentlichung der Untersuchung sagte Leutheusser-Schnarrenberger: »Die Studie belegt erstmalig empirisch, dass Gangsta-Rap den Nährboden für spätere verfestigte antisemitische Einstellungen bereitet. Wir dürfen nicht zusehen, wie Musiker Antisemitismus propagieren und mit gewaltverherrlichenden und frauenfeindlichen Texten Jugendliche indoktrinieren. Deswegen müssen wir in der Präventionsarbeit zielgruppen- und altersgerechte Angebote entwickeln.«[253] Diese Forderung ist mindestens so nötig wie herausfordernd. Das Verruchte, Verbotene und Provozierende erzeugt ja gerade die Anziehungskraft des Gangsta-Rap. Nur deshalb bedienen sich Geschäftsmänner wie Kollegah, GZUZ und Fler dieser Werkzeuge. Wenn da Eltern, Lehrer und Medien mit Aufklärung drohen, kann es leicht passieren, dass sich die jungen Menschen zurückziehen. Wer es aber nicht versucht, der hat schon verloren. Denn es ist wichtig, der jugendkulturellen Kraft des Gangsta-Rap mit seinem frauenfeindlichen und neoliberalen Weltbild etwas entgegenzusetzen. Die Jungen und Mädchen, die sich heute vom Gangsta-Rap prägen lassen – und es sind immerhin knapp 41 Prozent weibliche und 59 Prozent männliche Hörer:innen –, werden morgen in Partnerschaften zusammenleben und Codes übernehmen, die sie in einer wichtigen Lebensphase verinnerlicht haben.[254] Nach diesen Codes sind Männer dominant, streitsüchtig, laut, provozierend und statussymbolfixiert. Und Frauen sexy, sexuell verfügbar, untergeordnet und objektifiziert.

Nicht jeder Junge und junge Mann, der Pornos konsumiert, wird später einmal schlechten Sex haben. Keinesfalls sind alle Männer, die schon einmal bei einer Prostituierten waren oder sie sogar regelmäßig besuchen, deshalb per se schlechtere Menschen. Sicherlich gibt es Männer, die schon heute versuchen, Prostitution auf Augenhöhe zu verhandeln. Und nicht alle Gangsta-Rap konsumierenden Jungs werden irgendwann einmal zu gewalttätigen Frauenhassern. Dennoch: Steter Tropfen höhlt den Stein, und nicht alle Jungen und junge Männer, aber auch nicht alle Mädchen und junge Frauen können sich dem fortwährenden Einfluss des

Zeitgeistes und der Medien angemessen entziehen. Im Ergebnis leiden viele Liebesbeziehungen unter dem patriarchalischen Dauerfeuer, aber auch die Beziehungen zwischen den Geschlechtern im öffentlichen Raum oder am Arbeitsplatz. Sexualisierte Gewalt belastet unsere Gesellschaft. In Form von unerwünschter sexueller Kommunikation (siehe Catcalling), sexueller Belästigung (z. B. durch Berührungen oder anzügliche Witze, die die Würde eines Menschen verletzen) oder im schlimmsten Fall durch sexuellen Missbrauch, sexuelle Nötigung oder Vergewaltigung.

Im 13. Abschnitt des Strafgesetzbuches werden alle Formen sexualisierter Gewalt als sogenannte Straftaten gegen die sexuelle Selbstbestimmung zusammengefasst und dann, gemäß der jeweiligen Straftatbestände, in unterschiedlichen Paragrafen aufgefächert. Die Straftaten gegen die sexuelle Selbstbestimmung werden auch

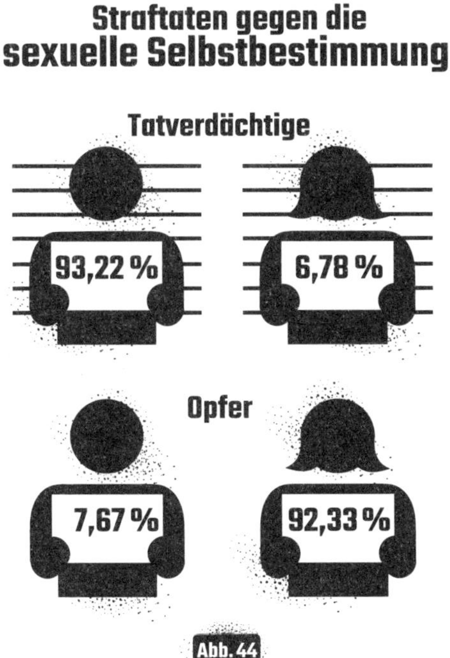

Abb. 44

in der Kriminalstatistik des BKA in einem Block erfasst. Die Ergebnisse sprechen eine aufrüttelnde Sprache. In etwas mehr als 93 Prozent der Straftaten gegen die sexuelle Selbstbestimmung im Jahr 2019 – dem letzten, bevor Corona die Statistiken beeinflusste – waren die Tatverdächtigen Männer.[255] Das gesamte Bild wird sichtbar, wenn das Geschlechterverhältnis auf der Opferseite benannt wird. Hier sind 92,33 Prozent der Opfer weiblich.[256]

Jede einzelne Tat ist eine zu viel. Aber das extreme Ungleichgewicht auf Täter- und auf Opferseite darf so von der Gesellschaft nicht hingenommen werden. Die körperlichen und seelischen Narben, die von den vorwiegend weiblichen (aber auch männlichen) Opfern und den Angehörigen der Opfer davongetragen werden, sind zu groß und zu wirkmächtig.[257] Ursächlich für das Ungleichgewicht sind zu einem beträchtlichen Anteil patriarchale Strukturen. Wie groß dieser Anteil ist, weiß niemand. Aber es ist unsere gesamtgesellschaftliche Pflicht, dies über die Dekonstruktion des Patriarchats herauszufinden.

The winner takes it all – Sport in der Welt (der Männer)

Während auf der einen Seite durch Bewegungen wie die der Männerrechtsbewegung und schließlich in den sozialen Netzwerken Misogynie und Frauenfeindlichkeit wieder zuzunehmen scheinen (immerhin wurde in den USA ein Mann zum Präsidenten gewählt, der mit frauenverachtenden Statements und Handlungen im Wahlkampf prahlte), gibt es auch insgesamt in der Gesellschaft nicht wenige Männer (und auch Frauen), die klagen, es sei langsam genug mit der Gleichberechtigung; ja, inzwischen litten die Männer zunehmend unter dem Feminismus. Den Vertreter:innen dieser Sichtweise möchte ich einen Blick in die Welt des Sports empfehlen. Nationale und internationale Sportarten sind in nahezu allen Bereichen des Breitensports fest im Griff des Patriarchats. Das drückt sich in der Struktur der Verbände, im Habitus der Funktionäre und ebenso in der medialen Präsenz der Geschlechter aus. Die patriarchale Durchdringung des globalen Sportbusiness hat negative Auswirkungen für die Entwicklung der Sportarten selbst, für die Vorbildfunktion des Sports und natürlich für das Ziel einer geschlechtergerechten Gesellschaft. Auch im Sport kann man beobachten, wie das Patriarchat und der Neoliberalismus paktieren, um das alte System am Laufen zu halten: Männer an der Macht verdienen viel Geld. Dieses Geld hilft ihnen, an der Macht zu bleiben, und immer so weiter. Und das geht so:

Patriarchale Strukturen und patriarchaler Habitus

Im Juli 2021 wurden die Spielerinnen der norwegischen Beachhandball-Nationalmannschaft mit einer Geldstrafe vom Europäischen Handballverband (EHF) belegt, weil sie zu lange Sporthosen getragen hatten. Die Disziplinarkommission des Handballverbandes bewertete dies tatsächlich als Fall »unangemessener Bekleidung«. Es kam dann heraus, dass eine präzise Kleiderordnung jeweils für Männer und für Frauen existiert. Diese schreibt der Weltverband IHF vor. Demnach müssen Männer Shorts tragen, die mindestens zehn Zentimeter über dem Knie enden, und die Frauen Bikinihosen, die eng anliegend sind und eine Seitenbreite von »maximal zehn Zentimetern« aufweisen.[258] Kaum zu glauben! Schaut man hinter die Kulissen des IHF, wundert es kaum, dass so etwas heute noch möglich ist. Der IHF wird seit 21 Jahren von Hassan Moustafa geführt, einer der umstrittensten Figuren im internationalen Sport. Der als »Pharao« bekannte Ägypter Moustafa bildet Seilschaften, indem er kleinere Verbände finanziell unterstützt und verbandsintern Widersacher kaltstellt. So hat er in den vergangenen Jahren zahlreiche Skandale überstanden.[259] In einem gemeinsamen Statement des EHF und des IHF rechtfertigen Michael Wiederer für den Europäischen Verband und Hassan Moustafa für den Weltverband die Maßnahmen und schieben den Schwarzen Peter dem Norwegischen Handballverband zu. Man (EHF und IHF) habe sich auf die nächsten Schritte geeinigt und versichere der Beachhandball-Community und allen Fans, dass Anstrengungen unternommen werden, um den Sport weiter zu promoten. Das schließe die ideale Präsentation des Sports – inklusive des Outfits der Spieler und Spielerinnen – ein.[260] Es könnte also auch nach dem Skandal entschieden werden, dass die männlich dominierten Gremien es als förderlich für den Sport erachten, wenn die weiblichen Teams mehr Haut zeigen als die männlichen. Mehr dazu am Ende dieses Kapitels.

Die Union der Europäischen Fußballvereine (UEFA) ist ein weiteres Paradebeispiel für die ineinander verschränkten Kräfte von männlich dominierten Strukturen, gepaart mit rücksichtslosem Gewinnstreben. Auf der Strecke bleibt regelmäßig die Moral und ebenso die gesellschaftliche Vorbildfunktion des Sports. Mit dem Slowenen Aleksander Čeferin hat der Verband – natürlich – einen Mann als Präsidenten an der Spitze. Er hat sechs selbstverständlich männliche Stellvertreter. Gemeinsam mit 13 weiteren Mitgliedern – zwölf Männer und eine Frau – bilden sie das UEFA Executive Committee, das höchste Gremium des Verbands. Administrativ wird die UEFA von Generalsekretär Theodore Theodoridis und fünf weiteren männlichen Führungskräften geleitet.[261] Damit keine Missverständnisse entstehen: Der Verband vertritt auch die Interessen des europäischen Frauenfußballs. Bei der kürzlich beendeten Europameisterschaft (der Männer) im Sommer 2021 gab es mehrere Skandale, die der Männerklub scheinbar regungslos an sich vorüberziehen ließ:

Vier der Spiele wurden in Baku, der Hauptstadt von Aserbaidschan, ausgetragen. Robert Kempe, der ARD-Experte für Sport und Politik, sieht in dem Austragungsort ein fatales Zeichen für die Menschen, die in dem Land leben. Aserbeidschan wird nämlich vom autokratischen Alijew-Clan regiert und gilt als eines der repressivsten Länder der Welt. Dass die UEFA Baku als Austragungsort gewählt habe, ohne die Stimme gegen die Ungerechtigkeit in dem Land zu erheben, schwäche die Opposition, so Kempe in der ARD.[262] Die Entscheidung über den Austragungsort in einem diktatorischen Land wurde im Übrigen von den gleichen Männern getroffen, die die konspirative Gründung einer Super

League im Frühjahr 2021 durch zwölf europäische Top-Klubs harsch angriffen. UEFA Präsident Čeferin sagte, dass »die Gier offenbar so stark sei, dass ihnen (den Top-Klubs) alle Werte abgegangen sind«.[263] Das mag sicher so sein, aber zuerst hat die UEFA vorgemacht, wie man Werte aufgibt.

Im Jahr 2019, ein Jahr vor dem geplanten Start der Fußball-Europameisterschaft, twitterte die UEFA ein Regenbogensymbol mit der Aussage, der Verband sei stolz, dass die Euro2020 ein Turnier für jeden sein werde. Die vor über 40 Jahren von dem Amerikaner Gilbert Baker entworfene Flagge gilt als Symbol für Gleichberechtigung und Akzeptanz von Menschen, die sich nicht mit den klassischen Geschlechternormen identifizieren oder eine andere Sexualität leben als Heterosexualität. Das schließt schwule und lesbische Menschen ein, aber auch Bisexuelle, Transmenschen oder Menschen, die sich als non-binär identifizieren. Als es dann ernst wurde und die UEFA die Chance gehabt hätte, wirklich einmal gemäß diesem Tweet Profil zu zeigen, da ruderte der Verband scheinheilig zurück. Ungarn hatte ein Gesetz auf den Weg gebracht, das den Zugang zu Informationen von Jugendlichen über Homosexualität und Transsexualität einschränkt. Die Stadt München wollte in Reaktion darauf das Stadion anlässlich des Spiels der deutschen Mannschaft gegen die ungarische in Regenbogenfarben illuminieren. Das untersagte die UEFA mit dem Argument, dass das Statement politisch wirken würde. Der ZDF-Journalist Stefan Leifert twitterte darauf pointiert: »UEFA und DFB kommen aus der Sache nicht raus: Wenn der Antrag auf Regenbogenbeleuchtung politisch ist – ist es ein Verbot erst recht«.[264]

Schließlich drohte die UEFA Großbritannien damit, das Finale der Europameisterschaft in ein anderes Land zu verlegen, wenn man nicht bereit sei, im Londoner Wembley-Stadion Zehntausende Zuschauer zuzulassen. Ganz Europa war zu dem Zeitpunkt erschöpft von 15 Monaten Pandemie, und viele Menschen konnten kaum nachvollziehen, wie eine Europameisterschaft mit 24 Teams in elf Ländern überhaupt möglich war. Im Finale waren dann 60.000 Menschen im Stadion, dicht an dicht gedrängt, viele ohne Masken und sich andauernd in den Armen liegend. Die pandemiegeplagten Bürger:innen, gewöhnt an Masken und Abstand, wurden bei der Siegerehrung Zeuge, wie gleichgültig dem Verband seine Vorbildfunktion war. Der UEFA-Präsident schüttelte jedem Spieler die Hand, und besonders prominente nahm er sogar in den Arm. Der italienische Verbandspräsident Gabriele Gravina, auch Mitglied im UEFA Executive Committee, umarmte jeden einzelnen Spieler innig. Die Emotionen sind nachvollziehbar. Aber im Angesicht einer solchen Krise (Italien war besonders betroffen) muss ein Verband auch in der Lage sein, höhere Ziele zu verfolgen. Der FAZ-Autor Reinhard Veser kommentierte treffend: »Entweder die UEFA-Führung hat nicht verstanden, was in der Welt seit Frühjahr 2020 geschieht, oder sie setzt aus Eigeninteresse bewusst das Wohlergehen und gar das Leben vieler Menschen aufs Spiel.«[265]

Der Deutsche Fußballbund (DFB) kann sich direkt in die Erzählung von Männerdominanz und daraus folgenden Skandalen einreihen. Der Präsident des DFB war bisher traditionell ein Mann. Aktuell nehmen zwei Erste Vizepräsidenten die Rolle interimsmäßig in Personalunion ein: Rainer Koch und Peter Peters. Im 17-köpfigen Präsidium des DFB sitzt gerade einmal eine Frau, im knapp 50-köpfigen Vorstand nur zwei Frauen. Durch den verschachtelten und undurchsichtigen Verband zieht sich ein absurdes Geschlechterungleichgewicht mit weit unter zehn Prozent Frauen. Die Mitgliedschaft setzt sich mittlerweile aus 16 Prozent Mädchen und Frauen zusammen.[266] Das ist viel, wenn man bedenkt, dass der Verband seit Anbeginn männlich dominiert ist und Frauenfußball erst seit 1970 offiziell vom DFB erlaubt wurde. Es kommt aber Bewegung in die verkrusteten Strukturen. Die Initiative *Fußball kann mehr* von Katja Kraus, Bibiana Steinhaus, Katharina Kiel, Claudia Neumann, Gaby Papenburg, Helen Breit, Jana Bernhard, Almuth Schult und Sandra Schwedler hat acht Forderungen aufgestellt, wie mehr Frauen im Fußball Verantwortung übernehmen könnten.[267] Das ist auch dringend nötig, betrachtet man die Liste der Skandale der letzten Jahre.

Erinnert sei an die Posse um das Sommermärchen von 2006, als 6,7 Millionen Euro wahrscheinlich in Zusammenhang mit der Vergabe der WM auf den Konten eines katarischen Funktionärs verschwanden. Präsident Wolfgang Niersbach stolperte 2015 über die versuchte Aufarbeitung des Skandals, weil er verdächtige Geldflüsse nicht meldete.[268]

Sein Nachfolger Reinhard Grindel – übrigens zuvor 14 Jahre Bundestagsabgeordneter für die CDU – stolperte über Kritik an seiner Amtsführung, nicht gemeldete Nebeneinnahmen und eine Uhr im Wert von 11.000 Euro, die ihm ein ukrainischer Oligarch geschenkt hatte.[269]

Auf Herrn Grindel folgte dann Fritz Keller, der Gastronom und Winzer aus dem Südwesten. Unverbraucht als DFB-Funktionär, sollte mit ihm endlich alles besser werden. Doch die Hoffnung währte nicht lange. Kaum ein halbes Jahr nach seiner Wahl zog es ihn nach Informationen der *Süddeutschen Zeitung* doch in die Gremien der FIFA, die er vorher vehement kritisiert hatte. Er sei für Gewaltenteilung und wolle nicht in die Leitgremien von FIFA und UEFA einziehen, hatte er bei seiner Wahl proklamiert.[270] Gestolpert und gefallen ist Keller am Ende aber über einen unsäglichen Nazivergleich. Vize-Präsident Rainer Koch – selbst früher Richter am Oberlandesgericht in München – wurde von Keller in einer Präsidiumssitzung als »Freisler« bezeichnet.[271] Damit spielte er auf den cholerischen und gnadenlosen Nazirichter Roland Freisler an, der in der NS-Zeit als Präsident des Volksgerichtshofs 2600 Todesurteile verhängt hatte. Keller musste folgerichtig abtreten.

Als Interimslösung wurde die oben erwähnte Doppelspitze aus dem einflussreichen Rainer Koch und dem langjährigen Fußballfunktionär Peter Peters installiert, beide als Erste Vizepräsidenten. Ersterer sitzt im erwähnten Exekutivkomitee der UEFA und Letzterer im FIFA-Rat, den jeweils höchsten Gremien der Verbände. Peter Peters hat übrigens im Herbst 2021 bekannt gegeben, dass er zur Kandidatur als DFB-Präsident bereitstehe. So viel zu den Männerbünden, die den wichtigsten Sport der Welt mit allen seinen Skandalen am Laufen halten.

Die oben erwähnte Fraueninitiative *Fußball kann mehr* forderte nach dem Rücktritt von Fritz Keller einen außerordentlichen Bundestag des DFB, damit diesmal wirklich schnell ein Neuanfang mit Menschen gestartet werden könne, die in der Vergangenheit keine Probleme verursacht haben. Mit der Machtpolitik innerhalb des DFB solle endlich Schluss sein, so die zentrale Forderung.[272] Der Ruf nach einem außerordentlichen Bundestag wurde von den Gremien abgelehnt. Der nächste Bundestag findet turnusgemäß erst Anfang 2022 statt. Bis dahin wird sich die Empörung und Unruhe im Verband vielleicht gelegt haben, so hofft man. Der für seine pointierten und gesellschaftskritischen Statements bekannte Trainer des SC Freiburg, Christian Streich, wurde zu dem Thema im Rahmen einer Pressekonferenz befragt und gab einmal mehr Bemerkenswertes zu Protokoll. Er würde eine Frau an der Spitze des DFB begrüßen und wüsste nicht, warum es immer ein Mann sein müsse. Mehr Frauen in der Verbandsarbeit seien mehr als wünschenswert, denn das Patriarchat habe meistens nicht viel Gutes erzeugt in der Geschichte. Streich sagte, er wäre für eine Mischung in den Führungsgremien. »Wenn es geht, keine 100 Prozent Männer.« Eine gute Durchmischung sei meist am konstruktivsten und kreativsten. »Also ein bisschen jung, ein bisschen alt; ein bisschen Frau, ein bisschen Mann; ein bisschen so orientiert und ein bisschen so orientiert.« Ein mutiger und eigenwilliger Denker, der die Formel für die Zukunft lakonisch in einen Satz packt. Genau solche Menschen braucht es, um dem Patriarchat das Handwerk zu legen.[273]

Die kurz angerissene jüngere Geschichte der Handballverbände, aber auch von UEFA und DFB (in der FIFA ist alles noch viel schlimmer) zeigen den Zusammenhang zwischen Patriarchat, Geld, Macht und mangelnder Moral. Damit sich nachhaltig etwas ändert und mittelfristig Schaden abgewendet wird, muss die Struktur grundlegend verändert und es müssen mehr Frauen in die Gremien eingebunden werden. Es ist Zeit für mehr geschlechtergerechte Kooperation statt patriarchaler Konkurrenz.

Geld schafft Medienpräsenz

Wie schwer es ist, den scheinbar geschlossenen Kreislauf zwischen Sport, Patriarchat und neoliberalem Wirtschaftssystem aufzulösen, zeigt das extreme Ungleichgewicht der Medienpräsenz von Frauen und Männern am Beispiel des Fußballsports.

Für die Saison 2021 erhielt jede der zwölf Mannschaften der Ersten Frauenbundesliga einen Betrag von 300.000 Euro.[274] Bei den Männern waren es 25,55 Millionen Euro. Die so entstehende Gesamtsumme von 460 Millionen Euro macht allerdings nur 53 Prozent des Gesamtbetrags aus, der in der Saison ausgeschüttet wird. Die anderen 407 Millionen Euro werden über Parameter wie Leistung, Interesse und Nachwuchsarbeit vergeben.[275] Damit erhalten die Männervereine im Durchschnitt das 160-Fache an

Zuschüssen im Vergleich zu den Frauenvereinen. Ein aberwitziges Ungleichverhältnis, dem ein Teufelskreis zugrunde liegt, den Nina Probst von der *Berliner Zeitung* auf den Punkt gebracht hat: »Weniger Berichterstattung, weniger Geld. Weniger Geld, schlechtere Bedingungen. Schlechtere Bedingungen, weniger Qualität. Weniger Qualität, weniger Zuschauer. Und am Ende wieder weniger Berichterstattung.«[276] Häufig wird argumentiert, dass der Männerfußball attraktiver sei, weil er aufgrund der höheren Muskelmasse der Männer schneller und dynamischer funktioniere. Dem kann zweierlei entgegengehalten werden. Zum einen stehen bei den Berichterstattungen über den Männerfußball aus Budgetgründen viel mehr Möglichkeiten zur Verfügung. Mehr Personal und mehr Kameras eröffnen der Regie Möglichkeiten, ein höheres dramaturgisches Tempo zu erzeugen. Es können zusätzliche Zeitlupenwiederholungen eingespielt werden, und es gibt eine umfassendere Vor- und Nachberichterstattung. Zum anderen erliegen wir Medienkonsument:innen regelmäßig der Erzählung, dass nur das schnelle, dynamische, kraftvolle und kämpferische Spiel das wahre und deshalb von Interesse sei. Faktoren wie Spielintelligenz, Taktik, Stellungsspiel und mannschaftliche Geschlossenheit geraten dabei als Parameter für ein fesselndes Spiel in den Hintergrund. In der Folge sind bei den Frauenfußballspielen durchschnittlich etwas mehr als 900 Zuschauer:innen präsent und bei den Männern circa 39.000.[277] Zudem werden nicht alle Spiele der *Flyeralarm-Bundesliga* der Frauen live übertragen, und wenn, dann beim Pay-TV-Sender Magenta Sport der Deutschen Telekom. Um die Rechte der Spiele der Ersten Bundesliga der Männer gibt es regelmäßig medienwirksame Bieterverfahren sowohl um die Liveübertragung als auch um die Zusammenfassungen. Der Männerfußball ist dann so dominant und omnipräsent, dass er eine kommerzielle Weiterentwicklung des Frauenfußballs praktisch ausbremst. Und die geringe

Medienpräsenz wirkt sich auf die Gehälter der Spieler:innen aus. Einer Auswertung aus dem Jahr 2018 zufolge verdienten Frauen der Ersten Bundesliga im Durchschnitt 37.250 Euro pro Jahr. Bei den Männern waren es 1,4 Millionen Euro.[278]

Was hier exemplarisch am Beispiel des Fußballs erzählt wird, zieht sich wie ein roter Faden durch die Welt des Sports:

- Der Anteil des weltweiten Sportsponsoring, der für Frauensportarten bzw. weibliche Sportler:innen aufgewendet wird, liegt bei nur sieben Prozent.[279]
- In der Rangliste der 25 der wertvollsten Sportteams der Welt aus dem Jahr 2020 ist leider keines aus der Welt des Frauensports vertreten.[280]
- In den Top 25 der in Deutschland aktiven Sportler:innen und Teams mit den meisten Followern bei Instagram sind 23 männliche Fußballspieler. Die beiden übrigen Plätze werden von der Nationalmannschaft und der Bundesliga belegt.[281]
- In der Forbes-Rangliste der am besten bezahlten Sportler:innen für das Jahr 2021 stehen mit Naomi Osaka (12.) und Serena Williams (28.) immerhin zwei Frauen. Neben 46 Männern.[282]

Das nationale und globale Ungleichgewicht der Geschlechter im Sport ist nicht nur schädlich für das Erreichen einer geschlechtergerechten Gesellschaft, es ist zudem kurzsichtig. Das Potenzial der Frauen sowohl als Zielgruppe als auch als Athletinnen droht zu verkümmern und die Dominanz der Männer noch stärker anzuwachsen. Die Folge sind verkrustete und rückwärtsgewandte Männerverbände, die sich gegen notwendige Veränderungen wehren, die das Geld ins Zentrum stellen und so dem Sport seine Kraft als gesellschaftlichen Kitt entziehen.

Mit den eingangs erwähnten norwegischen Beachhandballerinnen möchte ich den toxischen Kreis des weltweit männlich dominierten Sportgeschehens schließen. Mit ihrem Protest machen sie nämlich auf eine Entwicklung aufmerksam, die der Anerkennung der sportlichen Leistungen der Frauen und einer wahrhaftigen Gleichberechtigung in der Gesellschaft entgegenläuft. Frauen erhalten zwar viel zu wenig mediale Aufmerksamkeit, aber wenn doch, dann häufig in Verbindung mit den Stereotypen von schönen, durchtrainierten und sexy Körpern. Genau zu diesem Thema organisierte der Deutsche Olympische Sportbund (DOSB) schon im Jahr 2019 eine Tagung unter dem provokativen Titel »Augenhöhe oder Brustumfang«. Die DOSB-Vizepräsidentin Petra Tzschoppe wirft den Medien vor, dass zunächst einmal nach Äußerlichkeiten vorsortiert werde, und wenn diese Hürde überwunden sei, dann würde vielleicht über Sportler:innen berichtet.[283] Die Marathonläuferin Sabrina Mockenhaupt bestätigt das in einem Interview mit der *Süddeutschen Zeitung*: »Als Profisportlerin hast du es einfacher als Frau – wenn du noch halbwegs gut aussiehst. Wenn du Leistung bringst und gut aussiehst, dann kommen die Sponsoren von alleine. Das ist leider so. Ich kenne eine deutsche Läuferin, sie hat eine Mega-Entwicklung gemacht und ist so gut – findet aber keinen Ausrüster. Weil sie als langweilig und schüchtern empfunden wird.«[284] Ähnliches berichtet die brasilianische Weltklasse-Surferin Silvana Lima. Ihr seien Sportverträge verwehrt worden, weil sie nicht dem klassischen Beach-Babe-Image mit langen blonden Haaren, blauen Augen und Modelfigur entspreche. Die russische Tennisspielerin Anna Kurnikova ist das umgekehrte Beispiel. Ihr sportlicher Erfolg hielt sich in Grenzen, sie war aber der Liebling der Medien und der Sponsoren. Die Reduzierung der Frauen auf ihr Äußeres relativiert und diskreditiert ihre sportlichen Leistungen. Zudem werden in den Medien Klischees bedient, die Frauen als Sexualobjekt inszenieren und visualisieren. Auch damit wird ein Nährboden geschaffen, auf dem sexualisierte Gewalt gedeihen kann.[285] Die Frage, ob an dieser Entwicklung ausschließlich männliche Vermarkter und männlich dominierte Medien schuld seien, wurde während der oben erwähnten Tagung wohl nicht beantwortet. Ich bin davon überzeugt, dass das Patriarchat in der Verantwortung steht. Vorwiegend Männer an den Schaltzentralen der Macht weisen Frauen zunächst die Rollenstereotype »Sexyness« und Attraktivität zu. Diese werden dann für die Zuschauer inszeniert. Für die Männer, die mehr die Körper der Frauen sehen als ihre sportlichen Leistungen. Und für die Frauen, die lernen, dass sie sich an ebendiesen Stereotypen orientieren müssen. Und so dreht sich das toxische Rad immer weiter und weiter.

Nicht messbare Nebenwirkungen – die Vogelperspektive

Genau wie in der Kostenanalyse in Teil I konnte ich bei den nicht messbaren Nebenwirkungen des Patriarchats nur wenige Bereiche ausleuchten. Ähnlich dem nur begrenzten Sichtfeld, das beim Blick durch ein Fernglas erscheint. Die unsichtbaren Kräfte des Patriarchats aber durchziehen alle gesellschaftlichen Felder. Deshalb verbinde ich mit diesem Buch die Hoffnung, dass die Impulse von Leser:innen aufgegriffen werden und sich der Blick auf neue und noch unbestellte Felder richtet, die ebenso vom Patriarchat durchsetzt sind. Hier eine Auswahl der Bereiche, die dringend einer tiefergehenden Untersuchung bedürfen:

Es gibt kaum eine Organisation, die so stark auf den Strukturen des Patriarchats aufbaut wie die der katholischen Kirche. Zwar schwindet ihre Bedeutung, aber immerhin bekennen sich noch mehr als ein Viertel der Menschen in Deutschland zu ihr und werden von ihrem konservativen Weltbild geprägt. Andere christliche Gemeinschaften – insbesondere viele Freikirchen – gründen auf ähnlich patriarchalischen Strukturen. Auch in anderen Weltreligionen wie der jüdischen und der muslimischen ist der Mann in einer dominanten Rolle, die sich dann über die Familie in das gesellschaftliche Leben hineinzieht. Hier müssen wir uns trauen, sachlich und friedlich Debatten anzustoßen.

Das Ungleichgewicht der Geschlechter im Gesundheitswesen ist ein Realklischee. Der Anteil Frauen in der Krankenpflege lag im Jahr 2020 bei 80 Prozent und in der Altenpflege sogar bei 83 Prozent.

Dem steht gegenüber, dass nur zwölf Prozent Frauen als leitende Oberärztinnen bzw. zehn Prozent als Chefärztinnen tätig sind. Traditionell mehr Männer in den Schaltstellen der medizinischen Forschung und Praxis wirken sich im Übrigen auch auf die ungleiche medizinische Behandlung der Geschlechter aus. Rebecca Endler benennt in ihrem Buch *Das Patriarchat der Dinge* Beispiele wie die häufig verspätete Autismus-Diagnose bei Mädchen und Frauen oder die erhöhte Gefahr für weibliche Patientinnen unter 50 Jahren, an einem Herzinfarkt zu versterben. Solche Ungleichbehandlungen passieren, weil Diagnosen häufig einem männlichen Modell folgen und beim therapeutischen medizinischen Personal eine Unwissenheit über spezifisch weibliche Symptome vorherrscht.[286]

Das männliche Übergewicht, insbesondere in den Führungspositionen der Medienkonzerne, ist bekannt und scheinbar akzeptiert. Die Folgen sind die Reproduktion patriarchaler Denk- und Handlungsmuster. Düstere Beispiele sind nicht nur die Veröffentlichungen in der *BILD*-Zeitung. Auch die kürzlich bekannt gewordenen internen Skandale des Boulevardblattes und deren Aufarbeitung im Axel-Springer-Verlag zeugen von einer patriarchalen Redaktions- und Unternehmenskultur.

Der Geist des Patriarchats weht noch zugig durch die Flure der Universitäten und Hochschulen. Noch im Jahr 2019 lag der Anteil der weiblichen Professorenschaft bei einem knappen Viertel. Im Saarland sogar nur bei knapp 21 Prozent.[287] Dort, wo die Führungskräfte und Forscher:innen der Zukunft ausgebildet werden, sind die Erfolgsmaßstäbe immer noch viel zu häufig Konkurrenz, Durchsetzungsfähigkeit und Einzelkämpfertum in diesem stark hierarchisch geprägten System.

Auch in solchen Feldern, in denen die Nebenwirkungen des Patriarchats nicht durch Kosten identifiziert werden können, bleibt viel zu hinterfragen, zu demaskieren und zu verändern.

TEIL III

WEGE AUS DER KRISE

Ein friedliches Trojanisches Pferd

In Teil I dieses Buches habe ich, wo immer belastbare Zahlen vorlagen, die Kosten toxischen männlichen Verhaltens für unsere Gesellschaft zusammengetragen. Die volkswirtschaftlichen Folgen habe ich dabei stets als die messbaren Symptome für patriarchale Fehlentwicklungen beschrieben. Die tatsächliche Tragweite für unseren gesellschaftlichen Zusammenhalt ist viel größer. Trauer, Angst, Leid und Sorge sind die Folge von ungesundem männlichem Verhalten. In Teil II war es mir wichtig zu zeigen, wo auch (noch) nicht messbare Folgen des Patriarchats den Lebensalltag beeinträchtigen: Sterben, Hass, Extremismus, Sexualität oder Sport. Auch hier sind die Auswirkungen weitreichend, und das, obwohl ich nur einen kleinen Ausschnitt unseres Alltags untersucht habe. Anders formuliert:

Die Nebenwirkungen des Patriarchats sind erheblich und teuer. Das heißt im Umkehrschluss: Gelingt es, das Patriarchat an der Wurzel zu packen und unter dem Druck gesamtgesellschaftlicher Anstrengungen aufzulösen, dann verbessern wir nicht nur unser Zusammenleben. Dieses Land kann zudem viel, viel Geld sparen. Und jetzt kommt das friedliche Trojanische Pferd ins Spiel. In der Sage gelangten die griechischen Krieger durch eine List im Innern eines geschenkten Holzpferdes in die Stadt. In der Nacht öffneten sie die Tore für die eigene Armee. So konnte Troja besiegt werden.

Im Trojanischen Pferd der Dekonstruktion des Patriarchats lauern aber keine fremden Krieger, sondern ein Paket an politischen Maßnahmen, durch das die Tore für eine bessere Gesellschaft geöffnet werden können.

Warum aber sollte unsere patriarchalisch geprägte Gesellschaft dieses friedliche Trojanische Pferd in seine Mauern einlassen? Es ist die Aussicht auf viel Geld. Geld ist die Sprache des Patriarchats und gleichzeitig das notwendige Schmiermittel unserer wirtschaftlichen und politischen Prozesse. Die einen können nicht genug davon bekommen, manche betrachten es mit Argwohn, und viele leiden ihr ganzes Leben unter einem Mangel an Geld. Wie man es dreht und wendet, ohne Geld geht es nicht. Es liegt in der Verantwortung der handelnden Menschen, es angemessen einzusetzen. Wir brauchen es, um die sozialen Sicherungssysteme intelligent auszubauen, um in gerechte Bildung zu investieren, um Innovationen für die Erhaltung unseres Planeten hervorzubringen und auf dieser Basis flexible Rahmenbedingungen für eine starke Wirtschaft zu schaffen. Durch die konsequente Überwindung des Patriarchats würden die notwenigen Mittel frei werden, um zu agieren, anstatt nur zu reagieren. Und ja, ich gebe es zu. Die Idee einer Dekonstruktion des Patriarchats mit dem Wohlstand unserer Gemeinschaft zu verbinden ist auf den ersten Blick kühn. Aber manchmal braucht es Kühnheit, um eine gesellschaftliche Debatte in Gang zu bringen. Letztlich basiert meine Idee auf simpler Mathematik, und noch konnte mich niemand davon überzeugen, dass ich mit meiner Rechnung falschliege.

Im nun abschließenden Teil dieses Buches werde ich deshalb erste Ideen und Maßnahmen vorstellen, die dabei helfen können, dass Patriarchat Schritt für Schritt aufzulösen und damit das Tor für eine friedvollere und diversere Gesellschaft zu öffnen. Eine Gesellschaft, in der sich die Geschlechter in allen Lebensbereichen auf Augenhöhe begegnen, in der sich Angst und Gewalt auflösen und Entscheidungen kreativer und nachhaltiger werden. Manche der vorgestellten Maßnahmen werden schneller greifen, bei anderen kann es eine Generation dauern, bis erste Veränderungen spürbar werden. Hierfür werden Kosten entstehen, aber das ist kein Problem. Die zu erwartenden Einsparungen werden die Aufwände nämlich bei Weitem übersteigen. Und das über viele Jahre.

Allein die 63 Milliarden Euro, die nur einen kleinen Ausschnitt der Kosten des Patriarchats abbilden und die vorsichtig kalkuliert wurden, summieren sich in zwanzig Jahren auf weit über eine Billion Euro! Die tatsächlichen Kosten des strukturellen Ungleichgewichts unserer Gesellschaft sind in Wahrheit viel höher. In der Auflösung des Patriarchats liegen demnach zwei Chancen, die wir verpflichtet sind zu ergreifen: die Schaffung einer geschlechtergerechten Gesellschaft ebenso wie die Einsparung immenser monetärer Mittel, um den Umbau und die Modernisierung unserer Gesellschaft voranzutreiben.

Unerwartete Verbündete – Feminismus ist für Männer

Die Geschichte von Patriarchat und Feminismus umschreiben

Mal angenommen, Klaus bekommt zu seinem 18. Geburtstag ein großes, lautes und Sprit schluckendes Auto geschenkt. Alle anderen, die das gleiche Modell besitzen, bestärken ihn fortwährend und lassen ihn wissen, dass es gut und wichtig ist, genau dieses Fahrzeug sein Eigen zu nennen. Die gegenseitige Versicherung, dass dieses Auto das beste und das schönste auf dem Markt ist, lässt ihn aber zunehmend blind werden. Dafür, dass dieses Gefährt Unmengen Sprit verbraucht, viel zu häufig in die Werkstatt muss, sehr laut ist und so stark vibriert, dass er die Vibrationen manchmal nachts vor dem Einschlafen noch spürt. Irgendwann begehren die anderen Verkehrsteilnehmer:innen auf und lassen ihn und seine Autofreunde wissen, dass sie die Privilegien, die er auf der Straße genießt, nicht mehr akzeptieren wollen. Der Platz auf den Straßen sei für alle da, und es wird von seinem Autoklub erwartet, dass er die strukturellen Vorteile aufgibt und den Raum mit allen anderen teilt. Das ist dann unglaublich schwer bis unmöglich, weil er die letzten Jahrzehnte gelernt hat, mit seinem Auto zu leben, und es für selbstverständlich hält, der König der Straße zu sein. Etwas anderes kennt er nicht mehr. Er empfindet es nicht als Privileg, sondern erachtet es für normal. Den Angriffen auf seine Freiheit will er nicht einfach nachgeben und so reagiert er reflexartig ablehnend, wenn das Thema angesprochen wird.

Natürlich ist diese kurze Geschichte ein Gleichnis für eine patriarchalisch geprägte Männlichkeit, die auf den Feminismus trifft. Raumgreifende Autobesitzer treffen auf andere Verkehrsteilnehmer:innen, die gleiche Rechte für sich fordern. In unserer gesellschaftlichen Wirklichkeit verhält es sich ähnlich. Männer genießen strukturelle Vorteile von dem Moment an, in dem ihnen im Kreißsaal das Geschlecht zugeschrieben wird. Aufgrund der Art und Weise, wie sie erzogen und von der Gesellschaft wahrgenommen werden, entwickeln sie sich in vielen Fällen zu lauten, durchsetzungsstarken und entscheidungsfreudigen Machern. Mit ihren vermeintlichen Privilegien ordnen sie sich dann an der Spitze der Gesellschaftspyramide ein. So wird die Geschichte in der Regel erzählt, und es ist viel Wahres dran. Ein elementarer Teil der Erzählung wird aber häufig nicht erwähnt oder in einen Nebensatz geschoben, wie in der Geschichte von Klaus. Männer profitieren keineswegs ausschließlich vom Patriarchat. Sie werden auch nicht auf einer Welle von Privilegien durch ihr Leben getragen. Ich bin davon überzeugt, dass alle Männer unter dem patriarchalischen System auch leiden, die wenigsten das aber bemerken.

Damit das so bleibt, bringen die, die vom Patriarchat am meisten zu profitieren scheinen, die Geschlechter geschickt gegeneinander auf. Männer, die Angst davor haben, dass ihnen etwas genommen wird, ziehen sich reflexartig zurück, während Feminist:innen für ihr berechtigtes Interesse nach Gleichberechtigung kämpfen. Bald stehen sie sich argwöhnisch und unversöhnlich gegenüber, und es geht weder vor noch zurück. Der Feminismus kommt mit den Forderungen, Privilegien abzugeben, Verhaltensweisen zu ändern oder Machtstrukturen zu hinterfragen. In patriarchalen Strukturen verharrende Männer – und auch Frauen – rollen mit den Augen und verschließen sich. Anstatt aber fortwährend auf der eigenen Position zu verharren, sollten alle nach neuen Wegen und

Lösungen suchen. Geht es doch nicht darum, gegen die andere Seite zu gewinnen, sondern gemeinsam einen Umbruch zu gestalten, von dem letztlich alle profitieren. Und hierfür ist Kreativität gefordert.

Deshalb plädiere ich dafür, die Geschichte von Patriarchat und Feminismus umzuschreiben. Hierfür müssen die Nebenwirkungen des Patriarchats stärker in den Fokus der Diskussion rücken. Den augenrollenden genervten Vertreter:innen der alten Schule muss geduldig und fachlich fundiert erläutert werden, dass das Patriarchat keineswegs ausschließlich aus einem Werkzeugkasten, prall gefüllt mit Privilegien für Männer, besteht. Seine Größe und Wucht erzeugt Schattenflächen, über die kaum geredet wird. Männer erfahren durch das Patriarchat viele Nachteile. Sie müssen erfahren, wo ihnen die Gleichstellung der Geschlechter Entlastung und auch Vorteile verschafft. Es geht nicht darum, Männern ihre Privilegien zu nehmen und sie dann in die Ecke zu stellen. Im Gegenteil: Feminist:innen sollten zu einem runden Tisch der Gerechtigkeit einladen. Hier dürfen alle Teilnehmer:innen erfahren, dass sie profitieren, wenn sie sich ehrlich auf den Prozess einlassen.

Ein lohnender Aufbruch

Was aber können wir den Menschen anbieten, die noch abwehrend oder zögerlich vor dem scheinbar bedrohlichen Riesen des Feminismus, der Emanzipation hin zur Gerechtigkeit der Geschlechter verharren? Weshalb sollte sich der Aufbruch lohnen? Die in Teil I (messbare Nebenwirkungen mit mindestens 63 Milliarden Euro jährlich) und in Teil II (nicht messbare Nebenwirkungen) herausgearbeiteten Konsequenzen oder Symptome einer patriarchalen Gesellschaft liefern erste Argumente für eine notwendige

Mobilisierung. Viel kraftvoller und wirkmächtiger ist aber ein bunter Strauß an Vorteilen, die Männer ebenso wie alle anderen Menschen bereichern wird:

Die Gerechtigkeit der Geschlechter eröffnet allen Menschen eine **Befreiung aus dem Gefängnis der Stereotype.** Männer werden jeden Tag mit weitverbreiteten Vorstellungen von Männlichkeit konfrontiert, von ihnen geprägt und eingeschränkt. »So sind sie halt, die Männer«, höre ich die Käseverkäuferin sagen, weil der ältere Mann in der Schlange vor mir von seiner Frau vorgehalten bekommt, dass er keine eigenen Wünsche hat. »Die Männer sind auch nicht mehr das, was sie mal waren«, ruft mir die Krankenschwester vor dem Blutabnehmen zu, nachdem ich darum gebeten habe, mich hinlegen zu dürfen. »Du musst den Ellenbogen ausfahren, um dich durchzusetzen«, sagt der Vater zu seinem zehnjährigen Sohn, kurz bevor das Fußballspiel beginnt. Solche Stereotypisierungen begleiten Männer ihr ganzes Leben lang. Von der Geburt über den Kindergarten bis hin zu Schule und Studium und schließlich in Beruf und Familie. Kaum jemand wehrt sich aber gegen dieses alltägliche Verhaltenskorsett, das an vielen Stellen unbequem ist und drückt. Die damit verbundenen Schmerzen werden systematisch übergangen und weggelächelt. Zu den offensichtlichsten Folgen gehört eine Abspaltung der Gefühlswelt. Keine Angst haben, keine Unsicherheit zeigen, Sorgen nicht teilen oder Scham verdrängen. All diese wichtigen Gefühle schließen Männer in ihrer Seele ein und beschneiden sich so selbst um die Fähigkeit, angemessen auf schwierige Lebenssituationen zu reagieren. Der Psychotherapeut Björn Süfke schreibt, dass die Wahrnehmung »der eigenen Gefühle die Grundlage dafür ist, persönliche Schwierigkeiten zu lösen, sich individuelle Wünsche zu erfüllen sowie die eigenen Potentiale effektiv zu nutzen«.[288] Ich erlebe heute schon in meiner Beratungspraxis, wie entlastend es für

Männer sein kann, Zugang zu ihrer Scham, ihrer Angst, ihrer Unsicherheit zu erlangen und zu verstehen, dass das nicht nur okay, sondern dringend notwendig ist, um wegweisende Veränderungsprozesse in Gang zu bringen. Gelingt es einem Mann, Zugang zu seiner Gefühlswelt zu erlangen und darüber zu reden, wird er eine gesündere Beziehung zu sich selbst entwickeln, lernen, mehr »bei sich zu sein« und so seinen wahren Bedürfnissen zu folgen. Der Geschlechterforscher Jens van Tricht schreibt, dass viele Männer feststecken, weil sie nicht ihr wahres Ich leben dürfen. Um dem Ideal des echten Mannes zu entsprechen, würden sie genötigt, sich zu verbiegen. Nur wenn die Männer aus der Zwangsjacke der stereotypen Männlichkeit befreit würden, könne ein Veränderungsprozess in Gang kommen.[289]

Der Feminismus beinhaltet mit seiner Idee der Gerechtigkeit das Agieren auf Augenhöhe. Sich zurücknehmen, das Gegenüber stärken, aber auch Unterstützung konstruktiv einfordern, wenn das Gleichgewicht zu kippen droht. So **relativiert der Feminismus seiner Idee nach Konkurrenz und befördert Kooperation.** Jungen werden in dem Bewusstsein groß, dass sie sich gegen andere durchsetzen müssen. Männer machen die gleiche Erfahrung fortwährend im Berufsleben und sogar darüber hinaus. Der Konkurrenzgedanke durchzieht besonders männliche Denk- und Handlungsmuster. Wer hat das beste Auto, wer weiß mehr, wer besitzt mehr, wer kann sich beruflich durchsetzen und so weiter. Es gibt aber einige Probleme im Konzept der Konkurrenz: Zum einen können sich im Hamsterrad der männlichen Konkurrenz nur sehr wenige Männer zur Position der Alphatiere durchkämpfen. Die Anzahl der »oberen« Plätze ist schlicht limitiert. Die dort entstehenden legendären Männerbünde in Politik, Wirtschaft und Verbänden ziehen zwar die Strippen hinter den Kulissen des Patriarchats, sie repräsentieren aber nur eine mikroskopisch kleine

Elite. Ja, es werden sich dann Posten zugeschoben, es werden Türen geöffnet und Karrieren angeschoben. Aber immer nur so lange, wie es der eigenen Entwicklung dient; jeder, der dazugehört, muss dennoch stets auf der Hut vor dem Widersacher sein, der am eigenen Stuhl sägt. Zum anderen macht Konkurrenz einsam, und Einsamkeit befördert körperliche und seelische Krankheiten. Männer haben Schwierigkeiten, Freunde oder Kollegen um Rat zu fragen, denn unterschwellig spüren sie, dass es sich hierbei um einen Konkurrenten handeln könnte. Dabei kann es nicht nur entlastend sein, Konkurrenz aufzulösen, sondern auch fruchtbar und den eigenen Horizont erweiternd. Es können friedvolle Bündnisse geschlossen werden, um die eigenen Ziele zu erreichen. Einem Menschen zu helfen oder umgekehrt mit Unterstützung einer anderen Person ein persönliches Ziel zu erreichen kann sich bereichernd anfühlen. Der größte Gewinn der Kooperation ist aber die für uns als soziale Wesen lebenswichtige Gemeinschaft.

Eine Begegnung der Geschlechter auf Augenhöhe führt zu einer **Entmystifizierung der Bedeutung des Berufslebens.** Besonders männliche Berufsbiografien hängen eng mit Konkurrenz zusammen. Und dort, wo vornehmlich Männer arbeiten, wird mehr verdient und vermeintlich höherer Status geerntet. Es wird aber auch viel mehr gearbeitet, um sich im Haifischbecken der Konkurrenz zu behaupten. Laut dem Arbeitszeitmonitor 2019 produzierten Männer im Durchschnitt 3,7 Überstunden pro Woche und Frauen 2,2. Männliche Führungskräfte erarbeiteten sogar 7,9 Überstunden. Weibliche Leitungspersonen demgegenüber nur 6,8. Je höher die Gehaltsstufe, desto größer der Überstundenanteil.[290] Man könnte sagen, der Weg einer männlichen Karriere ist mit Überstunden gepflastert. Aber wo (scheinbar) Licht ist, wenn der erfolgreiche Mann von seiner Umwelt für seine Leistungen bewundert wird, da ist auch Schatten. Viele Männer, die ihr Leben einer von Konkurrenz geprägten Karriere unterwerfen, sind vom Alltagsleben in ihren Familien weitgehend isoliert. In der Regel managen dann die Frauen – im Schatten der viel beachteten beruflichen Entwicklung des Partners – das Familienleben. Sie kümmern sich um die Kinder – sofern welche im Haushalt leben – und festigen die Bindungen zu Freund:innen und Familie. So spannen sie über die Jahre ein robustes Netz aus sozialen Beziehungen, das sie auch noch im Alter durch ihr Leben trägt. Vielen Männern fehlt dieses Netz, und so können sie nicht aufgefangen werden, wenn das Berufsleben – als alles definierende Konstante – ins Wanken gerät; durch Krankheit, Arbeitslosigkeit oder Ruhestand. Mehr Kooperation und etwas weniger Fokussierung auf den Beruf würden sich also lohnen. Im Beruf mit mehr Teilzeit und einem starken Team, das sich gegenseitig trägt. Aber auch in der Familie; mit mehr Verantwortung in der Sorgearbeit, aber gleichzeitig der Chance, tragfähige Freundschafts- und Familienbande zu knüpfen.

Feminismus bedeutet auch, dass Männer ihre **weibliche Seite annehmen** dürfen. Bereits in meiner Einleitung habe ich das berührende Buch *Warum Feminismus gut für Männer ist* erwähnt, in dem Jens van Tricht das Verhältnis von Männlichkeit und Weiblichkeit in einer kurzen und einfach zu verstehenden Bildergeschichte erzählt.[291] Sie beginnt mit einem Kreis, der ein Fass voller menschlicher Möglichkeiten darstellen soll. Doch schon bevor ein kleiner Mensch auf der Welt ankommt, wird er dem männlichen oder weiblichen Geschlecht zugeordnet. Ist er ein Junge, wird von ihm erwartet, dass er seine vermeintlich weiblichen Eigenschaften abspaltet und unterdrückt. Dafür müssen männliche Energien überbetont werden. In der Bildergeschichte wird in das Fass in der Mitte ein trennendes Brett eingezogen. Auf der einen Seite befinden sich die männlichen, auf der anderen die weiblichen Eigenschaften. Jungen und Mädchen werden so darin sozialisiert, dass Männlichkeit und Weiblichkeit unüberwindliche Gegensätze darstellen. Die konstruierte Aufrechterhaltung der binären Trennung der Geschlechter hat zwei Konsequenzen. Zum einen liegt durch die Hervorhebung des Unterschieds die Hälfte des menschlichen Potenzials brach. Gleichzeitig erfordert es enorme Kraftanstrengungen, die künstliche Trennung permanent aufrechtzuerhalten. Gelingt es aber, die Grenze in dem Fass der Geschlechter zu verschieben oder ihre Durchlässigkeit zu befördern, kommt etwas in Bewegung. Nach und nach werden Männer und Frauen alle in dem Gefäß befindlichen Eigenschaften entdecken und so schrittweise ihr gesamtes Potenzial ausschöpfen können. Dabei ist der jeweilige Anteil der vermeintlich männlichen und weiblichen Eigenschaften bei jedem Menschen unterschiedlich ausgeprägt und zudem in einem ständigen Fluss. Ist die Trennung vollkommen aufgehoben, gehen Männlichkeit und Weiblichkeit ineinander über. Es erscheint bald sinnlos, die Eigenschaften nach männlich oder weiblich zu unterscheiden. Am Ende steht in der Bildergeschichte wieder das Fass voller menschlicher Möglichkeiten. Der Feminismus als Bewegung der Gleichberechtigung der Geschlechter ist die treibende Kraft bei der Auflösung der Grenzen zwischen Männlichkeit und Weiblichkeit. Er wird so allen Männern, allen Frauen, allen Menschen eine bisher verschlossene Tür eröffnen. Der Wandel allerdings kann nur gemeinsam gelingen, indem die trennende Grenze von beiden Seiten gleichzeitig überwunden wird.

Der Feminismus als Idee der Geschlechtergerechtigkeit wirkt sich positiv auf die **körperliche und seelische Gesundheit** von Männern aus. Bessere Beziehungen, Entmystifizierung des Berufslebens und ein besserer Zugang zu den eigenen Gefühlen schaffen die Grundlage für ein gesünderes Verhältnis zu Körper und Geist.

Wenn ein Mann anderen Menschen fürsorglich und empathisch gegenübertreten kann, wird es ihm selbst auch leichterfallen, eigene Schwächen und Krankheiten zu thematisieren. Im Ergebnis eröffnet die Emanzipation der Männer von patriarchalen Stereotypen des harten Typen, den nichts umhauen kann, die Chance auf ein körperlich und seelisch gesünderes Leben.

Der Feminismus als Bewegung der Gerechtigkeit und des Miteinander stärkt das **Verhältnis zu der Welt,** in der wir leben. Das Patriarchat hingegen definiert sich über Hierarchien und das Recht des Stärkeren. Die Folgen männlich-patriarchalisch geprägter Politik für unseren Planeten sind hinlänglich bekannt. Der Klimawandel, verursacht durch eine ressourcenzehrende Globalisierung, ist von den vorwiegend männlichen Machthabern der letzten Jahrzehnte zu verantworten. Ebenso wie das extreme Gefälle von Arm und Reich. Der aktuelle Globale Vermögensreport der Credit Suisse ermittelt, dass 45,8 Prozent des globalen privaten Vermögens nur 1,1 Prozent der Bevölkerung gehört. Zieht man den Kreis etwas weiter, dann besitzen 12,2 Prozent der Menschen auf diesem Planeten 84,9 Prozent des gesamten weltweiten privaten Vermögens.[292] Es wundert nicht, dass Männer auch hier dominieren. Die zehn reichsten Menschen der Welt sind ausnahmslos männlich, und unter den 100 reichsten befinden sich 85 Männer.[293] Solche extremen Ungleichgewichte können nur auf der Basis einer patriarchalisch-neoliberalen Wirtschaftsordnung entstehen. Die Bewältigung der Corona-Pandemie ist ein drittes Beispiel für den notwendigen Wandel hin zur mehr Kooperation und mehr weiblicher Energie in der globalen Politik. So sind besonders solche Länder besser durch die Pandemie gekommen, die von Frauen gelenkt werden. Dänemark, Norwegen, Finnland, Neuseeland und Taiwan weisen im Vergleich zu vielen von Männern regierten Ländern deutlich weniger Opfer und geringere wirtschaftliche Schäden auf. Der

Erfolg der weiblichen Regierungschefinnen wird deren Fähigkeit zuschrieben, eine Vielzahl von Expert:innen aus unterschiedlichen Fachrichtungen anzuhören. Im Dialog entstehende Entscheidungen erweisen sich robuster als eine Politik, die von selbstherrlichen Draufgängern verantwortet wird. Ein patriarchalisch geprägter, autoritärer Führungsstil führt im Angesicht einer solchen globalen Krise in eine Sackgasse. Kraftvolles und aggressives Auftreten, um Angstfreiheit und Führungsstärke zu vermitteln, hat augenscheinlich ausgedient.[294] Mehr Weiblichkeit, mehr Vielfalt und mehr Kooperation dienen hier als Gegenentwurf, der nicht allein den Frauen vorbehalten ist. Auch Männer werden in einer geschlechtergerechten Gesellschaft im Team mit anderen Frauen und Männern besonnenere und nachhaltigere Entscheidungen treffen und so eine bessere Beziehung zu der Welt entwickeln, in der sie leben.

Ein steiniger Weg

Entscheidet sich ein Mann für den Feminismus, wird er auf vielen Ebenen seines Lebens Bereicherung erfahren. Der Stress des männlichen Wettbewerbs nimmt ab, die Beziehungen zu Kindern, Freund:innen und Partner:innen werden inniger, und das volle Bild der eigenen Bedürfnisse wird endlich sichtbar. Aber der Weg hin zu einer emanzipatorischen Männlichkeit, die einer konsequenten Gerechtigkeit der Geschlechter folgt, ist steinig und steil. Wäre der Weg leicht, würde es vor männlichen Feministen nur so wimmeln, und aus der Bewegung heraus würde eine Organisation nach der anderen entstehen. Das Gegenteil ist aber der Fall. Eine Männerbewegung, die sich hin zum Feminismus emanzipiert, war immer schon lächerlich klein, schreibt Andreas Hechler in seinem Text »Den Zweifel nähren«[295]. Die Ursachen hierfür sind vielfältig:

Männer leiden unter stereotypischem Druck. Der bewusste Austritt aus einem System der Männlichkeit, das von Dominanz und Konkurrenz geprägt ist, erzeugt Druck. Rollenstereotype durchziehen wie ein Netz unsere sozialen Beziehungen und ebenso unser Alltagsleben. Entscheidet sich ein Mann für den Feminismus, wird er im Alltag fortwährend mit Situationen konfrontiert, die eine bewusste Haltung erfordern, um nicht erneut zurückzufallen. Auf dem Weg lauern viele anstrengende Konflikte: einem Kollegen deutlich machen, dass ein sexistischer Witz nicht akzeptabel ist. Mit dem Kindergarten darüber diskutieren, warum es in Ordnung ist, als Junge einen Rock zu tragen. Mit einer Gruppe männlicher Freunde in Streit geraten und sie vielleicht verlieren, weil man sich nicht mehr den klassischen Normen von Männlichkeit unterwerfen will. Auch wird der Reisende in Sachen Feminismus sich permanent erklären müssen. Wann er denn gedenke, wieder Vollzeit zu arbeiten? Ob er nicht meine, dass die Kinder bei der Mutter besser aufgehoben seien? Oder ob denn die Altenpflege wohl der richtige Beruf für einen Mann sei? Und immer so weiter, Tag für Tag. Das ist anstrengend, das erfordert Ausdauer und Verbündete.

Männer auf der Reise erfahren Einsamkeit. Langsam werden es immer mehr bewegte Männer, die sich auf den Weg machen, um ihr Verhalten und ihre Rolle kritisch zu hinterfragen. Leider sind es aber immer noch sehr wenige. Und da sich die wenigen nur schwer finden, um sich gegenseitig zu unterstützen, ist der Weg für die emanzipierten Männer umso herausfordernder. Der Abschied aus der alten Männerclique macht – paradoxerweise – zunächst noch einsamer. Noch fehlen kollektiv-solidarische Räume für Männer im Aufbruch, um der Einsamkeit entgegenzuwirken.[296] Noch müssen auch emanzipierte Männer lernen, den Habitus der Konkurrenz abzustreifen und von den Frauen zu lernen, sich zu verbünden und Veränderungen gemeinsam voranzubringen.

Suchende und fragende Männer erfahren Druck von Frauen. Die Einsamkeit der Männer als kompromisslose Unterstützer eines geschlechtergerechten Miteinander hat ihre Ursache nicht nur in fehlenden männlichen Fürsprechern. Es ist ein Trugschluss zu glauben, dass alle Frauen hinter einer männlichen feministischen Bewegung stehen. Es gibt starke patriarchalische Strömungen, die von Frauen unterstützt und mitgetragen werden. Manche offensiv und aggressiv, zum Beispiel aus konservativ christlichen Kreisen, in denen Frauen selbst eine Rolle als Mutter und Hausfrau einfordern. Andere unterschwellig und unbewusst, wenn sie reflexartig zu Hause bleiben wollen, sobald die Kinder auf dem Weg sind, oder wenn sie dem Partner in Erziehungsfragen weniger zutrauen. Männer werden dann häufig gar nicht gefragt, welche Rolle sie sich vorstellen können. Und schließlich gibt es auch in feministischen Kreisen Strömungen, die eine Allianz mit den Männern ablehnen.

Was wir tun können

Das Ziel des Feminismus ist ein gerechtes Miteinander aller Geschlechter. Und das kann nur gemeinsam erreicht werden. Deshalb muss dreierlei geschehen: Jeder Mann für sich muss aufbrechen, auch gegen Widerstände. Er muss die oben erwähnten kollektiv-solidarischen Räume suchen und mitgestalten, in denen er von anderen Menschen Unterstützung erfährt. Dazu mehr im nächsten Kapitel. Schließlich müssen den Männern, die noch nicht so weit sind, Angebote unterbreitet werden. Hier sollten alle Feminist:innen die Chancen der Bewegung ins Zentrum rücken. Die Wahrscheinlichkeit, dass viel mehr Männer überzeugt werden, steigt doch nachvollziehbar, wenn sie die positiven Veränderungen selbst erfahren, die mit der Geschlechtergerechtigkeit verbunden sind. Hören die Männer immer nur von Privilegien, die sie abgeben müssen, werden sie sich verschließen. Ich bin davon überzeugt, dass den wenigsten Männern bewusst ist, dass der Nutzen einer geschlechtergerechten Gesellschaft für sie bei Weitem die »Kosten« übersteigt. Wie sehr verblassen Macht, Reichtum, Ruhm und Ansehen gegen Beziehungen auf Augenhöhe, intensive Freund:innenschaften, ein gesünderes und längeres Leben und ein Bewusstsein für die eigenen Gefühle und Bedürfnisse. Die besten Argumente für diese These liefert die australische Bloggerin und Krankenschwester Bronnie Ware, die über ihre Arbeit auf einer Palliativstation und die Gespräche mit Sterbenden die fünf Dinge zusammengetragen hat, die Sterbende am meisten bedauern:

1. Ich wünschte, ich hätte den Mut gehabt, mein eigenes Leben zu leben.
2. Ich wünschte, ich hätte nicht so viel gearbeitet.
3. Ich wünschte, ich hätte den Mut gehabt, meine Gefühle auszudrücken.
4. Ich wünschte mir, ich hätte den Kontakt zu meinen Freunden aufrechterhalten.
5. Ich wünschte, ich hätte mir erlaubt, glücklicher zu sein.[297]

Diese Auflistung liest sich wie das Bekenntnis eines erfolgreichen Managers, der sein machtorientiertes, arbeits- und ruhmreiches Leben bereut. Deshalb ist es an der Zeit, dass wir die Geschichte des Feminismus neu erzählen.

Vielleicht so, wie es die bekannte Feministin Margarete Stokowski in einer ihrer Kolumnen vormacht. Sie schreibt, dass »wenn der Drops [des Patriarchats] gelutscht ist, Männer genauso lange leben wie Frauen, weniger Stress haben, seltener Gewalt erfahren, ihre Kinder öfter sehen und wissen, wann deren Freund:innen Geburtstag haben«.[298]

Gemeinsam geht es leichter – Bewegung der Männer

Der Prozess der Überwindung des Patriarchats und der friedlichen Bewegung hin zu einer geschlechtergerechten Gesellschaft führt nur über den Feminismus. Ohne engagierte, selbstreflektierte und mutige Männer, die bei sich selbst anfangen, um dann gemeinsam mit anderen beharrlich weiterzugehen, wird es nicht funktionieren. Davon bin ich überzeugt. Hierfür brauchen wir dringend Netzwerke, Infrastruktur und digitale Plattformen. Erst dann können die von Andreas Hechler benannten kollektiv-solidarischen Räume entstehen, die Männer im Aufbruch so dringend benötigen. Tatsächlich gibt es bereits erste Organisationen und Bündnisse, in denen Männer andere Menschen treffen, die gemeinsam für eine Veränderung aufstehen. Noch aber sind es nur Nischen und keine Räume, die sich eröffnen, und noch wissen nur sehr wenige Männer überhaupt von ihrer Existenz. Der Wert der Pionierarbeit, den diese Aktivist:innen für alle Männer leisten, ist nicht hoch genug einzuschätzen. Umso wichtiger ist, dass diese Organisationen sichtbar werden und gleichzeitig die notwenige finanzielle Unterstützung auf die politische Agenda gerückt wird. Zu wichtig ist ihre Arbeit für den positiven Umbau unserer Gesellschaft, als dass sie in einer Nische verbleiben.

Bundesforum Männer

Die in Berlin angesiedelte Organisation Bundesforum Männer e.V. setzt sich auf Bundesebene für die Interessen von Jungen, Männern und Vätern ein. Als Lobbyvereinigung sucht das BFM zum einen Kontakt mit der Politik und der Öffentlichkeit, um für die Rechte ihrer männlichen Zielgruppen einzutreten. Zum anderen ist das Bundesforum national und international auf Fach- und auf Forschungsebene vernetzt und engagiert sich für geschlechterreflektierte Bildungsmaßnahmen. Inhaltlich ist die Arbeit des Bundesforums am Leitmotiv einer Gleichstellung der Geschlechter ausgerichtet. Der Verein strebt laut Satzung danach, »die Geschlechterdemokratie mit Blick auf die Lebenslagen von Männern, Jungen und Vätern zu fördern«.[299] Das Bundesforum fokussiert schwerpunktmäßig sieben Themenkomplexe:

Die Gestaltung von **Vaterschaft** im Wandel. Dabei fördert und fordert der Verband eine aktivere Rolle der Väter bei der Begleitung ihrer Kinder und eine Abwendung vom einseitigen Ernährer-Modell. Der Wert von familiären Beziehungen wird gegenüber dem Berufsleben höher gewichtet und schafft so Raum für eine Verteilung der Lohnarbeit auf weibliche und männliche Schultern. Das Bundesforum engagiert sich zudem für die Interessen von Männern in Familien nach der Trennung.

Arbeit wird in unserer Gesellschaft immer noch mit Lohnarbeit assoziiert. Das Bundesforum kämpft für die Anerkennung und Aufwertung der Sorgearbeit für Kinder, Angehörige und Haushalt. Zudem stehen gleichwertige Bezahlung für gleiche Arbeit ebenso auf der Agenda wie Freistellungsoptionen für die Eltern minderjähriger Kinder sowie ein Rückkehrrecht zu einer Vollzeitstelle nach einer Phase der Teilzeit. Die faire Verteilung von Lohn- und Sorgearbeit wird als Schlüsselelement des Wandels definiert.

Männer üben als Täter **Gewalt** gegen Frauen, Kinder und andere Männer aus. Sie werden aber auch Opfer. In der Partnerschaft und im öffentlichen Raum. Das Bundesforum sensibilisiert mit seiner Arbeit für beide Perspektiven. Es fördert die bundesweite Vernetzung der Täter- und Opferarbeit sowie insgesamt die Stärkung und den Ausbau der Infrastruktur. Analog zur Berichterstattung über Frauen als Opfer von Gewalt wird eine staatlich geförderte Studie zu Jungen und Männern als Opfer von Gewalt gefordert.

Immer noch schränken einengende Rollenzuschreibungen die Entwicklung von **Jungen** unnötig stark ein. Deshalb fordert das Bundesforum eine geschlechtersensible Begleitung der Jungen während ihres gesamten Entwicklungsprozesses. Hierfür ist unter anderem der Ausbau von Genderkompetenz bei Fachkräften notwendig, eine Förderung von mehr Männern im Bildungs- und Erziehungsbereich, eine geschlechtersensible Anpassung der Lehrpläne sowie eine Aufwertung der Berufe aus den SAGE-Bereichen (Soziale Arbeit, Gesundheit und Pflege, Erziehung und Bildung).

Der Beruf ist für **ältere Männer** das alles definierende Lebenskontinuum. Mit dem Berufsausstieg verfallen viele Männer deshalb in eine Phase der Unsicherheit und Umorientierung. Das Bundesforum bemüht sich um Rahmenbedingungen, damit mehr Männer im Ehrenamt oder auch in familiären Sorge-Settings eingebunden werden, z. B. als Großväter. Im Bereich der Pflege wird für mehr Männer im Bereich der Alten- und Pflegearbeit geworben und gleichzeitig für eine höhere Geschlechtersensibilität im Umgang mit alten Menschen.

Jungen und Männer benötigen aufgrund ihrer Sozialisation eine andere Ansprache in Bezug auf ihre **Gesundheit.** Das BFM fordert deshalb eine geschlechtergerechte Gesundheitsversorgung sowie eine Sensibilisierung von Fachkräften im Gesundheitswesen.

Ebenso wird eine geschlechtersensible Sexualaufklärung unterstützt mit dem Ziel, für die sexuelle Selbstbestimmung zu sensibilisieren sowie für einen offenen Umgang mit Sexualität und sexueller Orientierung.

Flucht ist in der Mehrheit der Fälle die Flucht junger Männer. Das Bundesforum nimmt in seiner Arbeit mit männlichen Geflüchteten eine (vielfach traumatisierte) Zielgruppe in den Blick, die häufig in erster Linie nicht als hilfsbedürftig, sondern als bedrohlich wahrgenommen wird. Der Aufbau geschlechter- und kultursensibler Hilfs- und Beratungsangebote ebenso wie die Schaffung männerspezifischer und interkultureller Reflexionsräume sollen den Hilfe- und Entwicklungsbedarfen männlicher Flüchtlinge gerecht werden.

Getragen wird das Bundesforum von aktuell 38 Verbänden, die auf Bundes- und Landesebene tätig sind, sowie sechs natürlichen Personen, die sich in der Arbeit mit Männern und Jungen engagieren. Zwei Perspektiven sind spannend, blickt man hinter die Kulissen des Bundesforums.

Die Mitgliederstruktur gerade der juristischen Personen, also der Mitgliedsverbände, ist bunt und vielfältig. Es sitzen Vertreter:innen aus der Männergewaltschutzbewegung am Verbandstisch ebenso wie aus der Täterarbeit. Die beiden großen Kirchen sind vertreten und gleichzeitig der Schwulen- und Lesbenverband sowie QueerNetz e.V. Ein solcher Schmelztiegel an Organisationen, der unter dem Schirm der gleichstellungsorientierten Männerpolitik zusammenkommt, hat eine große Kraft. Besonders, weil trotz unterschiedlicher Strömungen und Interessen an dem gemeinsamen Ziel gearbeitet wird: »Männern zu ermöglichen, ihre Lebensentwürfe ohne einengende Rollenzwänge und Benachteiligungen zu gestalten – ohne Männer und Frauen gegeneinander auszuspielen.«[300] Gelingt es, trotz wahrscheinlich intensiver notwendiger Aushandlungsprozesse über die Verbandsrichtung, diesem Kompass in Zukunft zu folgen, wird das Bundesforum Männer auch in Zukunft mit im Zentrum der Gestaltung einer geschlechtergerechten Gesellschaft stehen.

Bemerkenswert ist aber auch, dass das Bundesforum mit seiner Gründung im Jahr 2010 gerade einmal etwas älter als ein Jahrzehnt ist. Das sagt viel über den Zustand der Männerbewegung in den letzten Jahrzehnten. Als Frauen anfingen, sich in den Sechzigerjahren in der zweiten Welle der Frauenbewegung zu formieren, zu organisieren und immer weiter zu professionalisieren, um für ihre Rechte zu kämpfen, genossen Männer noch die vermeintlichen Privilegien des Patriarchats. Scheinbar gab es nicht viel, wofür man kämpfen musste. Ganz langsam, zunächst in Kirchen und Gewerkschaften, aber auch in ersten Vereinen und lokalen Bewegungen entwickelten sich junge Strömungen der Männerarbeit. Zwar wurde hier der Grundstein für eine vielfältige Männerpolitik gelegt, doch blieb die in kleinen Organisationen zersprengte Arbeit oft unbemerkt von der Öffentlichkeit. Vielleicht auch aufgrund ihres ungewohnten Anliegens: dem Einsatz für die vermeintlich privilegierten Männer. Mit dem Bundesforum ist nun ein noch junges Dach gespannt, unter dem die gleichstellungspolitischen Interessen aller Männer mit einer Stimme vertreten werden.

Diese Stimme erhebt das Bundesforum mit seiner Arbeit laut dem Statistischen Bundesamt für aktuell ungefähr 41 Millionen Jungen und Männer in Deutschland. Es steht damit an der Spitze einer Bewegung, die den Wandel hin zu einer geschlechtergerechten Gesellschaft aus männlicher Perspektive mitgestaltet. Die Bedeutung der Arbeit des Verbandes ist hoch, betrachtet man die emotionalen und volkswirtschaftlichen Schäden, die jedes Jahr als Nebenwirkungen des Patriarchats und der von ihm angefachten Rollenklischees bei allen Menschen anfallen. Es hat mich überrascht, dass diese Arbeit von nur sechs Personen geleistet wird. Auf Nachfrage beim Leiter der Verwaltung des Bundesforum Raymond Fismer erfahre ich, dass sich die sechs Menschen in der Geschäftsstelle 4,35 volle Stellen teilen, auch um der Work-Life-Balance gerecht zu werden. Deshalb ist es meiner Meinung nach unabdingbar, dass viel mehr Geld in den Verband fließt, um noch mehr Energie für den Umbau hin zu einer fairen Gesellschaft freizusetzen. In Berufsleben, Familie sowie Bildung und Erziehung. Aber auch bezüglich großen Zukunftsthemen wie der alternden Bevölkerung und eines Umbaus des Gesundheitswesens. Dabei ist eines sicher: Jeder Euro, der für eine auf Geschlechtergerechtigkeit und Gleichstellung ausgerichtete Männerarbeit ausgegeben wird, fließt mittelfristig um ein Vielfaches vermehrt an die Gesellschaft zurück. Im Grunde benötigt das Bundesforum Männer viel mehr Geld, das aber eigentlich nichts kostet.

Das Männerberatungsnetz

Die männliche Sozialisation im Patriarchat führt auch heute noch vielfach dazu, dass Männer systematisch von Hilfeangeboten ausgeschlossen werden. Weil sie sich selbst ausschließen, da sie von klein auf gelernt haben, ihre Probleme ohne fremde Hilfe zu lösen. Aber auch weil immer noch Partner:innen, Beschäftigte im Gesundheitswesen, Lehrkräfte im Bildungssektor oder Kolleg:innen unterbewusst erwarten, dass Männer und Jungen aushalten, anstatt sich schwach zu zeigen, wenn sie an körperliche oder seelische Grenzen stoßen. Und wo wenig Hilfe nachgefragt wird, entstehen in der Folge kaum Angebote. Seit einigen Jahren aber wächst eine kleine, robuste Hilfeinfrastruktur. Das *Männerberatungsnetz,* ebenfalls aufgebaut und betrieben vom oben vorgestellten Bundesforum, sammelt diese Hilfeangebote für Jungen und Männer. In einer niedrigschwelligen und übersichtlichen Webplattform (www.maennerberatungsnetz.de) werden alle fachlich fundierten Angebote zugänglich gemacht. Damit ein Projekt oder eine Initiative in das Verzeichnis aufgenommen wird, darf es dem Selbstverständnis und den Zielen des Bundesforums Männer nicht widersprechen. Insgesamt sind in der Datenbank knapp 400 Angebote aus den Beratungsfeldern Gewalt, Krise, Vaterschaft, Jungen, Sexualität, Homosexualität und Queeres Leben, ältere Männer, Arbeit und Vereinbarkeit, Haft und Obdachlosigkeit sowie Familie und Partnerschaft gelistet. Das Angebot an Lebenshilfen wächst täglich, und es lohnt sich für jeden Mann, auch in seiner Region nach Hilfe zu suchen. Auch Männer aus Österreich und der Schweiz finden auf der Plattform diverse regionale Angebote.

Das Männerberatungsnetz steht für mich symbolisch für eine Annäherung der Geschlechter. Alle Menschen benötigen Hilfe in Lebenskrisen. Männer genauso wie Frauen und Menschen, die sich keinem Geschlecht zuordnen. Dreierlei muss aber in der nahen Zukunft geschehen, damit dieser Prozess der Annäherung auch greift und nachhaltig wirkt: Die Männer müssen noch intensiver dafür sensibilisiert werden, dass es nicht nur in Ordnung, sondern wichtig für das psychische und physische Wohlbefinden ist, sich Hilfe zu holen. Die vorhandenen Angebote müssen kommunikativ an die Männer herangetragen werden. Schließlich müssen die öffentlichen Kostenträger überzeugt werden, dass es sich lohnt, in eine Hilfestruktur für Männer zu investieren. Die positiven Folgen für die Gesellschaft werden nicht lange auf sich warten lassen.

Bündnis Sorgearbeit fair teilen

Im Juli 2020 haben sich 13 Mitgliedsorganisationen aus sehr unterschiedlichen Feldern zusammengefunden, um das *Bündnis Sorgearbeit fair teilen* zu begründen. Die Initiative verfolgt die Forderung, die Arbeit für Kinder, Haushalt und Angehörige neu und gerechter zu verhandeln, im Interesse aller Geschlechter. Aktuell übernehmen Frauen im Durchschnitt 1,5 Stunden mehr Sorgearbeit pro Tag als Männer. In Familien mit Kindern ist dieser sogenannte Gender-Care-Gap noch ausgeprägter. Beteiligt an dem Bündnis sind unter anderem Kirchen und Gewerkschaften, aber auch Männer-, Frauen- und Familienverbände, Seite an Seite mit Stiftungen und Selbsthilfeorganisationen. Das Bündnis ist deshalb so wichtig, weil sich die Aufwertung und gerechte Verteilung der Sorgearbeit unmittelbar auf die Lohnarbeit auswirkt. Mehr Männer in der Sorgearbeit werden automatisch die Tür öffnen für mehr Frauen in der Lohnarbeit. Von einem solchen neuen Gleichgewicht würden alle Seiten profitieren. Frauen können trotz Kindern ihre beruflichen Ziele weiterverfolgen. Männer erhalten die Chance, neben der Karriere mehr Zeit mit ihren Kindern zu verbringen. So können sie elementare familiäre und soziale Netze spannen, die es für ein erfülltes Leben dringend braucht. Auf Augenhöhe und verteilt auf alle Schultern können sich Paare beruflich entwickeln und gemeinsam das Familienleben organisieren.

Wie nötig diese Neugewichtung der Care-Arbeit ist, hat die Corona-Pandemie einmal mehr offengelegt. Die Soziologin Jutta Allmendinger, die schon im Anrollen der Pandemie vor einem Rückfall in längst überwundene Zeiten warnte, wurde leider bestätigt. Sie schreibt, dass Männer nach dem Lockdown wieder schneller den Weg zurück in die Normalität gesucht und ihre Arbeitszeit erhöht haben. Die zusätzliche Familienarbeit zum Beispiel durch vermehrte Hausarbeit und Homeschooling blieb an den Frauen hängen.[301]

Schwer wiegt zudem das Argument, dass Frauen aufgrund von Teilzeitbeschäftigungen und längeren Auszeiten zur Übernahme von Sorgearbeit im Laufe ihres Lebens viel weniger Geld verdienen und dementsprechend geringe Einzahlungen in die Sozialkassen leisten können. Die Folge ist eine unnötige Abhängigkeit von den Männern nach einer Trennung und zudem Altersarmut. Laut einer Studie im Auftrag der Bertelsmann-Stiftung verdienen Frauen mit Kindern in Westdeutschland in ihrem gesamten Leben nahezu eine Million Euro weniger als die Gesamtgruppe der Männer. Damit beträgt der sogenannte Gender-Lifetime-Earnings-Gap in Westdeutschland 62 Prozent. In den neuen Bundesländern sind es immerhin noch 48 Prozent.[302]

Für eine gerechte Verteilung der Sorgearbeit müssen Männer nur vom Scheinpodest des angesehenen Versorgers und Karrieristen heruntersteigen, um dann viel mehr zurückzuerhalten. Mehr Zeit mit den Kindern, weniger Stress, geteilte Verantwortung sowie eine ausgewogenere körperliche Betätigung fernab des Schreibtisches. Laut dem amerikanischen Soziologen Michael Kimmel wirkt sich mehr männliches Engagement, mehr Gerechtigkeit in der Sorgearbeit unmittelbar positiv auf das Familiensystem aus. Beide Partner:innen erlangen ein höheres Maß an Zufriedenheit. Die Leistungen der Kinder in der Schule verbessern sich, und die Fehlzeiten nehmen ab. Die Wahrscheinlichkeit von psychischen Problemen bei allen Familienmitgliedern sinkt. Schließlich leben Männer und Frauen gesünder, die sich in der Sorgearbeit engagieren. Besonders die Männer rauchen weniger, trinken weniger und bewegen sicher mehr.[303]

Noch ist das Bündnis für Sorgearbeit zwar getragen von den 13 Organisationen, aber organisatorisch angesiedelt ist es unter dem Dach des Deutschen Frauenrats. Es ist gut und wichtig, dass der Frauenrat dem Bündnis eine erste Heimat gegeben hat. Ich persönlich würde im zweiten Schritt eine eigenständige Verbandsstruktur bevorzugen, um dem wichtigen Thema eine noch lautere Stimme zu geben.

Bundesfach- und Koordinierungsstelle Männergewaltschutz

Im Januar 2022 gibt es in Deutschland elf Männergewaltschutzwohnungen mit insgesamt 37 Plätzen für von Gewalt betroffene Männer. Das Angebot ist in den Bundesländern Sachsen, Bayern, Nordrhein-Westfalen, Baden-Württemberg sowie Niedersachsen verfügbar. Einige der Wohnungen bieten sogar solchen Männern Platz, die gemeinsam mit ihren Kindern aus der heimischen Wohnung flüchten müssen. Seit Oktober 2019 koordiniert die Bundesfach- und Koordinierungsstelle (BFKM) von Dresden aus die Arbeit des Männergewaltschutzes in Deutschland. Gefördert vom Bundesministerium für Familie, Senioren, Frauen und Jugend, verfolgt die Fachstelle zwei zentrale Ziele: beim Aufbau von Männerschutzprojekten beratend zur Seite zu stehen und gleichzeitig ein Netzwerk bestehender Einrichtungen aufzubauen, zu koordinieren und zu moderieren. Ich selbst engagiere mich in Hessen für die Einrichtung einer Männergewaltschutzwohnung. Bei dem Prozess werde ich vom kompetenten Team der BFKM begleitet und mit anderen interessierten Trägern vernetzt. Die Einladung zu bundesweiten Netzwerktreffen und der Austausch mit Trägern, die schon in der Arbeit aktiv sind, hilft dabei sehr. Ebenso die Bereitstellung von Finanzierungsbeispielen und Qualitätsstandards für die Einrichtung einer Gewaltschutzwohnung.

Dass die Fach- und Koordinierungsstelle vor einer großen Aufgabe steht, zeigen die Zahlen der von Gewalt betroffenen Männer, für die gerade eine Hilfeinfrastruktur entwickelt wird. Laut der kriminalstatistischen Auswertung des BKA aus dem Jahr 2019 stehen für 26.889 von Gewalt betroffene Männer aktuell 37 Plätze zur Verfügung. Für 114.903 von Gewalt betroffene Frauen werden ungefähr 7.000 Plätze in Frauenhäusern bereitgestellt. Um erneut Missverständnisse gleich im Vorfeld zu vermeiden: Meiner Einschätzung nach gibt es zu wenige Plätze in Frauenhäusern. Zudem sollte die Finanzierung bundesweiten verlässlichen Standards folgen. Laut der Istanbul-Konvention, dem Übereinkommen des Europarats zur Verhütung und Bekämpfung von Gewalt gegen Frauen und häuslicher Gewalt, müsste es in Deutschland knapp 21.000 Plätze in Frauenhäusern geben. Eine gleichstellungsorientierte Politik muss aber dann auch für Männer einstehen, die Opfer von Beziehungsgewalt werden. Deshalb empfiehlt die BFKM unter anderem die folgenden Maßnahmen: Die Durchführung einer repräsentativen Studie zur Gewaltbetroffenheit von Männern, Frauen und Kindern. Darauf aufbauend eine bedarfsgerechte Schaffung von Männerschutzeinrichtungen, ausgerichtet an der Bevölkerungszahl des jeweiligen Bundeslandes. Schließlich eine Ausstattungsinitiative des Bundes, um die Etablierung des Hilfesystems für gewaltbetroffene Männer in den Ländern zu unterstützen.

Die Arbeit der Bundesfachstelle und der Aufbau von Männergewaltschutzwohnungen ist nicht nur dringend notwendig, um betroffenen Männern einen verlässlichen Rückzug anzubieten. Sie ist zudem ein wichtiges politisches Signal für die Gleichstellung der Geschlechter in Deutschland. Wenn es für Männer selbstverständlich wird, sich verletzlich und schwach zu zeigen und Hilfe zu holen, dann ist das ein großer Schritt in die richtige Richtung.

Männerberatung vor Ort

Neben meiner Arbeit als Vorstand eines Jugendhilfeträgers berate ich an einem Tag in der Woche und in den Abendstunden Männer in Krisen. Die Problemlagen, mit denen Männer sich an mich wenden, sind vielfältig. Ich begleite Klienten, die sich in Beziehungskrisen befinden oder die aufgrund von Trennungen überfordert sind. Es wenden sich Männer an mich, die gegen ihre Partnerin oder gegen ihre Kinder gewalttätig geworden sind; aber auch Männer, die in ihrer Beziehung Gewalt erfahren haben. Weitere Beratungsfelder sind berufliche Krisen, Suchtproblematiken sowie Lebensübergänge wie Vaterschaft oder der heraufziehende Ruhestand. Im Zentrum der Arbeit mit meinen Klienten steht dabei ihre Gefühlswelt, die in vielen Fällen verschüttet ist. Die Männer haben von klein auf gelernt, dass sie ihre Krisen selbst bewältigen müssen und dass sie keine Schwäche zeigen dürfen. Damit das gelingt, müssen sie ihre Gefühle abspalten. Unser patriarchales Gesellschaftssystem mit der männlichen Versorgerrolle, dem Konkurrenz- und Hierarchiedenken ist die Quelle für dieses Gefängnis der Gefühle, das viele Männer tief verborgen in ihrem Innern mit sich herumtragen. Es berührt mich immer wieder, wenn wir im Beratungsprozess gemeinsam harte Schichten abtragen und so Schritt für Schritt die originären Gefühle offenlegen, die das Handeln beeinflussen und bestimmen. Häufig kommen Angst, Unsicherheit, Scham, Einsamkeit, Traurigkeit oder Trauer zum Vorschein, die der Mann über viele Jahre versucht hat zu verdrängen. Aber wie ein mit Luft gefüllter Ball, der unter Wasser gepresst wird, müssen die Gefühle an die Oberfläche, um einen Veränderungsprozess in Gang zu bringen. So können dann patriarchale Denkmuster durchbrochen werden, und ein Mann kann zu seinen wahren Bedürfnissen finden, anstatt sinnlosen Rollenstereotypen zu folgen, die früher oder später in die Sackgasse führen. Bei der Begleitung auf diesem wichtigen Weg hin zu sich selbst, raus aus den Schablonen des Patriarchats, spielt männerfokussierte Beratung nach meiner Einschätzung eine zentrale Rolle. Die Zahl der Männer steigt, die für sich erkennen, dass sie Hilfe bei dem Weg aus der Sackgasse benötigen, die Zahl der qualifizierten Männerberater ist allerdings noch sehr begrenzt. In meiner Beratungsarbeit spüre ich die steigende Nachfrage und muss mittlerweile mit einer Warteliste arbeiten. Ich schätze die Anzahl der Männerberater und Männertherapeuten auf bundesweit zwischen 150 und 200. Zur Begleitung von knapp 37 Millionen Jungen und Männern in Deutschland ab zehn Jahren ist das erschreckend wenig. Damit Männer zukünftig auch regional verlässlich Unterstützung durch männerfokussierte Beratung erhalten können, müssen viel mehr Männerberater ausgebildet und parallel dringend flächendeckend Beratungsstellen ausgebaut werden. Hierfür ist es notwendig, dass beide Ebenen – die Ausbildung der Männerberater ebenso wie die Förderung von Männerberatungsstellen – die Unterstützung durch öffentliche Kostenträger erfahren. Nur so können die wachsenden Bedarfe verlässlich erfüllt werden. Auch hier werden die positiven gesellschaftlichen Effekte die Kosten schon in kurzer Zeit übersteigen.

Der fachliche Unterbau für die Ausbildung von hoch qualifizierten Männerberatern beziehungsweise Männertherapeuten ist schon vorhanden. In Deutschland gibt es aktuell drei Zertifikatslehrgänge, in denen in mehrjährigen berufsbegleitenden Ausbildungsgängen Fachpersonal ausgebildet wird. Pionier und Begründer der Männerberatung im deutschsprachigen Raum ist der Psychotherapeut Joachim Lempert, der in seinem in Österreich angesiedelten Institut zertifizierte Männer-, Jungen- und Gewaltberater ausbildet, die sich dann, entsprechend der vermittelten

Methode, Phaemoberater – eine Wortschöpfung aus den Begriffen Phänomen und Emotion – nennen dürfen. Der Sozialverband katholischer Männer (SKM) mit Sitz in Düsseldorf bildet in der Weiterbildung »Männerfokussierte Beratung« Männerberater aus und wird dabei vom Bundesministerium für Familie, Senioren, Frauen und Jugend gefördert. Die Ausbildung des SKM vermittelt Beratungskompetenzen für Männer in Krisen und mit Gewalterfahrungen, befähigt die Teilnehmenden zudem, als Multiplikatoren geschlechtersensible Arbeit in ihre Arbeitskontexte einzubringen und regionale Netzwerke aufzubauen. Relativ neu ist die mehrjährige Fortbildung »Systemische Männer:beratung«, die von der Landesfachstelle Männerberatung Sachsen e.V. in Zusammenarbeit mit dem Institut für psychosoziale Gesundheit in Leipzig angeboten wird. In zehn Modulen werden die Lehrgangsteilnehmenden darauf vorbereitet, entsprechend den Bedürfnissen der Zielgruppe zu beraten und gleichzeitig die Lebensthemen von Männern geschlechtersensibel zu begleiten.

Der Ursprung des Patriarchats – ein neuer Blick auf Familie

Nicht nur für die Befürworter:innen des Patriarchats ist die bürgerliche Kleinfamilie oder auch Kernfamilie die einzig natürliche und verlässliche Form des Zusammenlebens in unserer Gesellschaft. Und es ist ja auch etwas Wahres dran. Die Kernfamilie kann Rückzugsort, Hort der Sicherheit und Raum für eine geschützte und gesunde Entwicklung sein. Für eine differenzierte Betrachtung ist das wichtig zu benennen. In der Realität ist das aber leider nicht in allen Familien der Fall, und nicht selten kehrt sich der Schutzraum in einen Angstraum um.

Die Kernelemente der bürgerlichen Kleinfamilie haben sich circa 3.000 Jahre vor Christus herausgebildet, über die Jahrhunderte gewandelt, aber bis heute erstaunlich robust gehalten.[304] Ich kenne nur wenige Menschen, die sich kritisch mit diesem dominierenden Familiensystem auseinandersetzen. Es scheint eher so, als wäre kaum jemandem der Ursprung und die Tragweite dieser Familienform für unser gesellschaftliches Zusammenleben bewusst. Dabei ist die Kleinfamilie die Herzkammer des Patriarchats. Der Mann geht als Hauptversorger der Lohnarbeit nach, während sich die Frau um Kinder und Haushalt kümmert und vielleicht mit einem Teilzeitjob noch etwas dazu verdient. Nach diesem idealisierten Modell mit Hochzeit und Kindern, Haus, Garten, Hund und zwei Autos streben immer noch die meisten Paare. Auch wenn dieses Ideal aufgrund von ökonomischen Limitierungen nur für die wenigsten romantischen Beziehungen zur Realität wird. Falls es aber doch gelingt, den Traum zu verwirklichen, sitzt in den meisten

Fällen die Bank als Kreditgeber fast das ganze Leben lang mit im Boot. Die romantisierte Erzählung der bürgerlichen Kleinfamilie wird in Fernsehen, Filmen, Ratgebern und Zeitschriften ständig erneuert und verstärkt. Und wenn die Menschen dann erleben, dass alle anderen im eigenen Umfeld dem Modell folgen, dann wird aus der Erzählung ein unumstößliches Idealbild.

Wie aber kam es überhaupt zu dieser Entwicklung hin zu einem sehr engen und auf Blutsverwandtschaft basierenden Familienkonstrukt? Es war der Übergang von der Lebensform der Jäger und Sammler hin zur Sesshaftigkeit, mit dem die Grundlage für die Kleinfamilie entstand. Diese anthropologische Entwicklung hin zu stabilen Lebensmittelpunkten wiederum brachte eine Innovation in der Menschheitsgeschichte hervor: das Privateigentum.[305] Persönlicher Besitz – der dann Grundlage des Wirtschaftssystems des Kapitalismus bildete – wiederum sollte nach dem eigenen Ableben nicht verloren gehen und musste deshalb an die nächste Generation vererbt werden. Da sich in kleinen sesshaften Familienverbünden patriarchale Strukturen zu etablieren begannen, wurden ausschließlich männliche Nachkommen als Erben eingesetzt. Damit aber der Patriarch wusste, wer seine leiblichen Söhne waren, wurden die Frauen genötigt, nur mit ihm Sex zu haben.[306] So ging die Gesellschaftsform des Patriarchats von Beginn an zulasten der Frauen und der Geschlechtergerechtigkeit. Frauen wurden in ein geschlossenes System gezwungen und waren weitgehend von der Verfügungsmacht über ebenjenes Eigentum ausgeschlossen. Ihre Rolle reduzierte sich auf Reproduktion und Versorgung, in vielen Gesellschaften des Altertums, der Antike und in manchen bis heute durften und dürfen sie ohne die Begleitung eines männlichen Verwandten das Haus nicht verlassen.

Seit dem Beginn des Patriarchats bis in die Gegenwart hat sich die Lebensgemeinschaft der Familie stetig verändert und weiterentwickelt. Wir befinden uns heute in einem zaghaften Transformationsprozess weg vom Patriarchat hin zu einem Gleichgewicht der Geschlechter. Frauen haben sich in den letzten knapp 170 Jahren vielfältige Rechte erkämpft. Ein Leben jenseits der Mutter- und Sorgerolle ist immer öfter möglich. Die meisten Berufe stehen auch Frauen offen. Sie können Vorständinnen werden oder sogar Bundeskanzlerin. Und dennoch hält sich die konservative Form der bürgerlichen Kleinfamilie robust, und es scheint, als würde sich der Kern des Patriarchats hier besonders wehrhaft zeigen. Aber es gibt vielfältige und sachlich gute Gründe, die gegen die bürgerliche Kleinfamilie sprechen.

Die Kleinfamilie ist **ein fragiles System, das Einsamkeit befördert.** In Deutschland lebten im Jahr 2019 knapp 17 Millionen Menschen allein in einem Haushalt. Das ist knapp ein Viertel der deutschen Bevölkerung ab 18 Jahren. Elf Millionen dieser allein lebenden Personen waren unter 65 Jahre alt.[307] Hinzu kommen 2,6 Millionen alleinerziehende Männer und Frauen.[308] Das ist kein Wunder, denn seit 1995 liegt die Scheidungsquote mindestens bei einem Drittel.[309] Von drei geschlossenen Ehen geht also jedes Jahr mindestens eine zu Bruch. Die Folgen dieser Zahlen wirken nachhaltig, und sie haben ihre Quelle ohne Frage in der bürgerlichen Kleinfamilie. Viele Alleinerziehende kämpfen sich Tag für Tag an der Grenze zur Erschöpfung und darüber hinaus durch ihr Leben. Falls ein Mann oder eine Frau als Hauptverdiener:in die getrennte Familie mit Unterhalt versorgt, droht oft ein Leben am Existenzminimum. Häufig vereinsamen alte Menschen, wenn sich die Grundelemente der Kleinfamilie langsam auflösen. Sie bleiben allein in ihren Einfamilienhäusern und Wohnungen zurück, wenn die Kinder aus dem Haus und die Partner:innen verstorben sind. Das gesamte politische, juristische, soziale und wirtschaftliche Grundgerüst aber basiert auf der bürgerlichen Kleinfamilie.

Dabei ist sie ein so fragiles Gebilde, das alle Beteiligten in eine Krise stürzen kann, sobald ein Teil aufgrund von Tod oder Trennung herausbricht. In Großbritannien wurde im Jahr 2018 sogar ein Ministerium für Einsamkeit eingerichtet, um für das Thema zu sensibilisieren und Lösungsstrategien zu entwickeln. Ein solcher Weg ist besser, als nichts zu unternehmen, denn Einsamkeit macht krank, unglücklich und verringert die Lebenserwartung.[310] Letztlich aber bekämpft Großbritannien mit dem Ministerium nicht die Ursachen der Einsamkeit, sondern versucht die Folgen abzumildern.

Die Idee einer Gemeinschaft bestehend aus Vater, Mutter und in den meisten Fällen Kindern, ist **potenzieller Nährboden für Gewalt und Machtbissbrauch.** Die Kernfamilie ist privat und heilig. Was hinter den Türen der Einfamilienhäuser oder der Wohnungen in den Wohnblocks geschieht, geht scheinbar niemanden etwas an. Diese strikte Trennung von Privatem und Öffentlichem befördert ungesunde Machtstrukturen, die wiederum zu körperlicher und psychischer Gewalt führen können. Im Jahr 2020 wurden in Deutschland laut der offiziellen BKA-Opferstatistik 942.165 Menschen Opfer einer Straftat.[311] 218.775 davon haben ein Delikt in der eigenen Familie erfahren müssen. Das sind fast ein Viertel aller kriminalstatistisch erfassten Opfer.[312] Damit ist es an keinem Ort in Deutschland gefährlicher als in der Familie. Der Ort, an dem wir annehmen, besonders beschützt und umsorgt zu werden. Täter sind in der großen Mehrzahl der Fälle Männer.

Mit der Schließung von Schulen, Sportstätten und Kultureinrichtungen zur Bekämpfung der Corona-Pandemie sind zudem viele Ausgänge versperrt worden, die wenigstens einen oberflächlichen Einblick hinter die Türen der bürgerlichen Kleinfamilien ermöglicht haben. Die vermehrte Einführung von Homeoffice hat den Druck dann noch zusätzlich erhöht. Die höhere Gewichtung des Privaten und die Reduzierung des Öffentlichen als Mittel der Pandemiebekämpfung kann in den Statistiken der Jugendämter abgelesen werden. Im Jahr 2020 wurden knapp zehn Prozent weniger Kinder und Jugendliche in Obhut genommen als im Jahr 2019. Zwar wurden im Corona-Jahr immer noch 45.444 solcher Inobhutnahmen durch die Jugendämter realisiert, also vorläufige Aufnahmen und Unterbringungen von Kindern und Jugendlichen in Notsituationen.[313] Alle Fachleute gehen aber davon aus, dass viele Fälle von Kindswohlgefährdung, die eine Inobhutnahme nach sich ziehen müssten, in der Pandemie im Nebel der privaten Wohnungen für die Ämter unsichtbar wurde.

Die Kernfamilie befördert **Schubladen für das Denken.** Die Ende 2021 verstorbene US-amerikanische Autorin und Aktivistin bell hooks schreibt in ihrem Buch *alles über liebe*, dass kleine private und abgeschlossene Einheiten, die sich auf patriarchalem Denken gründen, eine potenziell ungesunde Umgebung schaffen.[314] Lebt eine Familie relativ isoliert, prägen vorwiegend die Weltsichten der Eltern die Vorstellungen der Kinder. Alternative Meinungen und Sichtweisen, die den Blick aller Angehörigen weiten könnten, haben kaum die Möglichkeit, in den inneren Kreis der Familie vorzudringen. So kommt es, dass Kinder von eindimensionalen Wertvorstellungen geprägt werden und sich kaum dagegen wehren können. Extreme politische Orientierungen oder strenge religiöse Regeln finden in der abgeschlossenen Kleinfamilie einen idealen Nährboden. Weltoffenheit, Toleranz sowie Diskurs- und Wachstumsfähigkeit der Kinder können durch solch eine limitierte Erziehung aus der Schublade der Kernfamilie stark eingeschränkt werden.

Die bürgerliche Kleinfamilie ist ein **teures und anstrengendes Unterfangen.** Damit eine Familie ein Haus oder eine angemessen große Wohnung bewohnen kann, mit allem, was dazugehört, müssen sich alle Familienmitglieder mächtig ins Zeug legen oder einschränken. Und das kostet Kraft und Zeit. Männer versuchen die Karriereleiter emporzusteigen und in der Regel in Vollzeit zu arbeiten. Ihre Partnerinnen unterstützen häufig mit einem Teilzeitjob, damit die wirtschaftlichen Verpflichtungen bedient werden können. Das bildet sich auch in der Statistik ab. In Familien mit minderjährigen Kindern arbeiteten knapp 94 Prozent der erwerbstätigen Männer in Vollzeit und nur sechs Prozent in Teilzeit. 66 Prozent aller Frauen unterstützen die Familienkasse mit einem Teilzeitjob, und 34 Prozent arbeiten sogar in Vollzeit.[315] Die Folge ist eine Familie, die durch das Hamsterrad des Lebens getrieben wird, um Anforderungen von Wohlstand und Eigentum gerecht zu werden. Viele Männer und Frauen sind aber auch enttäuscht ob der hohen Erwartungen und romantischen Vorstellungen, die am Ende doch nicht erfüllt werden. Im Ergebnis scheitern viele Ehen, und der ökonomische Druck auf die danach getrennt lebenden Menschen wird fast unerträglich.

Die bürgerliche Kleinfamilie belastet die Umwelt. Zunächst befördert sie den Flächenverbrauch. Einerseits, weil jede neu entstehende Familie nach einem eigenen Haus oder einer Wohnung strebt. Andererseits, weil durch ihr vielfaches Zerbrechen aufgrund ihrer Fragilität durch Trennung oder Tod viele alleinstehende und alleinerziehende Menschen zusätzliche Wohnungen benötigen. Laut dem Umweltbundesamt stieg die Anzahl der Wohnungen von 2011 bis 2019 um 1,9 Millionen und damit schneller als die Bevölkerungszahl. Jeder Quadratmeter Fläche führt in der Folge zu höherem Energieverbrauch. Die Wohnflächen müssen beleuchtet, beheizt, möbliert und instand gehalten werden. Zudem müssen Erschließungsstraßen, Abwasseranlagen und andere Infrastrukturen gebaut werden. Das alles führt zu erhöhtem Energie- und Ressourcenverbrauch und ebenso zu vermehrten Schadstoffemissionen.[316]

Alternativen zur bürgerlichen Kernfamilie

Wie ich gezeigt habe, birgt die immer noch vorwiegend patriarchal geprägte Kleinfamilie vielfältige Nachteile für die Menschen, die sie beherbergt. Ihre Stabilität ist enorm zerbrechlich. Sie ist fraglos die Ursache für die traurige grassierende Vereinsamung in den westlichen Industrienationen. Die wirtschaftlichen Zwänge setzen die Eltern oft in einem hohen Maße unter Druck und nehmen ihnen Zeit und Entspannung mit ihren Kindern. Zudem befördert die Kernfamilie ein Klima des Machtmissbrauchs und der Gewalt. Schließlich kann sie eine offene und tolerante Weltsicht behindern, und als Modell des Zusammenlebens belastet sie die Umwelt.

Wie aber könnten andere Modelle des familiären und gemeinschaftlichen Zusammenlebens aussehen? Zunächst wäre es wichtig, auch hier nicht reflexartig in ein Schwarz-Weiß-Denken zu verfallen und die Kernfamilie gegen alternative neue Lebensformen auszuspielen. Die positiv konnotierten Eigenschaften der bürgerlichen Kleinfamilie wie Geborgenheit, Sicherheit, Nähe und gegenseitige Unterstützung sollten auch für alternative Lebensformen konstituierend sein. Vielmehr kann die bürgerliche Kleinfamilie geöffnet, vom Patriarchat befreit und weiterentwickelt werden, um das Zusammenleben für alle beteiligten Menschen zu verbessern. Es kann auch nicht darum gehen, gemeinschaftliche Wohn- und Lebensformen zu glorifizieren. Sie sind ebenso wie die Kernfamilie nicht davor gefeit, durch Hierarchien und Ideologien zu bedrohlichen Orten zu werden. Vielmehr sollte der Raum zunächst für eine Debatte geöffnet werden. Hier könnte – auch abseits intellektueller Nischen – diskutiert und verhandelt werden, welche Alternativen des Zusammenlebens in unserer Gesellschaft möglich sind, aber auch, wie die politischen, steuerlichen und rechtlichen Rahmenbedingungen hierfür aussehen müssen. Gerade bei den zuletzt genannten administrativ-konstituierenden Fragen der Gestaltung von Modellen jenseits der Kernfamilie ist noch ein weiter Weg zu gehen. Von den vielen möglichen Ansatzpunkten seien an dieser Stelle nur drei benannt: Die Abschaffung des Ehegattensplittings, das immer noch das vorherrschende traditionelle Familienmodell steuerlich begünstigt. Die Anpassung des Sorgerechts, sodass eine Elternschaft über das Vater-Mutter-Kind-Modell hinaus mit mehreren auch nicht leiblichen Elternteilen möglich wird. Schließlich die steuerliche Entlastung aller Menschen, die Sorgearbeit übernehmen; nicht nur Ehepartner:innen, Mütter und Väter, sondern auch Freunde und Verwandte. Der Umbau solcher familienpolitischen Leitplanken würde an der Quelle des starren Familienbilds ansetzen, dem der Großteil der Bevölkerung immer noch anhängt. Die möglichen Ausgestaltungsformen gemeinschaftlicher Wohnprojekte sind dann mannigfaltig und unter erschwerten Bedingungen auch schon heute möglich. Die Bundesvereinigung Forum gemeinschaftliches Wohnen e.V.[317] beispielsweise bringt heute schon Menschen zusammen, die sich eine solche Wohnform vorstellen können, und die Stiftung Trias betreibt ein Wohnprojekt-Portal, auf dem mittlerweile über 700 Gemeinschaften gelistet sind.[318]

Welche Potenziale neue Ideen des Zusammenlebens in sich bergen, zeigt eine von mir nachfolgend beschriebene Vision, die ich mit aktuellen Zahlen des Statistischen Bundesamtes angereichert habe.

Im Jahr 2019 lebten 5,6 Millionen Menschen in Deutschland, die ihre Partner:innen durch Versterben verloren haben. Weiterhin 6,3 Millionen Menschen, die geschieden sind bzw. deren Lebenspartnerschaften aufgehoben wurden.[319] Wie oben schon erwähnt haben im gleichen Jahr 2,6 Millionen Menschen ihre Kinder allein großgezogen, und 17 Millionen Menschen lebten gänzlich allein in ihren eigenen vier Wänden.

Wäre es nicht erstrebenswert, Variationen von Gemeinschaften zu befördern, die diese Menschen wie selbstverständlich auffangen, unterstützen und ihnen neue Rollen ermöglichen? Sind wir nicht sogar verpflichtet, der Epidemie der Einsamkeit – erwachsen aus der Zerbrechlichkeit der Kleinfamilie – entschieden entgegenzutreten? In einer gemeinschaftlichen Lebensform würde ein Mensch, der einen anderen durch Versterben verliert, nicht in ein Loch der Einsamkeit fallen, sondern emotional und organisatorisch aufgefangen werden. Eine Person, die sich für das Single-Dasein entschieden hat, aber nicht isoliert leben möchte, könnte sich in der Kinderbetreuung einer Gemeinschaft engagieren und so die Alleinerziehenden entlasten. Berufstätige Menschen würden einen Teil ihres Verdienstes abgeben und könnten dann nach der Arbeit ein sauberes Zuhause und eine schon vorbereitete warme und gesunde Mahlzeit genießen. Viele Menschen, die heute in Vollzeit arbeiten müssen, um ihren Lebensunterhalt zu verdienen, könnten ihre Stelle reduzieren, da das gemeinschaftliche Zusammenleben viel günstiger wäre. Alle Erwachsenen könnten sich die Kindererziehung teilen, und die Heranwachsenden könnten sich an unterschiedlichen Identifikationsfiguren orientieren. Eltern würden sich unter Umständen leichter entscheiden, noch ein Kind zu bekommen, weil sie wüssten, dass ein sicheres soziales Netz sie unterstützen würde. Schließlich würde sich eine Gemeinschaft nicht nur gegenseitig mit Fähigkeiten, Fertigkeiten, Geld und Zeit tragen, auch die Umwelt würde deutlich entlastet werden. Es würden weniger Autos, weniger Platz und weniger Energie genutzt werden. Selbstverständlich würden die Prozesse nicht so unkompliziert ablaufen wie beschrieben. Es ist Planung, Diskussion und sicher auch Streit notwendig, um in einer gleichberechtigten

Gemeinschaft das Zusammenleben auszuhandeln. Die bürgerliche Kleinfamilie ist aber auf so vielen Ebenen mit Nachteilen behaftet, dass die Gesellschaft aufgefordert ist, sich auf den Weg zu machen, um Debatten anzustoßen und Alternativen zu denken und auszuprobieren. Schon der gesellschaftliche Aushandlungsprozess neuer Familienmodelle wäre ein wichtiger Beitrag zur Dekonstruktion des Patriarchats, zur Beförderung von Geschlechtergerechtigkeit und zur Heilung ungesunder männlicher Verhaltensweisen.

Früh übt sich – Veränderung durch Bildungspolitik

Es gibt ein Übereinkommen der Vereinten Nationen aus dem Jahr 1979 zur Beseitigung jeder Form von Diskriminierung der Frau und damit zur Herstellung von Geschlechtergerechtigkeit. Die *Convention of the Elimination of all Forms of Discrimination Against Women (CEDAW)* wurde im Jahr 1985 von Deutschland ratifiziert und gilt damit als innerdeutsches Recht im Rahmen eines Bundesgesetzes. In Artikel 5 der CEDAW findet sich die Aufforderung an die ratifizierenden Länder, die als Orientierung für dieses Kapitel dienen soll. Dort heißt es:

»Die Vertragsstaaten treffen alle geeigneten Massnahmen (…) um einen Wandel in den sozialen und kulturellen Verhaltensmustern von Mann und Frau zu bewirken, um so zur Beseitigung von Vorurteilen sowie von herkömmlichen und allen sonstigen auf der Vorstellung von der Unterlegenheit oder Überlegenheit des einen oder anderen Geschlechts oder der stereotypen Rollenverteilung von Mann und Frau beruhenden Praktiken zu gelangen.«[320]

Die erwähnten sozialen und kulturellen Verhaltensmuster werden von frühester Kindheit an geprägt, in vorschulischer Bildung und Schule gefestigt und münden schließlich in der Berufswahl und der Rolle im Familiensystem. Der Staat ist laut dem Übereinkommen seit 1985 verpflichtet, die Rahmenbedingungen dafür zu schaffen, die stereotype Rollenverteilung von Mann und Frau zu überwinden. Ohne Frage, es bewegt sich etwas. Geschlechtersensible Erziehung und Pädagogik scheinen kein Fremdwort mehr zu sein.

Geschlechtersensible Pädagogik

Die geschlechtersensible Pädagogik beschreibt einen Ansatz, bei dem Fachkräfte in Bildung und Erziehung geschlechterbezogene Themen sensibel in ihre Arbeit integrieren. Sie folgt dem Ziel, dass alle Kinder – unabhängig von ihrem biologischen Geschlecht – die Möglichkeit erhalten, Fähigkeiten und Interessen frei zu entwickeln. Rollenstereotype werden dabei fortwährend infrage gestellt und thematisiert. Jedes Kind soll so die Möglichkeit erhalten, sich frei zu entfalten und eine eigene Identität zu entwickeln. Es geht darum, »einengende Klischees zu erkennen, ihnen gegenzusteuern, die Kinder in ihrem gesamten Spektrum wahrzunehmen und in ihrer Entwicklung ganzheitlich zu fördern. Mädchen und Jungen sollen ermutigt und unterstützt werden, auch Seiten zu zeigen, die den traditionellen Vorstellungen von ›typisch Mädchen‹ bzw. ›typisch Junge‹ nicht entsprechen.«[321] Im Frühjahr 2021 startete das vom Bundesministerium für Familie, Senioren, Frauen und Jugend unterstützte Portal www.geschlechtersensible-pädagogik.de, um Fachkräfte aus der sozialen und pädagogischen Arbeit mit methodisch-didaktischen Materialien und Methoden zu versorgen.[322] Die geschlechtersensible Pädagogik wird erweitert durch geschlechterreflektierende pädagogische Ansätze. Hier werden in einem gemeinsamen Prozess geschlechtliche Zuschreibungen und Verhalten reflektiert bzw. kritisch hinterfragt.

Die Wissenschaft beforscht die Geschlechter immer häufiger im Hinblick auf die Bedeutung von Rollenstereotypen in

Kinderbetreuung, Schule und Beruf. Und auch in der Politik wird erkannt, wie groß der Einfluss von Bildung und Berufswahl für eine geschlechtergerechte Gesellschaft ist. Allein wir haben das Jahr 2022, und seit 1985 sind 37 Jahre vergangen. Zwar werden zuletzt vielfältige Prozesse zur Herstellung einer geschlechtergerechten Gesellschaft angestoßen. Allerdings habe ich in Teil I (Messbare Kosten) und Teil II (Nicht messbare Kosten) dieses Buches gezeigt, dass wir erst am Anfang einer Entwicklung stehen bzw. bisherige Anstrengungen nicht ausreichend sind, um das patriarchale System zu überwinden und damit Ungerechtigkeit und gesellschaftliche Schäden abzubauen. Deshalb halte ich es für dringend geboten, dass Tempo zu erhöhen und die Vielfalt der Maßnahmen massiv auszuweiten, um auch schon mittelfristig deutliche Veränderungen erkennen zu können. Wie auch in den anderen vorab besprochenen Feldern werden die Investitionen in den Bildungs- und Erziehungssektor mit großer Wahrscheinlichkeit bald von den positiven gesellschaftlichen Veränderungen überkompensiert werden. Die Fachleute an Universitäten und Bildungsinstituten stehen bereit, um einen möglichen Maßnahmenkatalog mit Leben zu füllen. Deshalb sind die nachfolgenden Ausführungen als Impulse zu verstehen, die in einer breiten Fachdiskussion aufgehen können.

Politische Rahmenbedingungen

Wie ich im Feminismus-Kapitel gezeigt habe, wird der Weg hin zu einer konsequent geschlechtergerechten Gesellschaft nur gemeinsam mit allen Menschen gelingen. Sicher geglaubte vermeintliche Privilegien müssen die Männer lernen loszulassen und sich gleichzeitig für das weite Feld der Gleichstellung öffnen. Gelingt das, werden sie erkennen, dass der Weg an der Seite der eigenen Kinder, Angehörigen und Freund:innen bzw. ein Lohnerwerb, verteilt auf mehrere Schultern, die eingebüßten Ansprüche um ein Vielfaches übersteigen. Damit dieses gesellschaftliche Potenzial gehoben werden kann, ist die Politik gefordert, robuste Rahmenbedingungen zu schaffen, die der Gleichstellungspolitik eine deutlich höhere Bedeutung einräumt.

Im Bundeshaushalt des Jahres 2020 wurden für die Gleichstellungspolitik insgesamt 21 Millionen Euro veranschlagt. Kaum mehr als fünf Prozent davon werden vom kleinen Referat 415 im BMFSFJ verwaltet. Diese Verwaltungseinheit ist verantwortlich für die Gleichstellungspolitik für Jungen und Männer. Im Jahr 2021 waren es immerhin 23 Millionen Euro plus drei Millionen Euro für die mittlerweile gegründete Bundesstiftung Gleichstellung. Das ist ein Tropfen auf den heißen Stein, im Angesicht der Schäden von jährlich mindestens 63 Milliarden Euro, die durch eine patriarchale Gesellschaftsstruktur verursacht werden. Frauen- wie Männerverbände benötigen dringend eine deutlich höhere und verlässlichere Förderung, um die Herkulesaufgabe der Geschlechtergerechtigkeit zu stemmen. Bei der Verteilung der Haushaltsmittel darf es auf keinen Fall zu einer Budgetkonkurrenz zwischen den Organisationen kommen. Damit würden beide Seiten der Verfestigung der gegenwärtigen Zustände und damit dem Patriarchat in die Hände spielen. Allein einer gemeinsamen, gut vernetzten Gleichstellungspolitik, welche die Bedürfnisse von Männern und Frauen, Mädchen und Jungen (und Menschen, die sich keinem Geschlecht zuordnen) im Blick hat, wird es gelingen, das Patriarchat zu überwinden.

Die Schaffung verlässlicher und auch fiskalisch robuster gleichstellungspolitischer Rahmenbedingungen bilden das Fundament für alle weiteren notwendigen Maßnahmen. Erst wenn Gleichstellung sich nicht nur als Lippenbekenntnis, sondern auch in harten monetären Fakten regelmäßig im Bundeshaushalt abbildet, kann die Idee Kindergärten, Schulen, Ausbildungsbetriebe und Universitäten nachhaltig verändern.

Frühkindliche Bildung und Entwicklung

Sind von der Politik die entsprechenden Rahmenbedingungen geschaffen, um gleichstellungspolitische Ideen effektiv in alle Gesellschaftsbereiche zu transportieren, muss in einem ersten Schritt der Blick auf frühkindliche Bildung gerichtet werden. Sie beinhaltet die Bildung der Kinder von Geburt an bis ins Vorschulalter. In diesem Entwicklungsabschnitt werden zentrale Fähigkeiten entwickelt und die Sicht auf die eigene Lebenswelt geprägt. Fraglos ist das der zeitliche Korridor, in dem die Grundlage für eine persönliche Entwicklung frei von männlich bzw. weiblich konnotierten Rollenstereotypen gelegt wird. Deshalb sind hier besondere Anstrengungen auf unterschiedlichen Ebenen notwendig.

Zunächst wäre es sinnvoll, die sogenannten **Frühen Hilfen** viel stärker aus der Perspektive der Gleichstellung in den Blick zu nehmen. Bei den Frühen Hilfen handelt es sich um Angebote für Eltern ab der Schwangerschaft sowie für Familien mit Kindern bis drei Jahre. Die Frühen Hilfen werden von einem Hilfenetzwerk bereitgestellt, sind für die Hilfeempfänger kostenlos und freiwillig. Finanziert werden die Frühen Hilfen von öffentlichen Kostenträgern. Die rechtlichen Grundlagen finden sich vorwiegend in den Sozialgesetzbüchern und im Bundeskinderschutzgesetz. Beispiele sind Eltern-Kind-Kurse, Besuchs-Dienste in der Familie, Stilltreffen oder Familien-Paten. Da hier vielfältige Kontaktpunkte mit den jungen Familien bestehen, wäre es problemlos möglich, ein Programm gegen unnötige Geschlechterklischees aufzulegen. Mithilfe von Materialien, die schon vor der Geburt übergeben werden, über Ansprachen durch Fachpersonal oder über Veranstaltungen und Kurse, durchgeführt im Auftrag der Jugendämter. So könnte bei allen Eltern frühzeitig das Bewusstsein dafür geschärft werden, wie stark und limitierend der Einfluss von Rollenstereotypen für das Leben der eigenen Kinder sein kann. Warum nicht mit entsprechenden Statistiken wie in diesem Buch arbeiten, um den Eltern schon früh Belege dafür zu liefern, wie sich ungesunde Rollenbilder in der Gesellschaft manifestieren?

Alle öffentlichen und privaten Einrichtungen der vorschulischen **Kinderbetreuung** müssen im nächsten Schritt ins Zentrum der Gleichstellungspolitik rücken. Das ist auch notwendig, da auf verschiedenen Ebenen noch die klassischen Geschlechterbilder vermittelt werden. Markus Theunert, Verfasser des umfassenden Dossiers zur Gleichstellungspolitik für Jungen und Männer in Deutschland, beschreibt Einrichtungen der Kinderbetreuung auch als Instanzen, in denen Geschlechterstereotype vermittelt und gefestigt werden.[323] So wählen Kita-Mitarbeiter:innen auch heute noch häufig intuitiv die Mutter aus, wenn sie Ansprechpersonen für organisatorische Fragen benötigen. Nicht selten fügen sich die Männer in ein solches Verhalten und geben bereitwillig die Verantwortung ab. Eine Schweizer Studie hat zudem offengelegt, dass die räumliche Situation in Kitas, aber auch Alltagsroutinen und Zeitpraktiken stark an einer »hausfraulichen Form der Weiblichkeit orientiert ist«.[324] So werden pädagogische Ziele z. B. Sauberkeit und Ordnung untergeordnet. Bauecken und Puppenstuben werden häufig räumlich getrennt angeordnet, wodurch stereotypisierende Geschlechtergrenzen überschritten werden müssen, wenn man sich als Junge oder Mädchen für den vermeintlich »anderen« Spielbereich interessiert. Angeraten wäre ein Setting, in dem mit

Geschlecht konnotiertes Spielmaterial gemischt angeordnet wäre. Auch wurde festgestellt, dass die Rollenerwartungen an die Verhaltensweisen von Erzieherinnen und Erziehern stereotyp geprägt sind. Männlichen Erziehern wird schon früh mitgeteilt, dass sie als Quotenmänner eingestellt werden und dass die an sie gerichteten Erwartungen sich an männlichen Geschlechterstereotypen orientieren: Die Männer sollen dann reparieren, Fußball spielen, die Werkbank aufbauen oder sich um die wilden Jungs kümmern.[325] Während der Recherche zu diesem Buch erzählte mir eine junge Bekannte auf einer Familienfeier von einer verstörenden Erfahrung bei der Eingewöhnung ihrer Tochter in den Kindergarten. Dort hatten die Erzieher:innen Begriffe, die vermeintlich typisch für Jungen und für Mädchen stehen, auf blauen bzw. rosa Moderationskarten zusammengetragen und gut sichtbar für die ankommenden Eltern mit ihren Kindern an einer großen Türe aufgehängt. Auf den blauen Karten waren dann Begriffe aufgeschrieben wie »Kämpfen«, »Fußball«, »Dominant«, »Stark«, »Durchsetzen«, »Technik«, »Autos« oder »Kurze Haare«. Die rosafarbenen Karten für die Mädchen befeuerten die Stereotype von der anderen Seite. Hier waren Begriffe wie »Zicke«, »Schwach«, »Schminken«, »Prinzessin«, »Wollen sich nicht dreckig machen« oder »Lange Haare« zusammengetragen. Was wie das Ergebnis eines Workshops zur Durchbrechung von Rollenstereotypen aussieht und auf keinen Fall öffentlich im Kindergarten aufgehängt werden sollte, wurde hier wie selbstverständlich Eltern und Kindern präsentiert, die vor einer wegweisenden Veränderung in ihrem Leben stehen. Die Erzieher:innen haben mit Sicherheit aus Unwissenheit gehandelt, aber die Episode zeigt, wie groß der Handlungsbedarf ist.

Das Dossier zur Gleichstellungspolitik für Jungen und Männer in Deutschland fordert dazu auf, Anstrengungen zu unternehmen, damit eine verbesserte Geschlechterbalance unter Erziehenden erreicht und auf einen reflektierten Umgang mit Geschlechterstereotypen hingewirkt wird.[326] Wie aber könnte das konkret gehen? Mehr Männer für den Beruf des Erziehers wird man nur gewinnen, wenn es gelingt Rollenstereotype bei der Berufswahl abzubauen. Und das beginnt schon im Kindergarten. In der Ausbildung der Erzieher:innen und besonders bei der Weiterbildung der Fach- und Führungskräfte. Hier sollte die Bedeutung der Geschlechterrollen viel prominenter und regelmäßiger thematisiert werden. Weiterhin wäre es eine Idee, schon im Bereich der Kinderbetreuung mobile, von den Kommunen finanzierte Teams aufzubauen, um vor Ort in den Einrichtungen mehrfach im Jahr für das Thema Rollenstereotype zu sensibilisieren. Hierbei könnten Fachkräfte, Eltern und Kinder z. B. durch Theaterstücke, Fragerunden und Rollenspiele angesprochen werden.

Schulbildung

Von einer »Krise der Jungen«, von einer Feminisierung des Schulwesens oder von Jungen als Bildungsverlierern ist immer wieder einmal die Rede. Betrachtet man die Entwicklung der Schulabschlüsse in den vier relevanten Altersgruppen, so scheint es auf den ersten Blick, als würde die amtliche Statistik diese Thesen bestätigen. Im Verhältnis zu den Schülerinnen ist bei den Schülern in den letzten 40 Jahren ein kontinuierlicher Abstieg im Niveau der Abschlüsse zu beobachten. In der Gruppe der heute 45- bis 55-Jährigen überstieg der Anteil der Frauen ohne Schulabschluss noch den der Männer um fünf Prozent. Genau anders war es beim höchsten Bildungsabschluss, der Hochschulreife bzw. Fachhochschulreife. Hier war der Anteil der Männer noch mit knapp vier Prozent höher als bei den Frauen.

Danach folgt eine deutliche Trendumkehr. Mittlerweile sind in der jüngsten erfassten Altersgruppe (15- bis 25-Jährige) im Vergleich zu den jungen Frauen 48 Prozent mehr junge Männer ohne Schulabschluss und sogar 61 Prozent mehr mit einem Hauptschulabschluss vertreten. Kaum anders beim höchsten Schulabschluss. Hier fallen die jungen Männer Jahr für Jahr ein Stück weiter hinter die Frauen zurück. Mittlerweile haben im Vergleich zu den Männern 19 Prozent mehr Frauen die Berechtigung erlangt, eine Hochschule oder Universität zu besuchen.[327]

Schulabschlüsse
nach Altersgruppen und Geschlecht

	OHNE ABSCHLUSS	HAUPTSCH. VOLKSSCH.	MITTLERER ABSCHLUSS	ABITUR FACHABITUR
15–25 J.	+ 48 % Männer	+ 61 % Männer	+ 11 % Männer	+ 19 % Frauen
25–35 J.	+ 14 % Männer	+ 44 % Männer	+ 3,5 % Frauen	+ 11 % Frauen
35–45 J.	+ 1 % Männer	+ 44 % Männer	+ 16 % Frauen	+ 7 % Frauen
45–55 J.	+ 5 % Frauen	+ 33 % Männer	+ 47 % Frauen	+ 4 % Männer

Tab. 7

Bei genauerer Betrachtung der Rahmenbedingungen und Sichtung von Beiträgen der Fachwelt wird aber deutlich, dass es vielfach männliche Rollenstereotype sind, die Jungen und junge Männer von einer erfolgreicheren Schulperformance abhalten. Das Dossier Gleichstellungspolitik für Jungen und Männer fasst hierzu treffend zusammen:

> Sehr wohl gibt es aber bestimmte Gruppen von Jungen, die gegenüber gleichaltrigen Mädchen geringere Bildungschancen und -erfolge vorweisen. Es handelt sich dabei um Jungen

> aus bildungsfernen und benachteiligten Schichten, in denen Jungen mit Migrationshintergrund und/oder traditionellen Männlichkeitsvorstellungen überrepräsentiert sind. (…) Ein Teil von ihnen löst das Spannungsfeld auf, indem schulischer Fleiß und Erfolg als uncool und unmännlich umgedeutet werden. Das stabilisiert das Selbstwertgefühl, stärkt die Identität und teilweise auch das Ansehen in der Peergroup (Gruppe der Gleichaltrigen). Aus offensichtlichen Gründen handelt es sich dabei aber um eine kurzfristig »erfolgreiche« Bewältigungsstrategie. (…) Diesem Zusammenhang zwischen Bildungserfolg und Männlichkeitskonzepten wird im System Schule noch viel zu wenig Rechnung getragen.[328]

Mit Unterrichtsmethoden, die Kooperation stärker fördern als Konkurrenz, wie z. B. Gruppenarbeiten, kommen Mädchen erfahrungsgemäß besser zurecht als Jungen. Die Diskreditierung solch erfolgreicher und bewährter pädagogischer Verfahrensweisen als Feminisierung des Unterrichts legt schon eine Spur hin zur eigentlichen Quelle des wachsenden Ungleichverhältnisses. Jungen und junge Männer, zeitlebens geprägt von gängigen Anforderungen an Männlichkeit und vorherrschender Wettbewerbsorientierung, sind mit Modellen der Kooperation zum Teil überfordert. Sie würden aber ebenso profitieren wie Mädchen, würden gängige Rollenstereotype Schritt für Schritt überwinden. Geschehen kann das durch eine Vielzahl unterschiedlicher Maßnahmen.

Die Ausbildung von Lehrkräften und Betreuungspersonal sollte einer behutsamen Überprüfung unterzogen werden, um zukünftig gendersensible Unterrichts- und Betreuungsformen frei von Geschlechterstereotypen zu gewährleisten. Die Verantwortlichen in den Bundes- und Landesministerien sind gefragt, gemeinsam mit den Schulbuchverlagen das Thema Rollenklischees wie eine

Prüfschablone noch konsequenter über alle Bildungsmedien zu legen. Ebenso sind sämtliche Lehrpläne nicht nur einmalig, sondern fortwährend auf stereotype Vorurteile zu überprüfen. Auch im Schulalltag kann die konstruktive und diskursive Bearbeitung von Denkschubladen bezüglich Geschlechterfragen systematisch Eingang finden. Sitzordnungen, Schulhofgestaltung, Nachmittagsbetreuung sind nur einzelne Themenfelder, die diesbezüglich fortwährend im Blick behalten werden sollten. Regelmäßige Workshops mit externen spezialisierten Bildungsträgern könnten eine kritische Auseinandersetzung mit Rollenstereotypen bei Schüler:innen und Lehrer:innen fördern. Auch könnte evaluiert werden, wo Unterrichtssequenzen in geschlechtergetrennten Gruppen für alle Schüler:innen förderlich sein könnten. So werden beispielsweise an der Martin-Niemöller-Gesamtschule in Bielefeld seit vielen Jahren Jungenkonferenzen durchgeführt. Hier haben Jungen in einem geschützten Raum die Möglichkeit zu verstehen, dass es darum geht, so zu leben, wie sie es als Junge, Mann, Mensch wollen, und nicht, wie sie zu sein haben, weil es die Gesellschaft von ihnen erwartet. Die Arbeit nur mit Jungen folgt dann gerade dem Ziel, Stereotype zu dekonstruieren und die Möglichkeiten der persönlichen Entfaltung zu erweitern.[329]

Warum nicht noch weiter gehen und einen bundesweiten *Tag der Auflösung der Rollenstereotype* installieren, der in allen Schulen über Unterrichtsinhalte, Workshops, Theaterstücke oder Diskussionen Eingang findet? Hier könnte man auch Mütter und Väter einbeziehen.

Die geschlechtliche Homogenisierung des Lehrpersonals ist ein weiteres Feld, dass dringend in den Fokus rücken muss. Mit zwei Drittel Frauen und einem Drittel Männer herrscht eine enorme Schieflage in der Geschlechterverteilung der pädagogischen Fachkräfte über alle Schulformen hinweg. Die Art und Weise aber, wie sich das Ungleichgewicht vom Elementar- bis hin zum Sekundarbereich zieht, ist ein weiterer Beleg dafür, wie vorherrschend patriarchale Denkmuster noch sind. Die Daten können im Bericht über allgemeinbildende Schulen des Statistischen Bundesamtes für das Schuljahr 2019/2020 nachgelesen werden.[330] Je grundlegender die Schulform, je weniger Status mit dem Lehrer:innen-Beruf verknüpft und je weniger verdient wird, desto geringer der Männeranteil. Im Grundschulbereich arbeiten bundesweit aktuell knapp elf Prozent Männer. Der Männeranteil steigt dann in den Förderschulen auf 22 Prozent, in den Haupt- und Realschulen auf 34 Prozent und klettert auf der Qualifikationsebene der Gymnasien auf kaum überraschende circa 40 Prozent. Der niedrige Anteil an männlichen Lehrkräften im Grundschulbereich ist zwar nicht ursächlich für die Abwärtsspirale der schulischen Leistungen von Jungen, wie im Gleichstellungsdossier ausgeführt wird. Dennoch braucht es eine Geschlechterparität in allen Schulformen, damit Jungen in allen Altersstufen durch männliche Lehrpersonen aus einer Vielfalt an »Männlichkeiten« ihre eigene Identität bilden können. Noch differenzierter beschreibt es die Erziehungswissenschaftlerin Hannelore Faulstich-Wieland, die nicht einfach mehr Männer fordert, aber sehr wohl Männer, die Männlichkeit reflektieren.[331] Das klingt nach einem sinnvollen Wegweiser für die Gestaltung der Zukunft der Schule.

Berufliche Orientierung

Kinder sollten die Möglichkeit erhalten, in ihren Familien weitgehend frei von Geschlechterklischees aufzuwachsen. Die im Idealfall dort erlangte Erziehungsgrundlage sollte in einem Kindergarten und hiernach in der Schule wo immer möglich über geschlechtsneutrale Strukturen bzw. geschlechterreflektierende Pädagogik gefestigt werden. So wird eine robuste Grundlage gelegt für eine Berufswahl, die den Wünschen und Fähigkeiten der jungen Menschen entspricht und nicht den Erwartungen der Eltern, der Freund:innen und der Gesellschaft. Bis dahin ist es aber noch ein weiter Weg. Das wird deutlich, vergleicht man den Anteil der berufstätigen Männer in sechs ausgewählten Branchen mit dem Anteil der sozialversicherungspflichtigen männlichen Auszubildenden. Die Zahlen sind Momentaufnahmen aus dem Dezember 2020.[332]

Geschlechterverteilung nach Branchen

BRANCHE	ANTEIL MÄNNER	ANTEIL MÄNNL. AZUBIS
Mediz. Gesundheitsberufe	18,2 %	15,7 %
Erziehung und Soziales	16,1 %	22,2 %
Recht und Verwaltung	24,5 %	25,6 %
Darstellende, unterhalt. Berufe	64,8 %	78,4 %
Informatik, IKT-Berufe	83,1 %	88 %
Maschinen- und Fahrzeugtechnik	90 %	94 %

Tab. 8

Eine Interpretation dieser Statistik, die Berufsfelder beleuchtet, in denen traditionell Männer bzw. Frauen dominieren, führt zu einem nüchternen Ergebnis. Wäre in der Berufswelt etwas im Aufbrechen, dann sollte sich im Anteil der männlichen Auszubildenden eine signifikante Änderung der Verhältnisse im Vergleich zu allen in der Branche tätigen Männern abbilden. Dem ist aber keinesfalls so. In den darstellenden Berufen, in der Informatik und in der Fahrzeugtechnik ist der Anteil der männlichen

Auszubildenden gegenüber der Geschlechterverteilung aller Beschäftigten sogar noch gestiegen. Am anderen Pol, den Berufen, in denen deutlich mehr Frauen arbeiten, verhält es sich kaum anders. Gerade in den so bedeutsamen und zukunftsträchtigen medizinischen Gesundheitsberufen ist der Anteil der männlichen Auszubildenden ebenfalls unter die Verteilung aller Beschäftigten gesunken. In den Berufen, die im Rechtswesen und der Verwaltung angesiedelt sind, ist die Verteilung ungefähr konstant geblieben. Lediglich das Berufsfeld Erziehung sowie soziale und hauswirtschaftliche Berufe sind in den letzten Jahren in Bewegung. Hier liegt der Anteil der männlichen Azubis bei knapp 22 Prozent gegenüber nur 16 Prozent aktuell Beschäftigten. An dieser positiven Ausnahmeentwicklung wird deutlich, dass es möglich ist, durch geschickte und präzise Weichenstellungen den Zug der verfestigten Berufsbilder langsam in eine andere Richtung zu lenken. So wird der Anstieg der männlichen Erzieher (von 2010 mit einem Anteil von 3,6 Prozent auf 7,1 Prozent im Jahr 2020) auf verschiedene staatlich finanzierte Initiativen zurückgeführt. Hierzu gehören insbesondere die bereits abgeschlossenen Modellprojekte »Mehr Männer in Kitas« sowie »Quereinstieg – Männer und Frauen in Kitas«. Zudem die 2016 von der Bundesregierung ins Leben gerufene Initiative *Klischeefrei,* die sich mit Medien und Materialien an Organisationen, Fachkräfte und Eltern wendet, um Stereotypen bei der Berufswahl zu durchbrechen.[333] Aber auch die vom Kompetenzzentrum Technik, Diversity und Chancengleichheit gesteuerte Kampagne *Zukunftsberuf Erzieher*[334] im Rahmen des sogenannten *Boys'Day*[335] ist dem zuzurechnen. Der *Boys'Day* (und auch der am gleichen Tag organisierte *Girls'Day*) ist ein wichtiger jährlich stattfindender Aktionstag, an dem Jungen Berufe kennenlernen können, in denen vorwiegend Frauen arbeiten. Der erfolgreiche Projekttag würde sich dafür anbieten, dem Rad der festgefahrenen Berufswahlen von Jungen und Mädchen energischer in die Speichen zu greifen. Das könnte durch den Wandel des Aktionstages in eine Aktionswoche geschehen, in der Jungen und Mädchen nicht nur die Möglichkeiten erhalten, mehrere Berufe kennenzulernen. Auch der Besuch von Berufsmessen und Informationsveranstaltungen könnte bewirken, Vorurteile und Stereotype in Bezug auf bestimmte Berufsfelder abzubauen. Boys' und Girls' Week könnten dann als Anker dafür dienen, das Erfahrene über das Schuljahr hinweg im Unterricht und an Schulaktionstagen wieder aufzugreifen und zu vertiefen.

Wie schwer es ist, die Berufswahl für Jungen und Mädchen von den Einflüssen der Rollenstereotype zu befreien, lässt sich nicht nur an der starren Geschlechterverteilung der oben erwähnten Ausbildungsberufe in den letzten Jahren ablesen. Auch in den Studienfächern dominieren noch die alten Muster. Junge Männer studieren vorwiegend technische und ingenieurswissenschaftliche Berufe, von denen sie schon im Kindergarten gelernt haben, dass sie ihnen stehen. Frauen entscheiden sich überproportional häufig für geistes- und humanwissenschaftliche Studiengänge.

Geschlechterverteilung nach Studiengängen

STUDIENGÄNGE	ANTEIL MÄNNER	ANTEIL FRAUEN
Informatik	82,7 %	17,3 %
Maschinenbau	88,2 %	11,8 %
Psychologie	25,4 %	74,6 %
Germanistik/Deutsch	21,6 %	78,4 %

Tab. 9

Entsprechend fallen auch ausgewählte Statistiken aus, die das Wintersemester 2020/2021 abbilden.[336]

Die Geschlechterverteilung der Studierenden an den Universitäten, der Auszubildenden in den Betrieben, aber auch des Personals in Schule und Kindergärten spricht eine deutliche Sprache. Rollenklischees bestimmen wie Leitplanken auf der Autobahn die beruflichen und persönlichen Entwicklungen der meisten Menschen. Deshalb möchte ich drei Gründe benennen, warum eine Offensive zur Beseitigung der Rollenstereotype bei der Berufswahl dringend erforderlich ist.

Es ist eine große *Ungerechtigkeit,* wenn junge Menschen nicht dem Beruf nachgehen können, der ihren eigentlichen Wünschen entspricht, weil ihnen Geschlechterstereotype den Blick darauf verstellt haben. Zudem führen verfestigte Rollenbilder zu einer *Verschwendung von Begabungen und Ressourcen,* da sich junge Menschen aufgrund ihres Geschlechts gegen Berufe entscheiden, die sie besonders gut ausfüllen könnten. Das Gleichstellungsdossier spricht von einer suboptimalen Allokation von Bildungsressourcen.[337] Schließlich ist eine ausgewogenere Verteilung aller Berufe auf die Geschlechter einer der zentralen Schlüssel für die *Überwindung des Patriarchats.* Das gelingt, wenn auch mehr Männer Berufe ausüben, die ihnen weniger Macht und Einfluss, aber dafür ein gesundes Verhältnis zu den Menschen in ihrem Umfeld ermöglichen. Und wenn es normal wird, dass auch Frauen ihren Karrierewünschen frei folgen und sie dabei von ihren Männern unterstützt werden. Gelangen wir irgendwann an diesem Punkt an, dann hat die Bildungspolitik ihren gleichstellungspolitischen Auftrag erreicht.

#MeToo – #MeWhat?

Ausgehend von einem Tweet der amerikanischen Schauspielerin Alyssa Milano im Oktober 2017 schwappte unter dem Hashtag #MeToo eine digitale Welle über den Globus. Milano schrieb damals: »Wenn du sexuell belästigt oder angegriffen wurdest, schreibe ›Me too‹ als Antwort auf diesen Tweet«. Auslöser für die Aktion waren Presseveröffentlichungen, wonach dem Filmproduzenten Harvey Weinstein über einen Zeitraum von mehreren Jahrzehnten sexuelle Nötigung, sexuelle Belästigung und Vergewaltigung von zahlreichen Frauen vorgeworfen wurde. Im Jahr 2020 wurde Weinstein in Teilen schuldig gesprochen und zu 23 Jahren Gefängnis verurteilt. Gegen das Urteil wurde Berufung eingelegt. Unter dem Hashtag #MeToo teilten Frauen (und auch Männer) hernach in mindestens 85 Ländern Erfahrungen von sexuellen Übergriffen. Die Bewegung gelangte in Talkshows, öffentliche Debatten, aber auch auf Partys, Familienfeiern und in Kaffeeküchen wurde über #MeToo diskutiert. Viele Menschen solidarisierten sich mit den Opfern, die ihre Erfahrungen teilten, und unterstützten die Aktion insgesamt. Andere kritisierten die Bewegung. Sie sahen eine Gefahr darin, unterschiedliche Formen der sexuellen Übergriffe in einen Topf zu werfen, Frauen zu sehr in eine passive Rolle zu drängen, Männer insgesamt zu stigmatisieren oder das »Flirten zu gefährden«. Ich selbst finde es einfach wichtig, dass durch die vielen Tweets, Postings und Diskussionen auf strukturellen Sexismus aufmerksam gemacht wurde und wird, der aus einer patriarchalischen und auf Dominanz und Macht basierenden Gesellschaft erwächst. Dennoch können die Ergebnisse für sich analysiert, bewertet und diskutiert werden. Warum soll es nicht möglich sein, #MeToo zu unterstützen und trotzdem einzelne Posts oder Strömungen kritisch zu hinterfragen? Alle, die sich mit der Debatte auseinandersetzen, sollten in der Lage sein, selbst zu differenzieren. Ich bin dankbar dafür, dass #MeToo an die Oberfläche gebracht hat, wie sehr unsere Gesellschaft von Sexismus durchzogen ist und wie vorwiegend die Leben von Frauen und Mädchen davon beeinträchtigt werden.

Und dennoch hat die Kampagne einen Makel, und der wurde bisher in der Öffentlichkeit kaum diskutiert. #MeToo wurde und wird vorwiegend von einer Bildungselite wahrgenommen und diskutiert. Menschen mit niedrigerem Bildungsgrad sind mit der Kampagne bisher kaum in Kontakt gekommen. Bewusst wurde mir dieser Umstand, als ich mit einem Klienten im Rahmen einer Männerberatung das Gespräch auf #MeToo richten wollte. Er verstand nicht, was ich meinte, und fragte »Me-was?«. Für mich vollkommen überraschend, hatte er noch nie etwas von der #MeToo-Bewegung gehört. Danach erkundigte ich mich bei anderen Männern ohne akademische Ausbildung und auch bei jungen Männern mit niedrigerem Bildungsabschluss und wurde in meinem ersten Eindruck bestätigt. Die #MeToo-Debatte wurde und wird vorwiegend in einer Bildungsblase ausgetragen. Das wiederum lässt darauf schließen, dass die gesamte Diskussion um Feminismus, Patriarchatskritik, Geschlechtergerechtigkeit und Gleichstellungspolitik von einem Großteil der Bevölkerung weltweit scheinbar nicht oder kaum wahrgenommen wird. Für die Überwindung des Patriarchats ist diese Vernachlässigung ganzer Bevölkerungsteile außerordentlich kontraproduktiv. Und es ist ungerecht, weil weniger gebildete Frauen und Männer, Jungen und Mädchen länger in ihren gelernten Rollenmustern verharren als Menschen, die früher lernen, dass sie in ungerechten Strukturen leben. Hier greifen das Patriarchat und ein neoliberaler Turbokapitalismus wieder präzise ineinander. Die Gesellschaft wird über das System Bildung in Gewinner und Verlierer eingeteilt. So werden Bevölkerungsgruppen effektiv voneinander getrennt. Eine solche gesellschaftliche Fragmentierung führt zu einem zähen und schwer veränderbaren Zustand patriarchaler Strukturen. Überwunden werden kann das Patriarchat aber nur, wenn alle Menschen einbezogen, ernst genommen und von den Vorteilen einer geschlechtergerechten Gesellschaft überzeugt werden. Ohne zu moralisieren – wie es die Protagonist:innen aus der Bildungsblase leider viel zu oft machen –, sondern vielmehr über Zuhören, Erklären und einen konstruktiven Diskurs. Wie aber kann das geschehen?

Zuallererst über das Herstellen sozialer Gerechtigkeit. Durch humane soziale Sicherungssysteme und Bildungsgerechtigkeit für alle Kinder und jungen Menschen, ganz gleich, welchen sozialen Status und welches Bildungsniveau die Herkunftsfamilie aufweist. An der Umsetzung dieser Vision führt kein Weg vorbei. Allein, das würde Jahrzehnte in Anspruch nehmen. So lange aber darf aufgrund der massiven gesellschaftlichen Schäden nicht gewartet werden. Deshalb müssen parallel zur Herstellung sozialer Gerechtigkeit staatlich gesteuerte Maßnahmen ergriffen werden, um Menschen in allen gesellschaftlichen Schichten regelmäßig und behutsam mit den Ideen und Vorteilen einer geschlechtergerechten Gesellschaft in Kontakt zu bringen. Zwei Ebenen bieten sich hierfür an:

Geschlechterreflektierte Jugendarbeit

Der Einfluss der Medien auf die Wahrnehmung von Männlichkeit und Weiblichkeit ist enorm wirkmächtig. Mitverantwortlich hierfür sind mediale Rollenvorbilder, die in den allermeisten Fällen allein dem Kommerz verpflichtet sind und kaum der Vermittlung von Geschlechterbildern jenseits von Stereotypen. Besonders junge Menschen aus benachteiligten Milieus sind anfällig für solche eindimensionalen Rollenbilder. Zudem erfahren sie in ihren Familien weniger Stabilisierung und Orientierung, weil häufig Zeit und Kompetenz fehlen.

Deshalb sollten öffentliche Bildungseinrichtungen die ersten Orte sein, an denen junge Menschen Gegenentwürfe zu den klassischen Geschlechterrollen erfahren und einüben können. Die geschlechtersensible Pädagogik schafft hierfür den Nährboden. Mit Leben gefüllt und verstärkt werden sollten diese Gegenentwürfe in einer geschlechterreflektierten Jugendarbeit, die nach der Schule (bzw. eingebunden in Ganztagsschulen) auf die jeweiligen Bedürfnisse von Mädchen und Jungen eingehen kann. Geschlechterreflektierte Jugendarbeit geht dabei von einer achtsamen Haltung der pädagogischen Fachkräfte bezüglich der Bedeutung von Geschlechtsidentität aus. Sie zielt darauf ab, junge Menschen für Benachteiligungen aufgrund des Geschlechts zu sensibilisieren, sie zu reflektieren und ihnen dann angemessen entgegenzuwirken.[338] Zudem öffnet die geschlechterreflektierte Jugendarbeit den Blick auf die Vielfalt der Geschlechter auch jenseits von Männlichkeit und Weiblichkeit und lädt die jungen Menschen ein, die eigene geschlechtliche Identität zu entdecken. Unabhängig davon, was die Peergroup, die Medien, Eltern oder der Mainstream ihnen versucht einzuflüstern. Damit eine geschlechterreflektierende Jugendarbeit an Fahrt gewinnt, braucht es Maßnahmen auf mehreren Ebenen. Geschlechtersensible und geschlechterreflektierte pädagogische Grundkompetenzen müssen dringend in den Studiengängen verankert werden, die Fachkräfte für die soziale Arbeit ausbilden. Weiterhin plädiere ich für regelmäßige staatlich geförderte Fortbildungsprogramme zum Thema geschlechterreflektierte

Jugendarbeit für solche pädagogischen Mitarbeiter:innen, die in der Jugendhilfe nach dem 8. Sozialgesetzbuch beschäftigt sind. Weiterhin müssen deutlich mehr geschlechtsspezifische Angebote der Jugendarbeit gemäß § 11 des SGB VIII aufgelegt werden. In Absatz 1 des Gesetzestextes heißt es:

> Jungen Menschen sind die zur Förderung ihrer Entwicklung erforderlichen Angebote der Jugendarbeit zur Verfügung zu stellen. Sie sollen an die Interessen junger Menschen anknüpfen und von ihnen mitbestimmt und mitgestaltet werden, sie zur Selbstbestimmung befähigen und zu gesellschaftlicher Mitverantwortung und zu sozialem Engagement anregen und hinführen.[339]

Mit den Arbeitsfeldern der Jugendarbeit, die der §11 abdeckt, könnte innerhalb kurzer Zeit ein Großteil der jungen Menschen in Deutschland in Berührung kommen. Besonders Zielgruppen aus bildungsfernen Milieus, die keine von engagierten Eltern durchorganisierten Nachmittage kennen, werden so erreicht. Beispielhafte Angebote sind die außerschulische Jugendbildung, die Jugendarbeit in Sport, Spiel und Geselligkeit, internationale Jugendarbeit, Kinder- und Jugenderholung oder die Jugendberatung. Solche Angebote müssen, eng vernetzt mit den Schulen, die Perspektive auf die Wahrnehmung von Geschlecht weiten und Vorurteile entkräften. Nur wenn es gelingt, in und nach der Schule den Abbau von Rollenstereotypen und die Herstellung von Geschlechtergerechtigkeit zu thematisieren, kann die Überwindung ungerechter gesellschaftlicher Strukturen in allen sozialen Schichten mittelfristig gelingen.

Geschlechterreflektierte bzw. geschlechtssensible Erwachsenenbildung

Was Hänschen nicht lernt, lernt Hans nimmermehr. Dieses deutsche Sprichwort ist ein Glaubenssatz, der die Haltung und das Denken von Menschen in die falsche Richtung beeinflussen kann. Gerade in der heutigen dynamischen und sich fortwährend verändernden Welt ist es fatal, sich selbst und anderen mangelnde Lernfähigkeit im Erwachsenenalter zuzuschreiben. Deshalb sollte auch die geschlechterreflektierte Erwachsenenbildung stärker in den Blick genommen werden. Warum nicht die erwachsenen Menschen aller Bildungsstufen an verschiedenen Berührungspunkten ihres Alltags mit den Themen Geschlechtergerechtigkeit, Gleichstellung und Rollenstereotype in Kontakt bringen? Warum nicht Workshops und Kurse in Firmen und Behörden systematisch stärker fördern, in denen eine entsprechende diskursive Auseinandersetzung ermöglicht wird? Ansatzpunkte könnten biografische Übergänge wie Mutterschaft, Vaterschaft oder der Ruhestand sein. Aktionstage zum Thema Gleichstellung könnten im Arbeitsumfeld der Menschen stattfinden oder in Schulen, zu denen dann auch die Eltern eingeladen werden. Weitere Berührungspunkte sind die Besuche von Ämtern und Behörden. So könnte im Jobcenter für Gleichstellung auf dem Arbeitsmarkt sensibilisiert werden und in der KFZ-Zulassungsstelle für den Einfluss von Rollenstereotypen auf die Statistik der Verkehrsunfälle. Firmen, Behörden oder Organisationen, die in geschlechtersensible Erwachsenenbildung investieren, werden von solchen Programmen mittelfristig profitieren. Zuallererst über eine höhere Zufriedenheit der Mitarbeiter:innen. Danach aufgrund einer größeren Flexibilität der Belegschaft, weil Männer und Frauen lernen, dass es möglich ist, sowohl Verantwortung im Beruf als auch in der Familie zu übernehmen.

Held:innenreise – wirklich Neue Medien

Die Medien sind bei der Überwindung des Patriarchats Flaschenhals und gleichzeitig verwirrendes Labyrinth. Kinder und Jugendliche befreien sich vielleicht mithilfe gendersensibler Erziehung mühsam von Rollenstereotypen, die ihre Entfaltungsfreiheit limitieren. Junge Männer beginnen zaghaft, sich für die vielfältigen Entwicklungsmöglichkeiten im Bereich der SAGE-Berufe (Soziale Arbeit, Gesundheit und Pflege, Erziehung und Bildung) zu interessieren. Um ihren Karrieretraum zu leben, überzeugen Mütter ihre Partner, auf eine Teilzeitstelle zu reduzieren und sich um die Kinder zu kümmern. Weil eine junge Frau nicht mehr vermeintlichen Schönheitsidealen entsprechen will, entsagt sie allen Diäten und trägt nur noch solche Klamotten, die ihr wirklich gefallen. Solche Entwicklungen gibt es immer häufiger, und das lässt hoffen.

Kaum aber kommen Menschen – im Aufbruch gegen den rollenstereotypischen Mainstream – in Kontakt mit Internet, TV, Zeitschriften, Streaming, Sachbüchern oder auch Theater und Musical, prallen Welten aufeinander. Hier der Wunsch, das eigene Leben frei von Schablonen zu leben, die von der patriarchalischen Gesellschaft vorgegeben werden. Dort die Vertiefung und Schärfung genau dieser Schablonen. Die Folge sind sogenannte kognitive Dissonanzen. Sie entstehen immer dann, wenn ein Mensch unterschiedlichen Annahmen bzw. Wahrnehmungen ausgesetzt ist, die sich gegenseitig widersprechen. Solche Denkmuster (Kognitionen), die nicht miteinander vereinbar sind, führen dann zu einem unangenehmen motivationalen Zustand (Dissonanz).

Klimaaktivist:innen, die gerne Fernreisen unternehmen, erleben beispielsweise kognitive Dissonanzen. Diese »Misstöne« erzeugen Stress, und das Gehirn verbraucht dann unnötig viel Energie. Menschen sind Energiesparer:innen. Deshalb sind die betroffenen Personen bestrebt, diese Widersprüche aufzulösen oder, wenn das nicht geht, die Einstellung bzw. Verhaltensweise zu ändern.[340] Der Einfluss insbesondere der Medien auf die Lebenswelten ist dabei so intensiv, vielfältig und andauernd, dass sich kognitive Dissonanzen kaum vermeiden lassen. Es erscheint fast so, als würde der Druck aus allen Medienkanälen auf alle Geschlechter nur so einprasseln, damit sie auch weiterhin den Erwartungen der Gesellschaft gerecht werden:

Film und Fernsehen

Der Schauspieler Bob Odenkirk, bekannt aus den Serien »Breaking Bad« und »Better call Saul« spielte die Hauptrolle in dem Actionthriller »Nobody«, der 2021 in den Kinos lief. Der Plot ist so einfach wie schädlich. Als Odenkirk, der einen biederen Büroangestellten spielt, bei einem Einbruch in sein Haus nicht eingreift, wird er von seinem familiären und privaten Umfeld massiv unter Druck gesetzt, warum er nicht »wie ein richtiger Mann« gekämpft habe. Man macht sich über ihn lustig und wertet ihn ab. Was niemand weiß: Er war in seinem früheren Leben ein Auftragskiller für die US-Geheimdienste. Wie die Zuschauer:innen erwarten, bricht diese wahre Männlichkeit irgendwann aus dem Protagonisten heraus, und er zeigt der Welt seine Gewalt, seine Waffen und seine Rachsucht. Der deutsche Trailer allein hat auf YouTube auf verschiedenen Kanälen weit über fünf Millionen Klicks generiert und damit die altbekannte Sicht auf Männlichkeit erneut befeuert.[341]

Einer der größten Angriffe auf eine Gesellschaft frei von Geschlechterstereotypen läuft seit 15 Jahren auf dem Privatsender ProSieben. In der Serie »Germanys Next Top Model« (GNTM), moderiert von Heidi Klum, werden junge Mädchen zu austauschbaren Objekten erniedrigt. Akzeptiert werden sie nur dann, wenn sie schön und schlank aussehen, sich sexy bewegen und einem Anforderungskatalog von Disziplin, Funktionieren und Opferbereitschaft genügen. Und das schauen Jahr für Jahr Millionen Menschen. Das Staffelfinale 2021 konsumierten 2,97 Millionen Menschen oder 10,2 Prozent des Gesamtpublikums. Besonders erschreckend: in der Zielgruppe der 14- bis 39-Jährigen wurden mehr als 36 Prozent Zeug:innen des anachronistischen Schauspiels.[342] Mädchen und junge Frauen, aber auch Jungs und junge Männer lassen sich über Wochen von Werten und Werbung prägen, die eine Vertiefung der Gräben zwischen den Geschlechtern zur Folge haben. Da hilft es auch nicht, dass am Ende eine Transgender-Person die letzte Staffel gewonnen hat – der Queer-Community nicht und der Abschaffung von Rollenstereotypen schon gar nicht. Und dabei bin ich sicher, dass bei ProSieben ganz viele Menschen tief im Innern davon überzeugt sind, dass die Sendung ihren Töchtern, Söhnen, Neffen, Nichten und Enkel:innen schadet. Sie haben aber ihre kognitiven Dissonanzen überwunden und sich für das Geld und gegen eine gesunde und geschlechtergerechte Gesellschaft entschieden.

Die altbekannten Geschichten von Männlichkeit und Weiblichkeit werden aber nicht nur in den extremen oben beschriebenen Ausprägungen erzählt. In Krimis und Vorabendserien sind immer noch vorwiegend Männer die Helden, die retten, Verantwortung übernehmen und Probleme lösen. Sie werden als Chefärzte, Firmenpatriarchen oder Gefängnisdirektoren besetzt. Frauen im Gegensatz versorgen, trösten und kümmern sich als Hausfrauen, Mütter oder Assistent:innen. Ganz langsam und in kleinen Dosen kommt Bewegung in die Branche, und so trifft man auf immer mehr weibliche Kommissarinnen oder Chefinnen. Ein Beispiel ist die in der BBC ausgestrahlte Thriller-Serie *Keeping Faith*. Hier ist die Protagonistin Faith Howell, eine entschlossene, mutige und starke Frau. Als Anwältin hat sie es mit Richterinnen und weiblichen Bösewichten zu tun und trifft am laufenden Band schwere Entscheidungen für ihren Job und ihre drei Kinder.[343]

Bei genauem Beobachten fällt aber auf, dass unter der Oberfläche die alten Rollenerwartungen doch noch weiter nachwirken. Es gibt kaum alleinerziehende Kommissare. Kommt es im Film zu einer Trennung, zieht meist der Mann aus und lässt die Frau mit den Kindern zurück. Zudem werden männliche Figuren in Film und Fernsehen häufig so erzählt, dass sie Probleme mit führungsstarken und selbstbewussten Frauen haben.

Werbung

Für ihre Clips, Spots und Anzeigen bedienen sich die Köpfe der Werbebranche systematisch genau der Stereotype, die eine Annäherung der Geschlechter verhindern. Indem sie in ihren Kampagnen Klischees von Männlichkeit und Weiblichkeit bedienen, offenbaren sie einen Mangel an Kreativität. Es ist banal, genau die psychologischen Trigger anzusprechen, die uns auch fortwährend in der Gesellschaft und den Medien vermittelt werden. Wie die Lemminge folgen dennoch viele Agenturen unter dem Einfluss ihrer Auftraggeber:innen dem Mainstream.

Auf der Website *Werbemelder:in*, betrieben von der NGO Pinkstinks e.V., können Menschen Werbemotive und Clips einreichen, die ihnen sexistisch oder geschlechterstereotyp erscheinen. Die Fachleute des Vereins bewerten die Beiträge dann und labeln sie entsprechend. Bis zum Herbst 2021 wurden 1426 stereotype und 1704 sexistische Werbungen veröffentlicht.[344] Gemeldet wurden zum Beispiel die Teesorte Zimtzicke (stereotyp), ein Werbeplakat für ein Fitnessstudio mit einer Frau mit Stringtanga (sexistisch) oder eine Werbung für ein Brauhaus, in der dazu aufgefordert wird, »mal eine Blonde klarzumachen« (sexistisch).

Es wundert mich nicht, dass Frauen und Frauenkörper in vielen Fällen Objekte sexistischer und stereotyper Erzählungen werden. Frauen kümmern sich in den Spots um Kinder, Haushalt und den Ehemann. Weibliche Körper werden als schlank, perfekt gebräunt, in knapper Bekleidung inszeniert und – garniert mit anzüglichen Sprüchen – missbraucht, um das eigene Produkt ins Zentrum zu rücken. Da schließt sich dann der Kreis, der in Germanys Next Top Model eröffnet wurde.

Auch Männer geraten zuweilen ins Visier sexistischer und stereotyper Klischees. Das Spiel der Kräfte zwischen Männlichkeit und Weiblichkeit soll ja erhalten bleiben. Männer werden dann mal als schmutzige, bärtige und tätowierte Handwerker stilisiert oder als unmännliche Weicheier. In einem Spot bittet der erkältete Mann die Partnerin, doch bitte seine Mutter zu rufen, woraufhin sie ihm eine Flasche Wick MediNait zuwirft. Ikea zieht in einem anderen Werbefilm die Impotenz eines Mannes ins Lächerliche. Und: Geschlagen werden Männer auf Kosten der Werbebotschaft auch gerne. Der Journalist und Autor Nils Pickert hat für Pinkstinks einen Beitrag über Ohrfeigen gegen Männer in der Werbung verfasst. Die Thematisierung jeglicher Gewalt, auch der gegen Männer in der Werbewelt, sei ein feministisches Thema.[345] Dem stimme ich zu. Nur wenn wir beide Seiten der Benachteiligung ehrlich anschauen, die weibliche und die männliche, können wir uns aus der Spirale der Ungerechtigkeit der Geschlechter befreien.

Das Internet

Wenn Werbung bzw. Film und Fernsehen sich regelmäßig wie Wellen über großen Teilen der Bevölkerung brechen, dann ist das Internet wie ein reißender Fluss, der unsere Wahrnehmung fortwährend umspült. Soziale Medien mit Horden von Influencer:innen, Clips in Endlosschleife auf Videoplattformen und ein nicht enden wollender Strom an Kontakten, angeschwemmt von Dating-Plattformen, Facebook und Instagram. All diese Kanäle sind bis an die Kante gefüllt mit Content, der die traditionellen patriarchalen Rollenzuschreibungen von Männlichkeit und Weiblichkeit verfestigt. Und warum geschieht das? Weil man mit diesen alten Erzählungen Klicks generiert und dann Geld verdient. Wieder einmal befeuern sich Patriarchat und ungezügelter Neoliberalismus gegenseitig.

In den sozialen Medien scheint sich auf den ersten Blick ein Wandel zu vollziehen. Die erfolgreichsten Influencer:innen sind junge Frauen. Sie gewähren einem Millionenpublikum Einblicke in ihr Leben und preisen im Gegenzug mehr oder weniger auffällig Produkte an. Aber der Schein trügt, denn wie Ole Nymoen und Wolfgang Schmitt in ihrem spannenden Buch *Influencer* schreiben, handelt es sich um eine Emanzipation der Wenigen auf Kosten der Followerinnen. Es entstehe ein Widerspruch zwischen emanzipierten Entrepreneurinnen und frauenfeindlicher Bildsprache. Ohne die Unterwerfung unter den männlichen Blick und männliche Erwartungen sei der digitale Erfolg nicht möglich. »Die Influencerinnen gelangen zur Autonomie, indem sie diese ihren Followerinnen verweigern. Die Schminke, die Bikinis, die Sportprogramme oder gar die Diätkapseln, die Netzstars ihren Fans nahebringen, festigen Machtsymmetrien zwischen den Geschlechtern, wirken konservativ, wenn nicht gar reaktionär.«[346] So brechen nur wenige scheinbar aus dem System patriarchaler Ungerechtigkeit aus, in dem sie sich der Spielregeln bedienen, die sie selbst zuvor jahrelang benachteiligt haben. In Wahrheit haben sie das Prinzip Patriarchat gekapert, ihre Rolle darin gefunden und führen es mit ihrem digitalen Erfolg fort. Denn sie bedienen ja die klassischen, eigentlich längst überwundenen Frauenklischees mit ihren Themen und Produkten.

Damit das System der Geschlechterungleichheit in der Balance bleibt, ist es notwendig, sich permanent der eigenen Geschlechterrolle zu versichern. Dabei kann es auf einigen Kanälen nicht martialisch genug zugehen. Auf der Videoplattform YouTube betreibt der schwedische Veranstalter King of the streets (KOTS) einen Kanal der blanken Gewalt. In Fabrikhallen und Abbruchhäusern werden auf Betonböden, abgegrenzt durch Bauzäune, vornehmlich Hooligans unterschiedlicher Nationen und Vereine aufeinandergehetzt. Ohne Ringärzte, ohne Schutzausrüstung und fast ohne Regeln. Kein Kampf endet hier unblutig. Die Arena ist auch offen für Männer, die persönliche Auseinandersetzungen klären wollen. Neben frei verfügbaren Videos auf YouTube, die insgesamt fast 50 Millionen Mal angeklickt wurden, können PayPerView-Tickets erworben und Live-Wetten platziert werden. Der Rechtsextremismus-Experte Robert Claus sagt, dass die Kämpfer kaum für die niedrigen Preisgelder in den hypermaskulin inszenierten KNOTS-Arenen antreten. Die wahre Währung ist symbolisch und lautet Prestige und Ansehen in der Szene.[347] Selbstverständlich haben solche an den Grenzen zur Legalität veranstalteten Kämpfe eine Anziehungskraft für Jungen und junge Männer und prägen unterbewusst ihre Wahrnehmung von Männlichkeit.

Wege aus dem Labyrinth

Die von Geschlechterstereotypen immer noch durchseuchte Medienlandschaft wird sich wohl nicht so plötzlich wandeln, als dass ein schneller Ausweg aus dem komplexen Labyrinth gelingen wird. Tausend Zimmer, verschlungene Wege, Ablenkungsmanöver und immer wieder Sackgassen verwirren die Mediennutzer:innen. Initiativen, Verbände und Menschen, die für geschlechtergerechte Medien kämpfen, werden Zeit und Geld benötigen, um Wege aus diesem Irrgarten zu weisen. Vernetzung und gegenseitige Bestärkung wird es dabei ebenso brauchen wie Beharrlichkeit und Mut, um den Widerstandskräften eines tief in der Medienwelt verankerten Patriarchats beizukommen. Dabei bildet die Verfassung den Grundrahmen für die Bewegung hin zu wirklich Neuen Medien.

Artikel 3 des Grundgesetzes kodifiziert, dass Männer und Frauen gleichberechtigt sind und dass der Staat die Durchsetzung der Gleichberechtigung fördern und auf die Beseitigung bestehender Nachteile hinwirken soll. Artikel 5 des Grundgesetzes hingegen sichert die freie Meinungsäußerung in diesem Land und deckt damit die Pressefreiheit sowie die Freiheit der Berichterstattung durch Rundfunk und Film ab. In diesem Spannungsfeld bewegen sich die Suche und das Engagement für eine geschlechtergerechte Medienlandschaft. Der Deutsche Kulturrat, als Spitzenverband der Bundeskulturverbände, hat im Jahr 2020 einen wichtigen Forderungskatalog für Geschlechtergerechtigkeit in Medien und Kultur vorgelegt.[348] Gelingt es, diese Forderungen durchzusetzen, werden auch die überholten Geschichten von Männlichkeit und Weiblichkeit, die dem Patriarchat das Überleben sichern, hoffentlich irgendwann enden.

Der Kulturrat fordert unter anderem die Bekämpfung von Vorurteilen und Rollenklischees in frühkindlicher Bildung, an allgemeinbildenden Schulen, in der außerschulischen Kinder- und

Jugendbildung sowie in der Studien- und Berufsberatung. Eine paritätische Besetzung der Geschlechter an künstlerischen Hochschulen und Universitäten wird zudem als grundlegend für einen geschlechtergerechten Kulturbetrieb erachtet. Der Verband ist weiterhin der Überzeugung, dass öffentlich finanzierte Kultureinrichtungen und öffentlich-rechtlicher Rundfunk der Geschlechtergerechtigkeit in besonderer Weise verpflichtet sind. Schließlich sind der gendergerechte Zugang zu individueller und projektbezogener Förderung sowie eine Überwindung des Gender-Pay-Gap in den Kulturbetrieben Grundvoraussetzungen für den notwendigen Wandel.

Einen kreativen Impuls möchte ich zum Abschluss dieses Kapitels noch geben, um vielleicht auch schon kurzfristig der Macht der klischierten Medien zumindest ein kleines Gegengewicht entgegenzustellen. Warum den angestrebten Wandel nicht durch ein Rollenklischee-Label beschleunigen? Besonders krasse Beispiele der Stereotypisierung in den Medien könnten durch einen Kontrollrat – ähnlich dem Deutschen Werberat oder dem Deutschen Presserat – verpflichtet werden, eine entsprechende Markierung aufzunehmen. So würde für die Zielgruppe deutlich werden, welche negativen gesellschaftlichen Auswirkungen dargestellte Geschlechterbilder haben. Die Markierung könnte dem Format vorangestellt oder sogar dauerhaft als kleines Logo eingeblendet werden. Extrem polarisierende Formate wie beispielsweise GNTM, der Film Nobody, bestimmte Influencer:innen oder der KOTS-Fightclub würden sich für solche Maßnahmen anbieten. Entscheiden müsste so etwas aber ein sensibles und verantwortungsbewusstes Gremium, das mit Menschen aus den unterschiedlichsten Feldern der Gesellschaft besetzt ist. Ein Klischee-Label könnte bei Zuschauer:innen kognitive Dissonanzen wiederbeleben, die es unbedingt braucht, um den notwendigen Wandel der Medien zu befördern.

Leitplanken abbauen – Überwindung von Stereotypen

Hier fängt alles an: Rollenstereotype sind die Armee der kleinen Dinge des Patriarchats. Sie sind der zähe Kitt, der den Wandel der Gesellschaft auf eine schwer greifbare Art verhindert. In fast allen vorherigen Kapiteln haben Rollenstereotype ihre Spuren hinterlassen. Deshalb ist es mir wichtig, ihnen ein eigenes Kapitel zu widmen und mögliche Wege aufzuzeigen, wie wir ihrer imaginären Kraft koordiniert entgegenwirken können. Margarete Stokowski schreibt in *Untenrum frei* von Rollenstereotypen als Leitplanken, die erst einmal vieles vereinfachen. Auf den Klischee-Autobahnen fühlen sich die Menschen sicher. Hier sind die Geschwindigkeiten und Überholverbote vorgegeben, und wenn alle eine bestimmte Ausfahrt nutzen (z.B. durch die Gründung einer bürgerlichen Kleinfamilie), dann kann daran nichts Falsches sein. Stokowski macht uns keine Illusionen, wenn sie das Bild von Gras hinter den abgebauten Leitplanken zeichnet. »Was soll man im Gras? Man kommt da schlechter voran. Aber vielleicht wäre es schön dort.«[349] Oder anders: Da draußen auf der Wiese des Lebens die Rolle finden, die meiner Persönlichkeit, meinen Begabungen und eigenen Wünschen entspricht, ist nicht leicht. Vor allem in diesen Zeiten, in denen bisher kaum Lücken in den Leitplanken zu finden sind, und wenn doch, dann ist das Gras dahinter hoch und schwer zu durchdringen. Das ist auch kein Wunder, denn die Ursprünge für die starren Geschlechterrollen, geprägt durch immer wieder erneuerte Zuschreibungen, liegen häufig Jahrhunderte zurück und haben sich entsprechend verfestigt.

Friedrich Schiller hat in seinem Lied von der Glocke aus dem Jahr 1799 die Steilvorlage zur Erklärung der Rollenstereotype gegeben:

> Der Mann muss hinaus Ins feindliche Leben, Muss wirken und streben Und pflanzen und schaffen, Erlisten, erraffen, Muss wetten und wagen, Das Glück zu erjagen. Da strömet herbei die unendliche Gabe, Es füllt sich der Speicher mit köstlicher Habe, Die Räume wachsen, es dehnt sich das Haus. Und drinnen waltet Die züchtige Hausfrau, Die Mutter der Kinder, Und herrscht weise Im häuslichen Kreise Und lehret die Mädchen Und wehret den Knaben Und reget ohn' Ende Die fleißigen Hände Und mehrt den Gewinn Mit ordnendem Sinn Und füllet mit Schätzen die duftenden Laden Und dreht um die schnurrende Spindel den Faden Und sammelt im reinlich geglätteten Schrein Die schimmernde Wolle, den schneeigten Lein Und füget zum Guten den Glanz und den Schimmer Und ruhet nimmer. [350]

Über 200 Jahre später bestätigte Gerald Hüther, der bekannte Autor und Hirnforscher, in einem Interview mit der FAZ über Jungs und Männer, dass Männlichkeit kulturell gewachsen und über Stereotypisierung verschlüsselt ist.

> Männer haben die kulturelle Funktion, neue Räume zu erschließen und an Grenzen zu gehen. Auf die höchsten Berge zu steigen, in die tiefsten Seen zu tauchen, Amerika zu entdecken, auf den Mond zu fliegen: Das ist alles männlich. Aber nicht, weil die Gene das bestimmen würden. Sondern weil die Suche der kleinen Jungs nach Halt in kulturell geprägte Bahnen gelenkt wird. In Zeiten, in denen Kontinente entdeckt

werden, sind Seefahrer hochangesehen. Dann wollen alle kleinen Jungs Seefahrer werden. Heutzutage sind erfolgreiche Männer Nobelpreisträger, Naturwissenschaftler, Fußballer, Entertainer. [351]

Rollenstereotype sind die Ursache dafür, dass Männer und Frauen Berufe wählen, die sie nicht wirklich wollen, die ihnen die Gesellschaft aber einredet. Rollenstereotype sorgen dafür, dass nahezu alle Männer in Vollzeit arbeiten, aber nur ein Drittel der Frauen, sobald ein Kind im Haushalt ist. Das ist ungerecht für Frauen, weil ihre berufliche Entwicklung gebremst wird, und ebenso ungerecht für Männer, da der Kontakt zu ihren Kindern drastisch reduziert wird. Rollenstereotype verleiten Männer und Frauen dazu, mit Jungs weniger beziehungsorientiert und eher sachorientiert umzugehen. Rollenstereotype sorgen dafür, dass Männer verlernen, über ihre Probleme zu reden. Rollenstereotype bauen um alle Geschlechter ein unsichtbares Gefängnis aus Verhaltensweisen, Sprache und Erwartungen.

Wie aber kann eine Gesellschaft für einschränkende und ungesunde Rollenbilder sensibilisieren oder sie sogar auflösen? Meiner Einschätzung nach geht es nur durch den Ausbau vorhandener Strukturen sowie die Koordination und Finanzierung der Maßnahmen durch eine übergeordnete Fachstelle. Welche Initiativen aber gibt es schon, und wie könnte man diese miteinander verbinden?

Vorreiter in Deutschland ist die Non-Profit-Organisation ***Pinkstinks e.V.*** Seit knapp einem Jahrzehnt engagiert sich der von der Genderforscherin Dr. Steve Schmiedel gegründete Verein gegen Sexismus und Rollenstereotype und für Geschlechtergerechtigkeit bzw. Feminismus. So kämpft Pinkstinks mit witzigen und aufrüttelnden Kampagnen gegen Gendermarketing, gegen die Macht der Medien oder stellt Materialien für Schulen bereit, um junge

Menschen schon möglichst früh für das Thema Geschlechterstereotype zu sensibilisieren. Während Mädchen aller Orten für Germanys Next Topmodel schwärmen und weltoffene Eltern daran verzweifeln, ist Pinkstinks ein Lichtblick, eine Quelle der Hoffnung und der sachlichen Argumente. Mich beeindruckt immer wieder, mit welcher Leidenschaft ein relativ kleines Team mit kaum zehn Menschen gegen die Macht der Klischees aufbegehrt. Ein bisschen wie das gallische Dorf, das die Stellung gegen Rom hält. Der Verein ist vorwiegend spendenfinanziert. Die kreative Kraft und Kompetenz gehört meiner Meinung nach auf festere öffentlich finanzierte Füße gestellt, damit die Kampagnen von Pinkstinks noch viel mehr Menschen erreichen.[352]

Ein junges und spannendes Projekt ist das Online-Gendermagazin ***Mein Testgelände***.[353] Hier können junge Menschen Gedanken und Meinungen zu den Themen Gleichberechtigung, Vielfalt und einschränkende Geschlechterrollen einreichen, die dann von einem jungen Redaktionsteam gesichtet und veröffentlicht werden. Es gibt aber auch einen Stamm an Autor:innen, die Texte oder Videos zu bestimmten Themenfeldern veröffentlichen. *Mein Testgelände* bietet zudem immer wieder kostenlose Workshops an wie z. B. Verhaltenstipps gegen Hatespeech im Netz oder die Nutzung der Plattform TikTok für politische Botschaften. Besonders ermutigend an dem Projekt finde ich die beiden Trägerorganisationen. Mit den Bundesarbeitsgemeinschaften Jungen:arbeit und Mädchen:politik haben sich mit *Mein Testgelände* zwei Organisationen gemeinsam auf den Weg gemacht, um die so dringend notwendigen Brücken zwischen den Geschlechtern zu bauen und diese gleichzeitig für Vielfalt zu öffnen. Die Pionierarbeit, die hier von den beiden BAGs geleistet wird, bedarf meiner Meinung nach unbedingt einer langfristigen und der großen Aufgabe angemessenen Finanzierung.

Neben solch spezifischen Angeboten wie dem von *Pinkstinks* und *Mein Testgelände* existiert darüber hinaus eine bundesweit enorm leistungsstarke Infrastruktur, die sich dafür anbietet, Initiativen für die Überwindung von Rollenstereotypen zügig in die Regionen zu tragen. So folgt die Pro Familia e.V. (Gesellschaft für Familienplanung, Sexualpädagogik und Sexualberatung) nicht nur der entsprechenden inhaltlichen Ausrichtung, sondern verfügt zudem über ein weitreichendes Netzwerk. In über 180 Beratungsstellen arbeiten knapp 1.600 Menschen, die nationale Programme zügig der breiten Bevölkerung zugänglich machen könnten.[354] Auf anderer Ebene, aber nicht weniger schlagkräftig, könnte der Kinderschutzbund mit seinen 400 Ortsverbänden und 50.000 Einzelmitgliedern in die Bewegung zum »Abbau der Leitplanken« hineingeholt werden. Der Verband setzt sich satzungsgemäß unter anderem für die vollständige Verwirklichung der Kinderrechte ein.[355] Hierzu gehört meiner Meinung nach die Entfaltung der Persönlichkeit jedes Kindes jenseits von Rollenstereotypen und Geschlechterungerechtigkeiten. Die beiden nationalen Organisationen und auch andere lokale Träger könnten – angemessen finanziert und inhaltlich koordiniert – entsprechende Formate niedrigschwellig und zielgruppengerecht in Kindergärten, Schulen, Betriebe, Verwaltungen und Privathaushalte hineintragen.

Die oben schon kurz erwähnte **Bundesstiftung Gleichstellung** bietet sich als fachlich kompetente Instanz an, um Maßnahmen zur Überwindung von Ungerechtigkeiten und Rollenstereotypen zu koordinieren. Aufgaben der Stiftung soll die Bereitstellung von Informationen, die Stärkung der Praxis und die Entwicklung neuer Ideen sein. Zudem sollen Gleichstellungsinitiativen miteinander vernetzt werden. Da würde es sich doch anbieten, wenn die Bundesstiftung möglichst bald einen runden Tisch zur Überwindung der Rollenstereotype ins Leben ruft, an den regelmäßig die oben vorgestellten Organisationen eingeladen werden, um die Energien für dieses wichtige Thema zu bündeln und zu stärken.

Ich setze große Hoffnung in die Bundesstiftung Gleichstellung. Denn genau eine solche Institution fehlt in diesem Land, um die Gräben sanft und systematisch zu schließen, die das Patriarchat und die aus ihm erwachsenen Rollenklischees zwischen den Geschlechtern aufgerissen haben. Es gibt aber Fallstricke, die den Erfolg einer Bundesstiftung zumindest ausbremsen könnten. Erste Verlautbarungen lassen befürchten, dass die notwendige 360-Grad-Perspektive, die alle Geschlechter im Blick behält, nicht zum Kern der Stiftung wird. Im ersten Satz der Ankündigung heißt es, die Stiftung solle »ein Haus werden, das sich wissenschaftlich fundiert insbesondere Fragen der gerechten Partizipation von Frauen in Gesellschaft, Politik, Wirtschaft und Wissenschaft widmet«.[356] Wie schon mehrfach erwähnt, möchte ich mit diesem Buch die Gerechtigkeit der Geschlechter in allen Lebensbereichen befördern. Ganz einfach, weil alle Ungerechtigkeiten über das Patriarchat miteinander verwoben sind. Und ja, Frauen leiden in weitaus mehr Lebensbereichen unter strukturellen Ungerechtigkeiten. Die müssen benannt und offensiv bearbeitet werden. In diesem Buch dokumentiere ich aber zahlreiche Felder, in denen auch Männer durch das Patriarchat zurückbleiben oder Nachteile erfahren. Deshalb hoffe ich sehr, dass die handelnden Personen der Bundesstiftung wirklich alle Geschlechter und somit das Miteinander aller Menschen im Blick behalten. Nur dann wird die Organisation ihrem Ziel gerecht werden, und nur so kann echte Gleichstellung gelingen.

Kein Fels in der Brandung – Männergesundheit verbessern

In Teil I des Buches habe ich die düsteren messbaren Zahlen und Fakten über den Umgang vieler Männer mit ihren Körpern zusammengetragen. Sie konsumieren mehr legale und illegale Drogen. Sie bewegen sich weniger, ernähren sich ungesünder und nehmen seltener medizinische Hilfe bei körperlichen und seelischen Leiden in Anspruch. Sie tun das, weil das Patriarchat ihnen bis heute vorgaukelt, dass sie stark sind und dass sie viel aushalten können. Deshalb müssen Männer unbedingt stärker in den Fokus von gesundheitsfördernden Kampagnen rücken und an zahlreichen Kontaktpunkten im Laufe ihres Lebens mit dem Thema Gesundheit in Berührung kommen. Im besten Fall beginnt eine geschlechtssensible Aufklärungs- und Präventionsarbeit schon in der Kindheit und begleitet Jungen und Männer dann systematisch und gesundheitspolitisch koordiniert durch ihr Leben. An dieser Stelle möchte ich zwei wichtige Felder als erste Impulse thematisieren, die sich für eine höhere Priorisierung unbedingt eignen.

Dringend plädiere ich für bessere und mehr **Kampagnen in der Berufswelt.** Viele gesundheitliche Probleme, die Männer im Laufe ihres Lebens erfahren, haben ihre Quelle im Beruf. Männer leiden vermehrt unter Stress und sind viel häufiger von berufsbedingten Unfällen und Krankheiten betroffen. Gleichzeitig ist die Arbeit auch der Ort, aus dem Männer ihren Selbstwert ziehen. Der ideale Raum also, um über gesundheitliche Themen in den Austausch zu gehen. Mit regelmäßigen Workshops und Vorträgen zum Thema Männergesundheit in Unternehmen, Behörden und Organisationen könnte man viele Männer in einem sehr wirksamen Setting erreichen. Die Infrastruktur für ein solches Unterfangen existiert schon und könnte mit relativ überschaubaren Mitteln aktiviert werden. Die Berufsgenossenschaften und Unfallkassen haben durch ihre Kontroll- und Aufsichtsfunktion einen direkten Zugang in Unternehmen, Verwaltungen und Verbände und kennen die branchenbedingten Besonderheiten. Besonderes Augenmerk sollte dabei auf die Übergänge im Berufsleben gelegt werden. Wenn junge Männer in ihr Berufsleben starten, ist der ideale Zeitpunkt, gemeinsam die Reise der Männergesundheit zu beginnen. Ebenso wichtig ist es, Männer auf den Abschied aus ihrem Arbeitsleben vorzubereiten. Die berufliche Tätigkeit ist immer noch konstituierend für den Selbstwert vieler Männer, auch wenn wir daran arbeiten, die Bedeutung von Lohnarbeit gerecht auf die Schultern aller Geschlechter zu verteilen. Heute aber fallen noch viele Männer in tiefe Krisen, wenn sie von einem Tag auf den anderen plötzlich im Ruhestand landen. Das wird auch durch die ansteigenden Suizidzahlen bei Männern ab 65 Jahren deutlich.[357] Hier sind dringend gesundheitspolitische und betriebsinterne Maßnahmen angeraten, die Männer rechtzeitig auf das Ende des Erwerbslebens vorbereiten.

Ein weiterer Lebensbereich, in dem viele Männer in einem besonderen Setting erreicht werden könnten, ist das medizinische Versorgungssystem. Eine **Sensibilisierung von Mitarbeiter:innen im Gesundheitswesen** halte ich deshalb für eine große Chance. Männer lernen ihr ganzes Leben, dass sie viel aushalten und hart im Nehmen sein müssen. Im Ergebnis reden die meisten Männer nicht über ihre gesundheitlichen Probleme, banalisieren sie oder ignorieren Vorsorgeuntersuchungen. Der Vater von Jack Urwin, Autor des Buches *Boys don't cry,* verstarb im Alter von 52 Jahren an einem Herzinfarkt im Badezimmer seines Hauses. Niemandem in seiner Familie hatte er von seinen Problemen berichtet, aber in seinem Bademantel fand man ein frei verkäufliches Herzmedikament.[358]

Drücken Männer doch einmal ihre Ängste oder Schmerzen aus, sehen sie sich nicht selten mit entsprechenden Kommentaren und Unverständnis konfrontiert. Kürzlich erst erlebte ich auf einer Party eine junge Frau, die über ihren Freund lästerte, weil er nach einem Beinbruch über seine Schmerzen klagte. Abschließend verallgemeinerte sie: »Männer halt.« 2017 lachte ganz Deutschland inklusive der Männer über Klaus, den Protagonisten der Kampagne »Die Männergrippe« der Klosterfrau-Gruppe. In kurzen Videobotschaften jammert er sich durch seine Krankheit, bis seine Partnerin ihn zum Leiden in den Keller sperrt. Männer, die sich mit ihrer Krankheit, ihrem Schmerz und ihrer Angst auseinandersetzen, stoßen häufig auf Unverständnis. »Geredet wird viel über den modernen Mann, der bitte schön Gefühle zulassen, irgendwie sanft und achtsam sein solle. Aber im Ernstfall sind dann doch alle Beteiligten irritiert: Schwäche zeigen darf der kranke Mann nicht, zumindest wenn er Spott vermeiden möchte«, schreibt der Journalist Sebastian Herrmann 2017 in der *Süddeutschen Zeitung*.[359]

An diesen beiden Polen müssen Social Marketing Kampagnen zur Sensibilisierung im Umgang mit Männern im Gesundheitswesen ansetzen. Zum einen sollten Männer darin bestärkt werden, über ihre Schwierigkeiten zu reden. Nur so können sie selbst für ihre physische und psychische Gesundheit sorgen. Gleichzeitig muss das Stereotyp des wehleidigen Mannes dekonstruiert werden, damit kranke oder ängstliche Männer ihre Befindlichkeiten mitteilen können, ohne sich vor abfälligen Kommentaren fürchten zu müssen.

Damit das gelingt, müssen Kampagnen zum Abbau von Rollenstereotypen in Bezug auf die Männergesundheit eine Vielzahl von Zielgruppen ansprechen. In erster Linie die Männer selbst, aber auch ihre Partner:innen. Ebenso die Ärzteschaft, Pflegepersonal, Therapeut:innen und zudem institutionelle Einrichtungen wie Krankenkassen, Krankenhäuser und Pharmaunternehmen.

Zwar widmen sich bereits verschiedene Organisationen und Gremien dem Thema Männergesundheit. Um aber die Koordination und Finanzierung solcher Kampagnen im Berufsleben oder Gesundheitswesen auf ein festeres Fundament zu stellen, würde sich die Schaffung einer **Bundeskoordinationsstelle für Männergesundheit** anbieten. Es gibt das von der Bundeszentrale für gesundheitliche Aufklärung (BzgA) gepflegte Männergesundheitsportal. Es gibt die Stiftung Männergesundheit. Auf der Seite des Bundesministeriums für Gesundheit werden einige wenige Informationen zum Thema bereitgestellt und sogar das Robert Koch Institut pflegt eine Unterseite. Man merkt den Online-Angeboten an, dass sie nicht allzu üppig mit finanziellen Mitteln ausgestattet sind. Um die Bedeutung der Männergesundheit stärker in den Fokus zu rücken, könnte eine solche ordnende Hand helfen. Sie könnte die Vernetzung auf Bundes- und Länderebene fördern, aktuelle Entwicklungen zügig und prominent aufgreifen und finanzielle Mittel bereitstellen, damit das wichtige Thema deutlich an Fahrt gewinnen kann.

Mehr öffentliche Investitionen in die Männergesundheit lohnen sich mittelfristig auf mehreren Ebenen. Zunächst würde sich die durchschnittliche Lebenserwartung, aber auch die oben bereits erwähnten beschwerdefreien Jahre ab 65 Jahren erhöhen. Weiterhin würde das Gesundheitswesen entlastet. Der bewusste Umgang mit dem eigenen Körper würde zu mehr Vorsorgeuntersuchungen und zu weniger Krankheiten und Klinikaufenthalten führen. Schließlich würde sich die Arbeitsproduktivität insgesamt erhöhen, da der sorgsamere Umgang noch erwerbstätiger Männer mit ihrer Gesundheit zu weniger Krankheitstagen, Rehabilitationsmaßnahmen bzw. Frühverrentungen führen würde.

Rechtzeitig bremsen – die Unfallstatistik beeinflussen

Es kursiert ein Video im Netz, das nur eine Minute und sechs Sekunden lang dauert und das Verhältnis vieler Männer zum Straßenverkehr recht plastisch symbolisiert. Der Clip hat bis heute schon über 17 Millionen Klicks generiert. Er heißt »Dad's reaction to racer – Isle of Man TT 2014«.[360] In dem Video steht ein Mann am Rande einer Rennstrecke, die durch ein Dorf führt. Er ist vielleicht Mitte 60 und freut sich wie ein kleines Kind darüber, wie Rennmaschinen kreischend an ihm vorbeirauschen. Für alle Menschen, die sich nicht mit Motorradsport auskennen: Die Isle of Man Tourist Trophy ist das gefährlichste Motorradrennen der Welt. Seit der Gründung des Rennens im Jahr 1911 haben exakt 257 Männer und drei Frauen ihr Leben gelassen. Es gibt eine Tabelle bei Wikipedia, die die Todesfälle akribisch auflistet. Dort findet sich dann neben der Nationalität, dem Namen, dem Todesjahr, dem exakten Todesort auch noch das Motorradmodell. So viel Genauigkeit im Angesicht des Todes muss schon sein.

Unter anderem solche absurden Auswüchse im Motorsport prägen indirekt das Verhalten vieler Männer im Straßenverkehr. Sie sollten unbedingt durch entsprechende Kampagnen durchbrochen werden. In Deutschland gibt es keine Behörde, die sich hierfür besser eignet als das gefürchtete Kraftfahrtbundesamt (KBA) aus Flensburg. Hier laufen die Zahlen zusammen, die das Ungleichgewicht im Straßenverkehr zwischen den Geschlechtern ausdrücken. Wie schon in Teil I erwähnt, haben Männer deutlich mehr Punkte auf ihren Flensburger Konten und mehr

Strafanzeigen aufgrund von Verkehrsdelikten. Sie dominieren die Statistik der Geschwindigkeitsübertretungen, und von fünf entzogenen Führerscheinen gehören durchschnittlich mehr als vier Männern. Die Zahlen zeigen ein solch eklatantes Ungleichgewicht auf, dass die Behörde meiner Meinung nach dazu verpflichtet ist, mehr zu unternehmen. Das KBA könnte auf einer jährlichen Pressekonferenz das Ungleichgewicht der Geschlechter prominent vorstellen und gleichzeitig Maßnahmenpakete vorschlagen, um dem Trend entgegenzuwirken. Denn wir dürfen nicht vergessen: Es geht hier um Menschenleben und Menschen, die zurückbleiben, wenn einer oder eine stirbt. Verkehrsrowdys aller Geschlechter müssten unabhängig von der Medizinisch-Psychologischen Untersuchung (MPU) zu Informationskursen verpflichtet werden, in denen ihnen die Konsequenzen ihres Handelns erläutert werden. Das KBA könnte ebenso Informationskampagnen steuern, die darauf abzielen, ungesunde Rollenstereotype bei Fahranfänger:innen zu durchbrechen. Weitere Behörden sollten bei solchen auf Männer zielenden Initiativen dringend einbezogen werden. Hierzu gehören die Verkehrsministerien von Bund und Ländern, das Bundesamt für Straßenwesen und auch die Unfallkassen. Besonderes Augenmerk aber sollte der Einbindung des Deutschen Verkehrssicherheitsrates e.V. (DVR) geschenkt werden.[361] Zweck des Vereins ist »die Förderung der Unfallverhütung und der Verstärkung aller Maßnahmen zur Verbesserung der Sicherheit auf den Straßen in enger Zusammenarbeit mit den zuständigen Behörden sowie allen an dieser Zielsetzung interessierten Vereinigungen, Organisationen und sonstigen Stellen«. Der Verband ist das zentrale bundesweite Organ für das Thema Verkehrssicherheit und wird vorwiegend vom Verkehrsministerium sowie den Unfallkassen finanziert. Der DVR entwickelt reichweitenstarke Informationskampagnen wie »Runter vom Gas«, »Rücksicht, ich bin dabei« oder den »Tag der Verkehrssicherheit«. Mit seinen umfassenden Maßnahmen folgt der DVR der sogenannten »Vision Zero«-Sicherheitsstrategie, nach der bis zum Jahr 2050 »nahezu niemand« auf europäischen Straßen mehr sterben soll. Umso erstaunlicher ist es, dass auf der umfangreichen Website das groteske Ungleichgewicht der Geschlechter in Bezug auf Verkehrsdelikte oder Unfälle so gut wie gar nicht thematisiert wird. Weder in der umfassenden Statistikrubrik noch bei den Pressemeldungen oder den zahlreichen vorgestellten Themenfeldern. So, als wäre noch kein Mensch im DVR darauf gekommen, die Daten des Statistischen Bundesamtes nach Geschlechtern auszuwerten. Aber dem ist ganz sicher nicht so. Ein Indiz für die einseitige und wenig differenzierte Öffentlichkeitsarbeit des Verbands ist die geschlechtliche Besetzung der höchsten Gremien. Im Herbst 2021 sind der Präsident und seine zwei Vertreter Männer. Im Vorstand, der mit ständigen Gästen und einem Ehrenpräsidenten aus 38 Köpfen besteht, sind nur drei Frauen vertreten. Ein Schelm, wer dabei denkt, dass patriarchale Strukturen ursächlich dafür sind, dass Männer als Hauptverantwortliche für die täglichen Dramen auf Deutschlands Straßen nicht beim Namen genannt werden.

Diese Episode über Deutschlands wichtigste Verkehrssicherheitsbehörde macht deutlich: Im Straßenverkehr gibt es viel zu verändern. Besonders im Autofahrer-Paradies Deutschland, einem der wenigen Länder neben unter anderem Afghanistan, Mauretanien, Haiti oder Nordkorea, in dem es noch Autobahnabschnitte ohne Geschwindigkeitsbegrenzung gibt.[362] Genau wie auf der Isle of Man während der Tourist Trophy.

Dranbleiben – der Gleichstellungsmonitor

Der zweite Absatz des Art. 3 des Deutschen Grundgesetzes vom 23. Mai 1949 lautet wie folgt: »Männer und Frauen sind gleichberechtigt.« 45 Jahre später, im Jahr 1994, wurde dieser konstituierende Satz um eine Handlungsaufforderung ergänzt: »Der Staat fördert die tatsächliche Durchsetzung der Gleichberechtigung von Frauen und Männern und wirkt auf die Beseitigung bestehender Nachteile hin.« Wiederum knapp 26 Jahre danach, im Juli 2020, wurde von der damals verantwortlichen Bundesministerin Franziska Giffey die erste Gleichstellungsstrategie vorgelegt.[363]

Auch wenn es mehr als ein Vierteljahrhundert gedauert hat, bis die Bundesregierung der Aufforderung des Grundgesetztes gefolgt ist und eine solche Initiative startet, ist sie richtig und wichtig. Der Bericht der Gleichstellungsstrategie fächert ausgehend von drei Kernfragen detailliert neun Ziele auf, deren Umsetzung die Gleichstellung der Geschlechter deutlich befördern soll. Die begleitende Website zeigt zudem, dass mit der Gleichstellungsstrategie ernsthafte Ambitionen verfolgt werden. Dort können nicht nur die Ziele der Strategie nachgelesen werden, sondern auch die Fortschritte. Mit einigen Klicks gelangt man zum umfassenden »Umsetzungsstand der Maßnahmen der Gleichstellungsstrategie der Bundesregierung nach Zielen«, der regelmäßig aktualisiert wird. Ergänzt wird die Strategie um die Gleichstellungsberichte, von denen seit 2011 insgesamt drei erschienen sind.[364] Die Gleichstellungsberichte bestehen aus umfassenden von Sachverständigen erstellten Gutachten, die durch Stellungnahmen der jeweiligen

Bundesregierung ergänzt werden. Schließlich wird der Strauß der gleichstellungspolitischen Maßnahmen mit dem oben erwähnten *Dossier Gleichstellungspolitik für Jungen und Männer in Deutschland* komplettiert.

Die Pläne, Strategien und Aktionen für sich genommen geben die richtige Stoßrichtung vor und benennen detailliert die notwendigen Maßnahmen, um die Geschlechtergerechtigkeit in Deutschland voranzubringen. Allein es gibt mehrere Gründe, warum die »Gleichstellungskommunikation« ihre Kraft nicht angemessen entfalten kann:

Die **Aktivitäten erscheinen fragmentiert und zersplittert.** Selbst für Fachleute ist es aufwendig, sich die Unterlagen aus verschiedenen Quellen zusammenzutragen. Das liegt zum einen an der Komplexität der Thematik, die fast alle Lebensbereiche tangiert, aber auch daran, dass Gleichstellung noch nicht groß und als Ganzes gedacht wird.

Die Machart der gleichstellungspolitischen Kommunikation ist aufgrund ihrer Komplexität **vorwiegend auf Fachleute ausgerichtet.** Für den Alltag der Bürger:innen fehlt häufig die praktische Greifbarkeit der Strategien und Maßnahmenpakete. Ich gehe sogar davon aus, dass in Deutschland nur ein ausgewählter Kreis an Fachleuten und Bürokrat:innen die Publikationen und geförderten Maßnahmen des BMFSFJ überhaupt kennt. Es ist kontraproduktiv, wenn die Bürger:innen kaum erreicht werden.

Die bisherigen Maßnahmen reichen kaum aus, um nachhaltige Veränderungen herbeizuführen. In Anbetracht der Auswirkungen der Geschlechterfrage auf alle politischen und gesellschaftlichen Felder erscheint die Summe der Aktivitäten wie ein Tropfen auf den heißen Stein.

Kurz, in gleichstellungspolitischen Fragen wird unkoordiniert und in zu langen Abständen zu wenig unternommen. Zudem wird sehr theoretisch und abstrakt kommuniziert, was an den Bedürfnissen der Menschen vorbeigeht. In Anbetracht der nur langsamen Veränderungen in Fragen der Geschlechtergerechtigkeit und der schädlichen Auswirkungen von weiterhin existenten patriarchalischen Strukturen ist das nicht ausreichend.

Deshalb schlage ich vor, dass alle Maßnahmen, Projekte und Prozesse in einem dynamischen, transparenten und verständlichen webbasierten **Gleichstellungsmonitor** abgebildet werden. Ein solcher Monitor würde alle Aktivitäten, Fortschritte, Rückschritte, Kosten und Schäden für die Bevölkerung dieses Landes, aber auch für die Spezialisten, Fachkräfte und Medienvertreter:innen endlich sichtbar und verständlich machen. Wichtig wäre hierbei eine grafische Visualisierung der unterschiedlichen Prozesse, damit alle Menschen die relevanten Fakten schnell verstehen, um sich dann mit Hintergrundwissen beschäftigen zu können. Das Projekt eines Gleichstellungsmonitors würde dann von den Zielgruppen akzeptiert werden, wenn eine kontinuierliche Aktualisierung der Inhalte vorgenommen würde. Die mögliche Informationsvielfalt einer solchen Plattform ist enorm. Hier nur eine Auswahl an möglichen Fakten, die auf der Seite leicht lesbar und verständlich dargestellt werden könnten:

- Alle Statistiken zum Thema Geschlechtergerechtigkeit – vom Gender-Care-Gap, Gender-Pay-Gap bis zum Gender-Pension-Gap.
- Daten bezüglich geschlechtsbezogener Ungleichgewichte bei Schulabschlüssen, Ausbildungsberufen und Berufswahl.
- Auswirkungen und Entwicklungen der gesellschaftlichen Schäden durch schädliches Rollenverhalten aller Menschen wie z. B. Verkehrsdelikte, Gefängnisaufenthalte, Wirtschaftsstraftaten, Umweltbelastung, gesundheitliche Schäden, Partnerschaftsgewalt oder Sucht.

- Anschauliche Veröffentlichung von Studien, die sich mit dem Thema Gleichstellung und Geschlechtergerechtigkeit beschäftigen.
- Aufbauend auf meinen ersten Untersuchungen zu den Kosten des Patriarchats, wissenschaftlich fundierte Dokumentation der gesellschaftlichen Folgekosten durch ungesundes Verhalten, verursacht durch ungerechte patriarchalische Strukturen.

Keine Frage, es wäre besonders für Männer, aber an einigen Stellen auch für Frauen belastend, fortwährend mit Fakten über strukturelle Ungerechtigkeiten und die volkswirtschaftlichen Kosten stereotypierten Geschlechterverhaltens konfrontiert zu werden. Da solche Zahlen aber ein verlässlicher und schmerzafter Indikator für das Ungleichgewicht der Geschlechter sind, halte ich es für dringend notwendig, sie systematischer zu erfassen, niedrigschwellig im Netz zu präsentieren und gleichzeitig ihre Veränderung abzubilden. Ein Gleichstellungsmonitor, der die Benachteiligungen der Geschlechter und die daraus erwachsenden gesellschaftlichen Folgekosten leicht verständlich und ständig aktualisiert im Schaufenster des Internet präsentiert, hat großes Potenzial. Die Plattform könnte als Stachel im Fleisch der Ungerechtigkeit und als Treiber für eine dringend notwendige Veränderung dienen.

Kraft entfalten kann ein solches Portal aber nur dann, wenn es schnellstmöglich als Standard für Gleichstellungsfragen akzeptiert wird. Von der Bevölkerung, von den Fachgremien aus Politik, Universitäten und Bildungseinrichtungen sowie von den Medien. Damit das geschieht, muss einem **Gleichstellungsmonitor** höchste Priorität hinsichtlich finanzieller und personeller Ausstattung eingeräumt werden. Gleichzeitig braucht das Projekt den notwendigen politischen Wind unter den Flügeln. Erst wenn mit wenigen Klicks deutlich wird, wie dramatisch das Ungleichgewicht der Geschlechter noch ist und welche Schäden hierdurch angerichtet werden, wird es gelingen, die Menschen für das Projekt Gleichstellung zu gewinnen. Beispiele für solche gut funktionierenden Informationsplattformen wurden insbesondere in der Corona-Krise entwickelt. Das Impf-Dashboard der Bundesregierung[365] oder die Corona-Map der Johns-Hopkins-Universität[366] sind nur zwei Beispiele für stark genutzte Seiten, die auf der Visualisierung von Daten basieren. Der Gleichstellungsmonitor wäre ein teures Projekt, aber eine nachhaltige Investition. Endlich würde in einer Datenquelle kondensiert werden, was bisher in Hunderten von Studien und Statistiken schlummert. Endlich würde sichtbar werden, wo in unserer Gesellschaft noch Handlungsbedarf besteht und was aktuell dagegen unternommen wird. Wie auch bei allen anderen in diesem Kapitel erwähnten Investitionen in die Herstellung von Geschlechtergerechtigkeit würden sich auch diese Ausgaben schnell amortisieren.

Es würde sich aus mehreren Gründen anbieten, den Gleichstellungsmonitor direkt an die Bundesstiftung Gleichstellung anzudocken. Hier werden dauerhaft kompetente und gut vernetzte Fachleute für die Themen Gleichstellung und Geschlechtergerechtigkeit zusammengezogen. Zudem ist die Stiftung dicht am politischen Tagesgeschäft ausgerichtet; durch die Besetzung der Stiftungsgremien mit Minister:innen, Abgeordneten des Bundestags sowie politischen Vertreter:innen der Länder. Schließlich würde die Stiftung durch die Realisierung eines Gleichstellungsmonitors ihren Zweck erfüllen. Der wird unter anderem erreicht durch »das Zusammentragen, Aufbereiten und Bereitstellen von Informationen, Daten und Fakten zum Themenbereich Gleichstellung sowie durch die Beauftragung von Studien im Bedarfsfall (sowie) die Begleitung und Unterstützung des bundesweiten öffentlichen Diskurses zu gleichstellungspolitischen Themen«.[367] Das klingt wie der Auftrag zur Umsetzung eines Gleichstellungsmonitors.

Zum Schluss – Tauziehen, aber anders

Dass in Sachen Gleichstellung und Geschlechtergerechtigkeit in der jüngeren Vergangenheit viel erreicht worden ist, steht außer Frage. Die Beharrlichkeit und Ausdauer des Feminismus haben die rechtlichen und politischen Rahmenbedingungen nachhaltig verändert. Heute ist es möglich, dass sich die Geschlechter in allen Lebensbereichen auf Augenhöhe begegnen. Frauen und Männer füllen Rollen und Funktionen aus, die früher kaum möglich waren. Altenpfleger:in, Mitglied im Vereinsvorstand, Geschäftsführer:in, Hausfrau oder Hausmann, Lokführer:in, Kanzler:in oder Anlagemechaniker:in. Allein in der Alltagsrealität und auch in den Statistiken, die dieses Buch wie einen roten Faden durchziehen, bilden sich diese vielfältigen Möglichkeiten für alle Geschlechter kaum ab. Ursächlich hierfür sind Rollenmuster und Stereotype, die das Bild von Männlichkeit und Weiblichkeit immer noch viel zu stark prägen. In der Erziehung, im Kindergarten, in Schule und Ausbildung, im Beruf und schließlich in der Rolle von Frau und Mann in der bürgerlichen Kernfamilie. Der Filmkritiker Wolfgang Schmitt hat in einem Interview mit Deutschlandradio Nova davon gesprochen, dass im deutschen Film jeden Tag Vatertag sei. Man ziehe fortwährend einen Bollerwagen voller Klischees hinter sich her.[368] Dieses Bild lässt sich auf die gesamte Gesellschaft übertragen: Jungs und Männer, aber auch Mädchen und Frauen und Menschen, die sich keinem Geschlecht eindeutig zuordnen, tragen schwer abzustreifende Klischeerucksäcke mit sich herum. Immer noch folgen sie viel zu häufig Geschlechtervorgaben, die ihnen Jahre und Jahrzehnte anerzogen und zudem täglich auf Instagram und YouTube, aber auch in ARD, ZDF, DMAX und RTL neu erzählt werden. Ursächlich für diesen zähen und langsamen Wandel – obwohl der Weg in eine geschlechtergerechte Gesellschaft bereitet ist – sind tief verwurzelte patriarchale Strukturen. Der Mann hat stark, entscheidungsfreudig, raumgreifend und laut zu sein. Die Frau hingegen schön, angepasst, umsorgend und leise. Zwar werden diese Stereotype immer häufiger hinterfragt und durchbrochen. Leider aber oft nur auf »intellektuellen Inseln« und viel zu selten in der breiten Bevölkerung. Anders ist es nicht zu erklären, dass Männer auf Single-Börsen immer noch tendenziell eher jüngere und besonders attraktive Frauen suchen und dabei weniger auf deren Bildung achten. Frauen hingegen suchen gebildete und einflussreiche Männer im gleichen Alter oder auch gerne älter als sie selbst.[369] Im Jahr 2020 waren immerhin 4,7 Millionen Menschen im Internet auf Partner:innensuche.[370] Gibt es dann doch einmal mutige Versuche, Rollenstereotype systematisch und strukturell aufzubrechen, wie geschehen im Jahr 2021 durch die Initiative *Zeichensetzen* des Auswärtigen Amtes, dauert es nicht lange, bis konservative, patriarchalisch geprägte Kreise auf den Plan treten. *Zeichensetzen* entwickelte unter anderem ein Plakat mit acht Schritten, die Männer dafür sensibilisieren sollen, durch ihr Verhalten zu mehr Gleichberechtigung beizutragen. Die *Bild*-Zeitung machte dann aus der Sensibilisierung ein »Irres Umerziehungsprogramm für Männer« durch das von Männern dominierte Auswärtige Amt. In bester Bildzeitungsmanier werden gute Absichten verdreht: »Die Behörde greift hier massiv in die Privatsphäre der Mitarbeiter ein. Denn: Männer werden pauschal als unreflektierte Sexisten dargestellt, die angeblich Frauen unterdrücken und sich nicht um ihre Familie kümmern.« Spannend, aber wenig überraschend, wie Vertreter:innen

des Patriarchats reagieren, wenn sie sich angegriffen fühlen. Mit Übertreibung, Verfälschung und Verallgemeinerung.

Das Beispiel zeigt, das Patriarchat ist robust und es hat einflussreiche Unterstützer:innen. In der Regel sind es Männer, die von ihm profitieren, und die haben häufig kein Interesse daran, etwas zu verändern. Diese zähe Wehrhaftigkeit hat Folgen. Wie gezeigt befördern patriarchale Strukturen toxische männliche

Verhaltensweisen, die wiederum enorme Schäden verursachen. Durch rücksichtloses Autofahren, übersteigerten Drogenkonsum sowie eine deutlich höhere Affinität zu Gewalt. Die über 63 Milliarden Euro, die dieses Ungleichgewicht die Bürger:innen Jahr für Jahr mindestens kostet, sind nur das monetäre Symptom. Viel nachhaltiger und tiefer wirken Angst, Trauer, Leid und Traumata infolge toxischer männlicher Verhaltensweisen. Der erschreckend hohe Geldbetrag kann helfen, Politiker:innen sowie alle Menschen aufzurütteln, damit sie sich dem machtvollen Ungetüm Patriarchat entgegenstellen. Das kann nur gemeinsam gehen. Frauen und Männer, nicht gegeneinander, sondern Seite an Seite gleichsam einem Tauziehen gegen eine destruktive Kraft, die unsere Gesellschaft immer noch bis in die kleinsten Zellen beherrscht. Gelingt es, das Patriarchat über die rote Linie der Gerechtigkeit der Geschlechter zu ziehen und ihm so seine Macht zu nehmen, wird der Gewinn für alle Menschen enorm sein. Sie werden sich in allen Lebensbereichen – ob Karriere oder Familie – gegenseitig entlasten. Kooperation wird Konkurrenz als neuen Code des Zusammenlebens ablösen. So werden mehr Menschen dem Lebensentwurf folgen können, der ihren Fähigkeiten und Wünschen entspricht und nicht den Erwartungen an die Geschlechterrolle.

Hierfür bedarf es Mut, Vertrauen, Geduld und Friedfertigkeit. Mut von Männern, vermeintliche Privilegien abzugeben, um dann neue Möglichkeiten und Freiheiten in einer gleichberechtigten Gesellschaft zu entdecken. Vertrauen von Frauen, dass Männer das Projekt Gleichstellung wollen und können, weil es auch sie bereichert. Geduld und Ausdauer von allen Geschlechtern, weil destruktive und konservative Kräfte zwar schwächer werden, sich aber nicht auflösen. Schließlich Friedfertigkeit und Lösungsorientierung, damit kein Keil zwischen die Geschlechter getrieben werden kann, der am Ende dem Patriarchat doch wieder in die Arme spielt.

Dank

Zuallererst danke ich meiner Komplizin und Gefährtin, die dieses Projekt mitgetragen, mitgedacht und über einen ziemlich langen Zeitraum ausgehalten hat. Vanessa, ohne dich würde es dieses Buch nicht geben. Ich danke meinem Lieblingskollegen, der mich vom ersten Tag bestärkt, entlastet und unterstützt hat. Deine Zugewandtheit und Selbstlosigkeit haben mich berührt, lieber Florian. Tom, Gunther, Lennart, Jonas und Leif gaben mir im Rahmen des »Darmstädter Männerkolloquiums« wertvolle Denkanstöße. Meine Kinder und meine Mutter fragten im letzten Jahr immer wieder geduldig und verständnisvoll: »Wie läuft es mit dem Schreiben?« Danke für euer Verständnis und eure Geduld, denn gemeinsame Zeit gab es viel zu selten.

Ich danke meiner Literaturagentin Heike Wilhelmi, die von der Idee dieses Buches vom ersten Tag begeistert war und die mit viel Engagement und Herzblut die idealen Rahmenbedingungen geschaffen hat. Tabea Kalb vom Heyne Verlag war mir eine geduldige und kompetente Begleiterin, deren Impulse an vielen Stellen im Buch aufleuchten. Ebenso bin ich Kerstin Lücker dankbar für den vertrauensvollen Austausch und die konstruktive gemeinsame Arbeit am Manuskript. Christoph Erbslöh danke ich für die schier unendliche Geduld in Bezug auf meine Grafikwünsche. Tobias Effertz von der Universität Hamburg hat mich mit Daten versorgt. Schließlich danke ich Gerhard Schreiber und Lisa Wille von der TU Darmstadt. Der Gastvortrag, zu dem sie mich im Jahr 2019 eingeladen haben, hat mir die Augen für das Potenzial der volkswirtschaftlichen Kosten ungesunder Männlichkeit geöffnet.

Abbildungs- und Tabellenverzeichnis

Abbildungen

Abb. 1: Durchschnittliche Kosten pro Hafttag 29
Abb. 2: Häftlinge nach Geschlecht 30
Abb. 3: Justizvollzugskosten 31
Abb. 4: Mehrkosten durch Justizvollzug 31
Abb. 5: Rückfallquote 32
Abb. 6: Direkte Kosten infolge häuslicher Gewalt 38
Abb. 7: Indirekte Kosten infolge häuslicher Gewalt 40
Abb. 8: Mehrkosten infolge häuslicher Gewalt 41
Abb. 9: Opfer häuslicher Gewalt 2019 43
Abb. 10: Partnerschaftsgewalt mit tödlichem Ausgang 46
Abb. 11: Mehrkosten durch Alkoholkonsum 51
Abb. 12: Rauchende nach Geschlecht 53
Abb. 13: Stark Rauchende nach Geschlecht 54
Abb. 14: Mehrkosten durch Rauchen 55
Abb. 15: Pathologische Spieler:innen in Deutschland 58
Abb. 16: Pathologische Spieler:innen nach Geschlecht 58
Abb. 17: Mehrkosten durch Glücksspiel 59
Abb. 18: Mehrkosten durch illegale Drogen 63
Abb. 19: Mehrkosten durch süchtige Männer 64
Abb. 20: Tatverdächtige 2019 insgesamt 69
Abb. 21: Tatverdächtige Mord und Totschlag 70
Abb. 22: Tatverdächtige Diebstahl insgesamt 70
Abb. 23: Tatverdächtige Diebstahl (schwer) 71
Abb. 24: Tatverdächtige Diebstahl (leicht) 72
Abb. 25: Mehrkosten durch teure Langfinger 72
Abb. 26: Tatverdächtige Wirtschaftskriminalität gesamt 77
Abb. 27: Mehrkosten durch Wirtschaftskriminalität 78

Abb. 28: Beschwerdefreie Jahre ab 65 Jahre 81
Abb. 29: Übergewichtige Männer und Frauen in der Geschlechtergruppe 83
Abb. 30: Mehrkosten aufgrund von Übergewicht 84
Abb. 31: Mehrkosten in der Jugendhilfe 88
Abb. 32: Polizeistunden Saison 2018/2019 93
Abb. 33: Gesamte Polizeikosten 2018/2019 94
Abb. 34: Mehrkosten durch Hooligans 94
Abb. 35: Anzahl gewaltbereiter und Gewalt suchender Fans 95
Abb. 36: Unfälle mit Personenschaden 98
Abb. 37: Mehrkosten durch Verkehrsunfälle 99
Abb. 38: Mehrkosten durch Fleischkonsum 114
Abb. 39: Tag der ungleichen Lebenserwartung 123
Abb. 40: Suizide nach Geschlecht 2019 127
Abb. 41: Entwicklung Suizide nach Geschlecht von 1980–2019 128
Abb. 42: Tatverdächtige bei rechten Gewalttaten in Berlin 2019 144
Abb. 43: Pornokonsum in der Altersgruppe 14–16 Jahre 152
Abb. 44: Straftaten gegen die sexuelle Selbstbestimmung 167
Abb. 45: Step by step in Richtung Gleichstellung – gemeinsam! 275

Tabellen

Tab. 1: Missbrauch und Abhängigkeit nach Geschlecht 50
Tab. 2: Geschlechterverteilung Stoffgruppe und Betreuungsform 62
Tab. 3: Mehrkosten durch süchtige Männer 64
Tab. 4: Bestand der Halter:innen 109
Tab. 5: Ausgewählte Fahrzeuge nach Haltergeschlecht 110
Tab. 6: Summe volkswirtschaftliche Kosten 116
Tab. 7: Schulabschlüsse nach Alter und Geschlecht 232
Tab. 8: Geschlechterverteilung nach Branchen 236
Tab. 9: Geschlechterverteilung nach Studiengängen 238

Register

A

ADAC 105, 119
AfD 147
Alkohol 28, 48–52, 64, 101–02, 117
Alternative Lebensformen 220–23
Antifeminismus 134
Antisemitismus 140–41, 146, 165–66
Ausbildungsbetriebe 228
Auszubildende 236–37, 239
Autoposer 102–03

B

BAST/Bundesanstalt für Straßenwesen 99
Berufsgenossenschaften 262
BFKM/Bundesfach- und Koordinierungsstelle Männergewaltschutz 209–10
BILD-Zeitung 182, 274
BIP/Bruttoinlandsprodukt 63–64
BKA/Bundeskriminalamt 45, 68–69, 73, 119, 144, 168, 210, 217
BMFSFJ/Bundesministerium für Familie, Senioren, Frauen und Jugend 36–37, 44, 227, 269
Bundesforum Männer 201–06
Bundesstiftung Gleichstellung 227, 259–60, 272
Burschenschaften 146–47
BzgA/Bundeszentrale für gesundheitliche Aufklärung 57, 264

C

Care-Arbeit 90, 207, 275
Catcalling 131–32, 167
CEDAW 224
CO_2 104, 110–11, 154

D

Depressionen 24, 126, 128–29, 139
Depressionshilfe 128–29
Deutsche Hauptstelle für Suchtfragen 50–51, 65
Deutscher Verkehrssicherheitsrat 119, 266–67
Deutscher Bauernverband e.V. 105–06
DFB/Deutscher Fußballbund 172–76
Direkt tangible Kosten 21
Diskriminierung 96, 100, 130, 134, 137, 224
DOSB/Deutscher Olympischer Sportbund 179
Dossier zur Gleichstellungspolitik für Jungen und Männer in Deutschland 230
Drogen 28, 33, 48–49, 56, 60–65, 85–87, 102, 117, 155–56, 261, 276
Drogenhilfe 47–48, 60, 62, 85, 155

E

Einsamkeit 119, 138–40, 192, 197–98, 211, 216–17, 222
Ernährung 13, 79–81, 115–16, 125, 276
Erwachsenenbildung 245
Essstörung 48, 118

F

Feminismus 131, 133–34, 143–44, 169, 187–89, 191, 193–200, 226, 241, 257, 273
FGSV 106–07
Film und Fernsehen 247–49, 251

Fleischkonsum 106, 108, 111–15
Frauenbewegung 134, 204
Frauenfeindlichkeit 140, 163, 169
Frauenhass 130, 134–35, 139, 141, 166
Frauenhäuser 35, 38–39, 210
Frühe Hilfen 228

G
Gangsta-Rap 161–66
Gefängnisse 28–33, 41, 116–17, 162, 240, 248, 270
Gefühle 15, 18, 25, 28–29, 37, 48–49, 52, 69, 89, 130, 158, 190–91, 194, 199, 211, 233, 263, 275
Gender Equality Index 13
Gendermarketing 257
Geschlechtergerechtigkeit 10–11, 14, 66, 122, 124–25, 133, 137, 153, 160, 169, 176, 178, 186, 194, 196, 198–200, 202, 204–05, 215, 223–24, 226–27, 234, 241–42, 244–45, 248, 253–54, 257, 269–75
Geschlechterreflektierte Arbeit 89, 91, 201, 245
Geschlechterreflektierte Jugendarbeit 242–44
Geschlechterrollen 48, 238, 243, 252, 255, 258
Geschlechterstereotype 25, 76, 79, 103, 129, 229–31, 233, 239, 248–49, 253, 258
Gesundheitswesen 18, 38–39, 51, 73, 84, 181, 202, 205, 262–64
Gewalttaten 34, 38, 40, 144
Gleichberechtigung 13, 82, 134, 137, 140, 149, 169, 172, 179, 188, 194, 253, 258, 268, 274–75
Gleichstellung 14, 82, 100, 189, 201, 203–05, 210, 226–28, 245, 259–60, 268–73, 275–76
Gleichstellungsberichte 137, 232, 235, 239, 268
Gleichstellungsmonitor 268–72
Gleichstellungspolitik 133–34, 204, 227–30, 232, 239, 241, 269, 272
Glücksspiel 56–60, 64, 117

H
Hass 93, 122, 130–31, 133–41, 163, 166, 184
HateAid 136, 138
Häusliche Gewalt 21, 34–46, 50, 116–17, 131, 133, 210
Helden 52, 248
Hellfeld 37, 42, 159
Hochschulen 91, 107, 150, 182, 231–32, 254
Homophobie 15, 93, 96–97
Hooligans 92, 94, 97, 116–17, 252

I
Illegale Drogen/Substanzen 48, 60–64, 117, 261
Incels 133, 138–40
Indirekt tangible Kosten 21
Inflationsrate 22
Influencer 137, 251, 254
Inobhutnahme 218
Internet 113, 135, 137, 153, 155, 246, 251–52, 271, 274
Isle of Man 265, 267
Istanbul Konvention 210

J
Jugendämter 17, 86, 89–91, 132, 218, 229
Jugendhilfe 8, 19, 85–91, 116–17, 211, 244
Justizvollzug 30–31, 33

K
Kapitalismus 59, 77, 104, 112, 150–51, 164, 215, 242
KBA/Kraftfahrtbundesamt 101, 109–10, 265–66
Kernfamilie 19, 134, 214, 217–18, 220–21, 273
Kinderbetreuung 222, 226, 229, 231

Kindergarten 78, 89, 190, 197, 228, 230–31, 235, 238–39, 259, 273
Kleinfamilie 158, 214–23
Klimawandel 107, 195
Klosterstudie 24, 125
Konkurrenz 16, 23, 76, 164, 176, 182, 191–93, 197, 211, 227, 233, 276
Konsumraum 47, 62
Kooperation 14, 16, 176, 191–93, 195–96, 233, 276
Körperverletzung 35–36, 155
Kulturrat 253

L
Lebenserwartung 24, 123–25, 129, 217, 264

M
Männer- und Gewaltberatung 29, 42
Männerberater 126, 212–13
Männerberatung 29, 44, 138, 211–13, 241
Männerberatungsnetz 205–06
Männerbewegung 196, 204
Männerbünde 74, 76, 175, 191
Männergesundheit 261–64
Männergewaltschutz 44–45, 203, 209–10
Männerpolitik 203–04
Männerrechtsbewegung 133, 169
Männerschutzwohnungen 44
Männliche Sozialisation 15, 126, 194, 202, 205
Medien 15, 19, 28, 32, 96, 101, 112–13, 124, 136, 139, 152, 154, 157, 166–67, 176–80, 182, 233, 237, 242–43, 246–54, 257, 270, 271
Medikamentenmissbrauch 48
#MeToo 240–42
Mein Testgelände 258–59
Ministerium für Einsamkeit 217
Misogynie 163, 169
Mord 35, 39, 69–70, 141
MPU 102, 266

N
Neoliberalismus 77, 164, 166, 169, 176, 195, 242, 251

O
Opferberatungsstellen 44

P
Partnerschaftsgewalt 35–37, 39, 41–43, 45–46, 270
Phaemoberater 213
Pinkstinks 249–50, 257–59
Polizei 37–39, 42, 44, 67–68, 73, 76, 77, 92–95, 99, 102–03, 141–43, 145, 156, 163
Pornografie 18, 142, 150–54
Pornoindustrie 153, 155
Prostituierte 155–56, 158–60, 166
Prostitution 18, 155–61, 166

R
Rauchen 48, 52–55, 208
Rechtsextremismus 122, 141–46, 252
Reichsbürger 145–46
Robert Koch Institut 82, 119, 264
Rollenklischees 79, 126, 204, 233, 239, 253–54, 260
Rollenmuster 25, 89, 129, 241, 273
Rollenstereotype 9–10, 16, 24–25, 49, 88, 102–03, 107, 110, 126, 132, 157, 180, 197, 211, 225, 228–34, 238–39, 244–46, 248, 255–59, 263, 266, 274
Ruhestand 91, 193, 211, 245, 262

S
SAGE-Berufe 202, 246
Scham 43–44, 57, 119, 138, 190–91, 211
Schulen 217, 228, 234–35, 243–45, 253, 257, 259

Sesshaftwerdung 157, 215
Sex 139, 149–50, 154, 156, 160, 166, 215
Sexualität 18, 122, 143, 149–50, 153, 155, 157–58, 161, 172, 184, 203, 206
Sexuelle Selbstbestimmung 158, 167–68, 203
Single-Börsen 274
Sorgearbeit 11, 193, 201, 207–08, 221
Sorgerecht 221
Sozialverband katholischer Männer 213
Sport 59–60, 93, 95, 122, 169–80, 184, 217, 244, 251, 265
Sportwettenanbieter 60
Statistisches Bundesamt (Destatis) 14, 18, 20, 51, 81, 86, 88, 99–100, 123, 159, 204, 221, 235, 267
Stiftung Männergesundheit 123–25, 264
Stokowski, Margarete 12, 137, 199, 255
Straftaten 32–33, 68–78, 143–45, 147, 156, 167–68, 270
Strafvollzug 18, 30, 33, 39, 61
Straßenverkehr 14, 22, 102–03, 108–11, 265–67
Sucht 13, 19–20, 22, 24, 33, 47–66, 116–18, 156, 211
Suchthilfe 50–51, 57, 62–63, 65–66
Suizid 12, 18, 24, 122–123, 126–29, 262

T

Tabak 48–49, 52–55, 64, 117
Tablettensucht 118
Täter- und Opferarbeit 202
Totschlag 35, 39, 69–70
Toxische(s) männliche(s) Verhaltensweisen/Verhalten 8, 18–19, 24–25, 32, 49, 77, 92, 95, 103, 116, 119, 125, 184, 275–76
Toxische Männlichkeit 8, 140, 158
Traumata 36, 40, 119, 276
Trojanisches Pferd 14, 184

U

UEFA 171–76
Umweltbundesamt 105, 110–11, 219
Unfallkassen 262, 266
Unfallstatistik 265–67
Universitäten 182, 226, 228, 232, 239, 254, 271

V

Väter/Vaterschaft 201–02, 206, 211, 217–18, 221, 234, 245, 273, 275
Verkehrsunfälle 13, 18, 24, 98–99, 116, 245
Volkswirtschaftliche Kosten 18, 20–21, 46, 49, 51, 54–57, 60–61, 73, 84, 98–100, 108, 113, 116–18, 184, 204, 271, 277

W

Weiblichkeit 9, 19, 129, 147, 157, 161, 164, 193–94, 196, 229, 242–43, 248–51, 253, 273
Werbung 52, 60, 112–13, 248–51
Wettanbieter 60
Wettbewerb 49, 77, 164, 196, 233

Y

YouTube 111, 124, 141, 162, 165, 247, 252, 274

Quellen und Anmerkungen

Die detaillierten, klickbaren Links zu den einzelnen Quellen können unkompliziert unter www.was-maenner-kosten.de nachverfolgt werden.

1 Keller, Matthias; Kahle, Irene (2018): Realisierte Erwerbstätigkeit von Müttern und Vätern zur Vereinbarkeit von Familie und Beruf. In: Wista-Wirtschaft und Statistik 3/2018.

2 Wikipedia.de: »Kosten-Nutzen-Analyse«, https://de.wikipedia.org/wiki/Kosten-Nutzen-Analyse (letzter Zugriff: 30.3.2021).

3 §7 Wirtschaftlichkeit und Sparsamkeit, Kosten- und Leistungsrechnung in der Bundeshaushaltsordnung.

4 Jacobi, F. u.a. (2014): Psychische Störungen in der Allgemeinbevölkerung. Studie zur Gesundheit Erwachsener in Deutschland und ihr Zusatzmodul Psychische Gesundheit (DEGS1-MH), in: Der Nervenarzt 1/2014.

5 Wong, Joel Y. u.a. (2017): Meta-Analyses of the Relationship Between Conformity to Masculine Norms and Mental Health-Related Outcomes, in: Journal of Counseling Psychology 2017, Vol. 64, No. 1, S. 80–93.

6 Personenstandsgesetz (PStG) §22 Abs. 3.

7 Statistikportal des Bundes und der Länder: Drittes Geschlecht – Umgang mit dem Dritten Geschlecht in der amtlichen Statistik.

8 von Heesen, Boris (2018): Zu Besuch im Männerknast, in: Männeraufbruch 2019. Menslit Verlag Darmstadt.

9 Thurm, Frieda (2018): Ersatzfreiheitsstrafen kosten hunderte Millionen Euro, in: Die Zeit, 22.2.2018.

10 Justiz NRW: https://www.justiz.nrw.de/Gerichte_Behoerden/zahlen_fakten/statistiken/justizvollzug/kosten.pdf (letzter Zugriff 21.3.2021).

11 Destatis (2021): Bestand der Gefangenen und Verwahrten in den deutschen Justizvollzugsanstalten – Januar bis Juni 2021.

12 Jehle, Jörg-Martin u.a. (2020): Legalbewährung nach strafrechtlichen Sanktionen – Eine bundesweite Rückfalluntersuchung 2013–2016 und 2004–2016. Hrsg. v. Bundesministerium für Justiz und Verbraucherschutz.

13 Bola, JJ (2020): Sei kein Mann. Hanserblau, S. 41.

14 Galli, Thomas (2020): Weggesperrt. Edition Körber.

15 Overweg, Calle (2003): Das Problem ist meine Frau – Täterarbeit in der Praxis. Eine dokumentarische Inszenierung. Lauramedia. Der Film ist als DVD verfügbar oder kann über Vimeo gestreamt bzw. heruntergeladen werden.

16 Partnerschaftsgewalt – Kriminalstatistische Auswertung, Berichtjahr 2019. Bundeskriminalamt Wiesen, Stand 2020.

17 Häusliche Gewalt – Frauen vor Gewalt schützen. In: Bundesministerium für Familie, Senioren, Frauen und Jugend (10.11.2020).
18 Müller, Ursula u.a. (2004): Lebenssituation, Sicherheit und Gesundheit von Frauen in Deutschland. Eine repräsentative Studie zu Gewalt gegen Frauen in Deutschland im Auftrag des BMFSJF.
19 Häusliche Gewalt in Zahlen (2019). Weisser Ring: https://weisser-ring.de/system/files/domains/weisser_ring_dev/downloads/daten-zahlen-faktenwr.pdf (letzter Zugriff: 24.5.2021).
20 Sacco, Sylvia (2017): Häusliche Gewalt, Kostenstudie für Deutschland – Gewalt gegen Frauen in (ehemaligen) Partnerschaften. Tredition Verlag, Hamburg.
21 Website des Bundeskriminalamtes zum jährlichen Lagebild der Partnerschaftsgewalt. https://www.bka.de/DE/AktuelleInformationen/StatistikenLagebilder/Lagebilder/Partnerschaftsgewalt/partnerschaftsgewalt_node.html (letzter Zugriff: 27.6.2021).
22 Partnerschaftsgewalt – Kriminalstatistische Auswertung, Berichtsjahr 2019 (2020).
23 Gewalt gegen Männer in Deutschland – Personale Gewaltwiderfahrnisse von Männern in Deutschland (2004).
24 Bundesfach- und Koordinierungsstelle Männergewaltschutz. https://www.maennergewaltschutz.de/ (letzter Zugriff: 27.6.2021).
25 Partnerschaftsgewalt – Kriminalstatistische Auswertung, Berichtsjahr 2019 (2020).
26 Integrative Drogenhilfe e.V., Jahresbericht 2019: https://www.idh-frankfurt.de/images/downloads/Jahresbericht_2019.pdf (letzter Zugriff: 30.5.2021).
27 Stadt Frankfurt – Konsumraumdokumentation 2018: https://frankfurt.de/service-und-rathaus/verwaltung/aemter-und-institutionen/drogenreferat/fakten-zahlen/konsumraumdokumentation (letzter Zugriff: 30.5.2021).
28 KKH Krankenkasse (2020) – Hungern und Stählen bis zum Umfallen. https://www.kkh.de/presse/pressemeldungen/hungern-und-staehlen-bis-zum-umfallen#:~:text=Das Prozent20Ergebnis Prozent3A Prozent20Von Prozent202008 Prozent20auf,M ProzentC3 ProzentA4nner Prozent20an Prozent20einer Prozent-20Essst ProzentC3 ProzentB6rung Prozent20erkrankt (letzter Zugriff: 30.05.2020).
29 Stöver, Heino (2004): Mann, Rausch, Sucht – Konstruktionen und Krisen von Männlichkeit, in: Suchtmagazin 5/2004.
30 Stöver, Heino; Bohnert, Franziska (2014) in: Anwendung und Bewertung des Handbuchs »Männlichkeiten und Sucht« – eine Evaluationsstudie, Forum Sucht Sonderband 9 der LWL Koordinationsstelle Sucht.
31 Müller, Jakob (1996): Männerspezifische Suchtaspekte. Zeitschrift Abhängigkeiten, Ausgabe 2, Seiten 38–42.
32 Effertz, Tobias (2015): Die volkswirtschaftlichen Kosten gefährlichen Konsums: Eine theoretische und empirische Analyse für Deutschland am Beispiel Alkohol, Tabak und Adipositas.
33 Außerdem: Destatis (2020): Steuereinnahmen – Kassenmäßige Steuereinnahmen des Bundes, der Länder und der Gemeinden nach Steuerarten.
34 Rummel, Christina; Lehner Birgit; Kepp, Jolanthe (2021): Daten, Zahlen, Fakten in: DHS Jahrbuch Sucht 2021. Hrsg. Deutsche Hauptstelle für Suchtfragen e.V. Die Werte ergeben sich, wenn die relative Häufigkeit von Abhängigkeit und Missbrauch in der Geschlechtergruppe mit Zahlen aus der Bevölkerungsstatistik für die Altersgruppe von 18–64 Jahren belegt wird.
35 Todesursachen in Deutschland. Destatis 2017; Fachserie 12, Reihe 4.

36 Ebd.

37 Dauber, Hanna; Künzel, Jutta u.a. (2021): Die Jahresstatistik 2019 der deutschen Suchthilfe. In: DHS Jahrbuch Sucht 2021. Hrsg. Deutsche Hauptstelle für Suchtfragen e.V., Hamm.

38 Wikipedia.org: https://en.wikipedia.org/wiki/Marlboro_Man#Smoking-related_deaths (letzter Zugriff: 3.1.2022).

39 Datenbank der Gesundheitsberichterstattung des Bundes (GBE): Verteilung der Bevölkerung nach ihrem Rauchverhalten (in Prozent). Gliederungsmerkmale: Jahre, Deutschland, Alter, Geschlecht, Rauchverhalten. www.gbe-bund.de (letzter Zugriff: 03.06.2021).

40 Gewichtung der Bevölkerungszahlen mit dem Rauchverhalten nach Geschlecht. Genesis-Online. Die Datenbank des Statistischen Bundesamtes. Tabelle: 12411-0006 mit Bevölkerungsdaten nach Geschlecht und Alter ab 15 Jahren mit Stichtag zum 31.12.2019. https://www-genesis.destatis.de/ (letzter Zugriff: 03.06.2021).

41 Effertz, Tobias (2020): Die volkswirtschaftlichen Kosten von Alkohol und Tabak in Deutschland, in: DHS Jahrbuch Sucht 2020. Hrsg. Deutsche Hauptstelle für Suchtfragen e.V., Hamm.

42 Destatis (2020): Volkswirtschaftliche Gesamtrechnungen Bruttoinlandsprodukt, Bruttonationaleinkommen, Volkseinkommen Lange Reihen ab 1925.

43 Bundesverband der Tabakwirtschaft und neuartiger Erzeugnisse. Hauptgeschäftsführer Jan Mücke.

44 Tabakwerbung wird weitgehend verboten, in: Website der Bundesregierung. https://www.bundesregierung.de/breg-de/suche/tabakwerbeverbot-1766070 (letzter Zugriff: 3.6.2021).

45 Destatis (2020): Kassenmäßige Steuereinnahmen des Bundes, der Länder und der Gemeinden nach Steuerarten.

46 Diese Prozentwerte errechnen sich durch die Umrechnung der Anteile der Raucher nach Geschlecht in absolute Zahlen. Hierfür wurde die Bevölkerungsstatistik mit Stichtag vom 31.12.2017 (dem gleichen Jahr, in dem auch die Raucherzahlen erhoben wurden) herangezogen.

47 von Heesen, Boris (2017): rien ne va plus – Nichts geht mehr – von der Glücksspielsucht, in: Männeraufbruch 2018, Menslit Verlag Darmstadt.

48 Becker, Tilmann (2011): Soziale Kosten des Glücksspiels in Deutschland, Forschungsstelle Glücksspiel – Universität Hohenheim.

49 Meyer Gerhard (2021): Glücksspiel Zahlen und Fakten, in: DHS Jahrbuch Sucht 2021. Hrsg. Deutsche Hauptstelle für Suchtfragen e.V., Hamm.

Weitere Quelle:

Destatis, Bruttoinlandsprodukt pro Erwerbstätigem, in: Bruttoinlandsprodukt, Bruttowertschöpfung in den Ländern der Bundesrepublik Deutschland 1991 bis 2020; Reihe 1, Ländergebnisse Band 1, Reiter 3.1. https://www.statistikportal.de/sites/default/files/2021-03/vgrdl_r1b1_bs2020_0.xlsx (letzter Zugriff: 3.6.2021) sowie Verbraucherpreisindexentwicklung von 1991-2021: https://www-genesis.destatis.de/genesis/online?operation=ergebnistabelleUmfang&levelindex=1&levelid=1622732361600&downloadname=61111-0002#abreadcrumb (letzter Zugriff. 3.6.2021).

Fortschreibungsmethode: Die direkten Kosten wurden mit dem Anstieg des Verbraucherpreisindex von 2010–2021 gewichtet. Zudem wurden in der Berechnung aktuelle Zahlen für die Nutzung ambulanter und stationärer Suchthilfeangebote im Bereich Glücksspiel aus dem Jahr 2019 berücksichtigt. Schließlich wurden die indirekten Kosten auf Basis des Bruttoinlandsproduktes je Erwerbstätigem aus dem Jahr 2020 berechnet.

50 Banz, M. (2019). GLÜCKSSPIELVERHALTEN UND GLÜCKSSPIELSUCHT IN DEUTSCHLAND. Ergebnisse des Surveys 2019 und Trends. BZgA-Forschungsbericht. Köln: Bundeszentrale für gesundheitliche Aufklärung.

51 Hanfeld, Michael (2021): Schweinsteigers Uhr. Faz.net: https://www.faz.net/aktuell/feuilleton/bastian-schweinsteiger-bleibt-fussball-experte-der-ard-17441217.html (letzter Zugriff: 29.7.2021).

52 Mostardt, S.; Flöter, S.; Wasem J. u.a. (2006): Schätzung der Ausgaben der öffentlichen Hand durch den Konsum illegaler Drogen in Deutschland.

53 Methodische Erläuterung bei der Fortschreibung der Studienergebnisse von Mostardt, Flöter, Wasem: Die Studie ermittelt Kosten in Höhe von 3,7–4,6 Milliarden Euro direkte volkswirtschaftliche Kosten für das Jahr 2006. Von dem unteren Schätzwert wird zunächst der Kostenblock für den Strafvollzug in Höhe von 486 Millionen Euro abgezogen. Das Ergebnis wird mit dem Anstieg des Preisniveaus vom 1.1.2006 bis zum 1.4.2021 gewichtet: (3,7 Milliarden Euro – 0,486 Milliarden Euro) * 1,25 (Preisniveauanstieg) = 4,01 Milliarden Euro.

54 Fischer, B.; Mäder, B.; Telser H. (2021): Volkwirtschaftliche Kosten von Sucht. Studie im Auftrag des Schweizer Bundesministeriums für Gesundheit. Polynomics Institut.

55 Dauber, H.; Künzel, J.; Schwarzkopf, L.; Specht, S. (2020): Suchthilfe in Deutschland 2019. Jahresbericht der deutschen Suchthilfestatistik. IFT Institut für Therapie- und Suchtforschung München.

56 Jahresbericht der Drogenbeauftragten der Bundesregierung 2020. Herausgeber: Drogenbeauftragte der Bundesregierung beim Bundesministerium für Gesundheit.

57 Jahresbericht der Drogenbeauftragten der Bundesregierung 2019. Herausgeber: Drogenbeauftragte der Bundesregierung beim Bundesministerium für Gesundheit.

58 DHS Jahrbuch Sucht 2020. Hrsg. Deutsche Hauptstelle für Suchtfragen e.V., Hamm.

59 DHS Jahrbuch Sucht 2021. Hrsg. Deutsche Hauptstelle für Suchtfragen e.V., Hamm.

60 Zum Zeitpunkt der Untersuchung lag die Kriminalitätsstatistik für das Jahr 2020 des BKA schon vor. Aufgrund der Tatsache, dass die Corona-Pandemie die Daten in mehreren Fallgruppen deutlich beeinflusst hat, wurde auf die mit den Vorjahren vergleichbaren Daten aus dem Jahr 2019 zugegriffen.

61 PKS 2019 Bund – Tatverdächtige insgesamt – T20 Tatverdächtige nach Alter und Geschlecht. T-20Bund-TV.

62 Ebd.

63 Ebd.

64 Strafgesetzbuch, Diebstähle unter erschwerenden Umständen (§§243–244)a.

65 PKS 2019 Bund – Tatverdächtige insgesamt – T20 Tatverdächtige nach Alter und Geschlecht. T-20Bund-TV.

66 PKS 2019 Bund – Falltabellen – T7 Aufgliederung der Straftaten nach Schadenshöhe. T7-Bund- Schaden.

67 Ebd.

68 Berechnung der Schäden durch Diebstähle auf der Basis der Polizeistatistik 2019 des BKA:

	Schadenshöhe	Anteil Männer	Anteil Frauen
Schwerer Diebstahl	1.576.702.574 €	87 Prozent	13 Prozent
		1.371.731.239 €	204.971.334 €
Einfacher Diebstahl	516.794.445 €	67 Prozent	33 Prozent
		346.252.278 €	170.542.167 €
Summe	2.093.497.019 €	1.717.983.517 €	375.513.501 €

69 Heeks, M.; Reed, S.; Tafsiri, M.; Prince, S. (2018): The economic and social costs of crime – second edition. Home Office. https://assets.publishing.service.gov.uk/government/uploads/system/uploads/attachment_data/file/954485/the-economic-and-social-costs-of-crime-horr99.pdf (letzter Zugriff: 10.6.2021).

70 Ackermann, L; Becker, B; Daubenberger, M. u.a (8.6.2017) in: Die Zeit: Der größte Steuerraub in der deutschen Geschichte. https://www.zeit.de/2017/24/cum-ex-steuerbetrug-steuererstattungen-ermittlungen/komplettansicht (letzter Zugriff: 12.6.2021).

71 Dunkel, M. (25.3.2021): Warum sich Mr. Cum-Ex als Opfer eines Justizskandals sieht, in: Capital: https://www.capital.de/wirtschaft-politik/hanno-berger-besuch-bei-mr-cum-ex?article_onepage=true (letzter Zugriff: 12.6.2021).

72 Schröm, O.; Salewski, C.; Argüeso, O. u.a. (2018): CumEx-Files – Wie Bänker, Anwälte und Superreiche Europa ausrauben. Correctiv -Recherchen für die Gesellschaft: https://cumex-files.com/ (letzter Zugriff: 12.6.2021).

73 Hartmann, M. (2018): Die Abgehobenen. Campus-Verlag.

74 Siehe Anm. 70.

75 Striegl, S. (14.10.2020) SWR2 Wissen Radiobeitrag: Wirtschaftskriminalität – Cum-Ex, Wirecard, VW-Skandal. https://www.swr.de/swr2/wissen/wirtschafts-kriminalitaet-cum-ex-wirecard-vw-skandal-swr2-wissen-2020-10-14-100.html (letzter Zugriff: 12.6.2021).

76 Iwersen, S.; Votsmeier V. (16.3.2021): Cum-Ex Chefermittlerin Anne Brorhilker wird befördert, in: Handelsblatt.com.

77 Abgasskandal, auf wikipedia.de: https://de.wikipedia.org/wiki/Abgasskandal (letzter Zugriff: 12.6.2021).

78 Wirecard, auf wikipedia.de: https://de.wikipedia.org/wiki/Wirecard (letzter Zugriff: 12.6.2021).

79 PKS 2019 Bund – Tatverdächtige insgesamt – T20 Tatverdächtige nach Alter und Geschlecht. T-20Bund-TV.

80 Der genaue Betrag, der für alle Wirtschaftsstraftaten im Jahr 2019 ermittelt wurde, beträgt 2.973.050.341 Euro.

81 PKS 2019 Bund – Falltabellen – T7 Aufgliederung der Straftaten nach Schadenshöhe. T7-Bund- Schaden.

82 Siehe Anm. 70.

83 Siehe Anm. 71.

84 Ernährungsreport 2021. Forsa-Institut im Auftrag des Bundesministeriums für Ernährung und Landwirtschaft. https://www.bmel.de/DE/themen/ernaehrung/ernaehrungsreport-ueberblick.html (letzter Zugriff: 17.6.2021).

85 Koch, F.; Heuer, T.; Krems, C; Claupein, E. (2019): Meat and non-meat consumers in Germany: a characterization, based on results of the German National Nutrition Survey III. In: JNS – Journal of nutritional science.

86 Siehe Anm. 84.

87 Studie: Vegetarismus und Flexitarismus Monitor 2020, Online-Umfrage durch Splendid Research. https://www.splendid-research.com/de/component/zoo/item/studie-vegetarismus-flexitarismus-2020.html (letzter Zugriff: 17.6.2021).

88 Siehe Anm. 84.

89 Fakten zur veganen Ernährung in Deutschland (2016), Skopos Group: https://www.skopos-group.de/news/13-millionen-deutsche-leben-vegan.html (letzter Zugriff: 17.6.2021).

90 Siehe Anm. 84.

91 Männer essen anders (7.1.2014). Presseinformation der Deutschen Gesellschaft für Ernährung mit Daten aus dem 12. Ernährungsbericht: https://www.dge.de/presse/pm/maenner-essen-anders/ (letzter Zugriff: 17.6.2021).

92 Siehe Anm. 84.

93 Beef, ein Magazin der Gruner & Jahr Gruppe hat laut Leserbefragung aus dem Jahr 2018 einen Anteil von 94 Prozent männlichen Lesern. Fire & Food sowie Craft Beer weisen keine präzisen Zielgruppen aus, geben aber an, dass ihre Leser hauptsächlich Männer sind.

94 Gesunde Lebensjahre im Alter von 65 Jahren, Eurostat. Online Datencode: TEPSR_SP320. Letzte Aktualisierung 2021.

95 Global Gender Gap Report 2021 – World Economic Forum. Economy Profiles – Norway. https://www.weforum.org/reports/global-gender-gap-report-2021/in-full/economy-profiles (letzter Zugriff: 17.6.2021).

96 Geda-Studie – Eine Studie des Robert Koch Instituts. https://www.geda-studie.de/deutsch/home.html (letzter Zugriff: 17.6.2021).

97 Heidemann, C.; Kuhnert, R.; Born, S.; Scheidt-Nave, C: 12-Monats Prävalenz des bekannten Diabetes Mellitus in Deutschland (2017). Fact Sheet in: Journal of Health Monitoring des Robert Koch Instituts.

98 Busch, M.; Kuhnert, R.: 12-Monats Prävalenz einer koronaren Herzerkrankung in Deutschland (2017). Fact Sheet in: Journal of Health Monitoring des Robert Koch Instituts.

99 Der Body-Mass-Index (BMI) dient zur Abschätzung des Körperfettanteils. Für die Berechnung des BMI wird laut der Deutschen Adipositas Gesellschaft das Körpergewicht in ein Verhältnis zur Körpergröße gesetzt. Er berechnet sich aus dem Quotienten aus Körpergewicht und Körpergröße zum Quadrat. Ab einem BMI von 25 liegt Übergewicht vor und ab einem BMI von 30 Adipositas. Quelle: Deutsche Adipositas Gesellschaft e.V. https://adipositas-gesellschaft.de/bmi/ (letzter Zugriff: 17.6.2021).

100 Schienkiewitz, A.; Mensik, G; Kuhnert, R.; Lange, C.: Übergewicht und Adipositas bei Erwachsenen in Deutschland (2017). Fact Sheet in: Journal of Health Monitoring des Robert Koch Instituts.

101 Die Ermittlung der absoluten Zahlen erfolgte über die Gewichtung der im Fact Sheet des RKI ermittelten Zahlen mit der Bevölkerungsstatistik von Destatis.

Altersgruppen	Prozent ÜG Männer	ÜG Männer	Prozent ÜG Frauen	ÜG Frauen
18-29	33,9 Prozent	2.004.369	26,2 Prozent	1.420.802

Altersgruppen	Prozent ÜG Männer	ÜG Männer	Prozent ÜG Frauen	ÜG Frauen
30-44	60 Prozent	4.790.592	41,5 Prozent	3.199.499
45-64	70,1 Prozent	8.539.970	50,1 Prozent	6.105.244
65 und >	71,3 Prozent	5.652.458	58,9 Prozent	5.985.990
Σ		20.987.390		16.711.534

102 Heavy Burden of Obesity: The economics of prevention – a quick guide for policy makers. OECD (2019) in Verbindung mit: Weniger Übergewicht stärkt Wirtschaft und Gesellschaft, Pressemeldung der OECD vom 10. Oktober 2019.

103 Gesundheitsausgaben im Jahr 2019 auf über 400 Milliarden Euro gestiegen. Destatis: Pressemeldung 167 vom 6. April 2021.

104 Effertz, Tobias (2015): Die volkswirtschaftlichen Kosten gefährlichen Konsums. Eine theoretische und empirische Analyse für Deutschland am Beispiel Alkohol, Tabak und Adipositas. Verlag Peter Lang, Frankfurt am Main.

105 Berlin.de; Bezirksamt Mitte – Der Teilhabefachdienst: https://www.berlin.de/ba-mitte/politik-und-verwaltung/aemter/jugendamt/das-jugendamt-in-meinem-kiez-entdecken/ueberregional/artikel.1016434.php (letzter Zugriff: 22.6.2021).

106 Destatis (2020): Statistik der Kinder und Jugendhilfe. Erzieherische Hilfen, Eingliederungshilfe für seelisch behinderte junge Menschen, Hilfe für junge Volljährige für das Berichtsjahr 2019.
Übersicht der Geschlechterverteilung in den einzelnen Hilfeformen:

Hilfen für unter 18-Jährige	Jungen und junge Männer	Mädchen und junge Frauen
Flex. Hilfen zur Erziehung § 27	55,83 Prozent	44,17 Prozent
Erziehungsberatung § 28	54,11 Prozent	45,89 Prozent
Soziale Gruppenarbeit § 29	70,95 Prozent	29,05 Prozent
Einzelbetreuung § 30	58,10 Prozent	41,90 Prozent
Sozialpäd. Familienhilfe, § 31	53,88 Prozent	46,12 Prozent
Erziehung i. e. Tagesgruppe § 32	73,36 Prozent	26,64 Prozent
Vollzeitpflege § 33	50,39 Prozent	49,61 Prozent
Heimerziehung §34	54,41 Prozent	45,59 Prozent
Int.sozialpäd.Einzelbetr § 35	58,36 Prozent	41,64 Prozent
Eingliederungshilfe § 35a	71,36 Prozent	28,64 Prozent

107 Destatis (2020), Statistiken der Kinder und Jugendhilfe – Einnahmen und Ausgaben für das Berichtsjahr 2019.

108 Kinder- und Jugendhilfereport 2021 extra. Arbeitsstelle für Kinder- und Jugendhilfestatistik im Forschungsverbund mit dem Deutschen Jugendhilfeinstitut der TU Dortmund.

109 Zentrale Informationsstelle Sporteinsätze – Jahresbericht Fußballsaison 2018/2019. Polizei Nordrhein-Westfalen, Landesamt für Zentrale polizeiliche Dienste. Zwar liegt hier schon der Bericht für die Saison 2019/2020 vor, da das Jahr durch die

Corona-Pandemie stark verzerrt ist, hat sich der Autor für die Auswertung des letzten vollständigen Berichtsjahres entschieden.

110 Ebd. S. 6: 2.204.598 Polizeistunden für die drei Profiligen sowie 235.693 Stunden in den fünf Regionalligen.

111 Bundespolizeigesetz, Abschnitt 1, Nummer 8.3.2. https://www.gesetze-im-internet.de/bmibgebv/BJNR135900019.html (Letzter Zugriff: 17.1.2021).

112 Exakt: 67,64 Euro * 2.440.291 = 165.061.283 Euro.

113 Diese Berechnung wird gestützt von einer Schätzung des Landesrechnungshofes Baden-Württemberg in Höhe von 119 Millionen Euro für die ersten fünf Ligen der Saison 2012/2013: Polizeikostenersatz bei kommerziellen Großveranstaltungen, Denkschrift 2015 – Beitrag Nr. 7: https://www.rechnungshof.baden-wuerttemberg.de/de/veroeffentlichungen/denkschriften/317750/317758.html (letzter Zugriff: 20.2.2021).

114 Ebert, Michael (2014): Über 13.000 Ordner kosten 23 Millionen Euro, in: Kicker (11.8.2014).

115 Zentrale Informationsstelle Sporteinsätze – Jahresbericht Fußball Saison 2018/2019. Polizei Nordrhein-Westfalen, Landesamt für Zentrale polizeiliche Dienste, S. 4.

116 Stange, Jennifer (2019): Kein Reservat für Männlichkeit – Weibliche Fans in der Bundesliga, in Deutschlandradiokultur, Beitrag vom 19.5.2019: https://www.deutschlandfunkkultur.de/weibliche-fans-in-der-bundesliga-kein-reservat-fuer.966.de.html?dram:article_id=449174 (letzter Zugriff: 20.2.2021).

117 Zentrale Informationsstelle Sporteinsätze – Jahresbericht Fußball Saison 2018/2019. Polizei Nordrhein-Westfalen, Landesamt für Zentrale polizeiliche Dienste, S. 11. Die Behörden unterscheiden Kategorie A-, B- und C-Fans. Kategorie-A-Fans werden als friedlich klassifiziert. Kategorie-B-Fans sind gewaltbereit und Kategorie-C-Fans Gewalt suchend. Im Untersuchungszeitraum wurden 10.303 Fans der Kategorie B sowie 3.071 Fans der Kategorie C gezählt.

118 Bei den 22 Millionen Besucher:innen handelt es sich im Gegensatz zu den 13.373 gewaltbereiten und Gewalt suchenden Fans nicht um Einzelpersonen. Diese Zahl ist vermutlich auf der Basis der verkauften Tickets ermittelt worden und erfasst somit viele Menschen mehrfach.

119 Tränen bei Salah und Carvajal. ZDF-Experte Oliver Kahn spottet über weinende Spieler (2018), in: Focus Online: https://www.focus.de/sport/fussball/champions-league-traenen-bei-salah-und-carvajal-zdf-experte-oliver-kahn-spottet-ueber-weinende-spieler_id_8990169.html (letzter Zugriff: 3.3.2021).

120 Bartl, Marc (2021): Sky und Fußballkommentator Jörg Dahlmann gehen getrennte Wege, in: Kress News: https://kress.de/news/detail/beitrag/146654-sky-und-sein-fussball-kommentator-joerg-dahlmann-gehen-getrennte-wege.html (letzter Zugriff: 3.3.2021).

121 Ihr könnt auf uns zählen, 11 Freunde Magazin, Nr. 232, 18.2.2021. In der Ausgabe des Fußballmagazins setzen Fußballer:innen mit einer Fotoaktion ein Zeichen gegen Homophobie.

122 Fußballer unterstützen homosexuelle Profis – Philipp Lahm rät vom Coming-out ab, in: Sportschau vom 18.2.2021: https://www.sportschau.de/fussball/philipp-lahm-buch-coming-out-100.html (letzter Zugriff: 21.2.2021).

123 Statista Umfrage 2017 Top-Items: Wer sind Ihrer Meinung nach die besseren Fahrer: Männer oder Frauen?

124 Bundesamt für Straßenwesen (2020): Die volkswirtschaftlichen Kosten von Straßenverkehrsunfällen in Deutschland 2018.

125 Destatis 9.12.2019: Verkehrsunfälle – Unfälle von Frauen und Männern im Straßenverkehr 2018.

126 Herleitung der ermittelten Kosten auf der Basis der Daten des Bundesamtes für Straßenwesen (BASt) sowie des Bundesamtes für Statistik (Destatis). Laut BASt belasten im Straßenverkehr getötete Menschen die Volkswirtschaft dieses Landes im Jahr 2018 mit 3,68 Mrd. Euro. 7,68 Milliarden Euro kosten Schwerverletzte und 1,72 Milliarden Euro Leichtverletzte. In der Auswertung werden die oben genannten Kosten mit Zahlen von Destatis ebenfalls aus dem Jahr 2018 bewertet, in denen die Hauptverursacher:innen der Unfälle mit Personenschaden erhoben werden. Das Besondere an der Auswertung von Destatis: Hier werden Hauptverursacher:innen nach Geschlecht sowie nach der Schwere der Unfälle differenziert. Wie das BAST erhebt Destatis Getötete, Schwerverletzte und Leichtverletzte. In der Tabelle 1 sind die von BAST ermittelten Kosten mit den Daten von Destatis gewichtet worden. Dabei ergeben sich die folgenden Zahlen, aus denen die Mehrkosten ermittelt werden können, die durch Männer verursacht werden:

	Getötete	Schwerverletzte	Leichtverletzte
Männer als Hauptverursacher	1,57 Mrd. €	2,9 Mrd. €	0,74 Mrd. €
Frauen als Hauptverursacher	0,5 Mrd. €	1,7 Mrd. €	0,5 Mrd. €
Differenz	1,07 Mrd. €	1,2 Mrd. €	0,24 Mrd. €
SUMME MEHRKOSTEN	2,51 Milliarden Euro		

Hierfür wurde zunächst berechnet, wie groß der Anteil der Getöteten (56,3 Prozent), Schwerverletzten (60 Prozent) und Leichtverletzten (72 Prozent) war, wenn der Fahrer oder die Fahrerin eines PKW Hauptverursacher:in war. Diese Prozentwerte wurden dann mit den jeweiligen Kostenkategorien aus der BAST Kostenanalyse gewichtet. Also z. B.: 3,68 Milliarden Euro (Kosten für Getötete) * 0,563 (Anteil der durch PKW Getötete). Das Ergebnis wurde dann mit dem Anteil der Opfer gewichtet, die bei einem von Männern bzw. Frauen verursachten Unfall zu Schaden gekommen sind. Die Rechnung lautet dann: (3,68 Milliarden Euro – 0,563)*0,76 (Anteil durch Männer verursacht) = 1,57 Milliarden Euro

127 Sommer, Marcel (2021): Der Lady Tarif hat ausgedient, in: Die Zeit vom 8.11.2021.

128 Kraftfahrtbundesamt (2019): Ausgewählte Maßnahmen zu allgemeinen Fahrerlaubnissen im Jahr 2019 nach Geschlecht und Alter.

129 Verkehrsauffälligkeiten – Zahlen im Überblick 2018. Kraftfahrt-Bundesamt.

130 Im FAIR eingetragene Personen am 1. Januar 2021 nach Geschlecht. Kraftfahrt-Bundesamt.

131 Medizinisch-Psychologische Untersuchung – Anlässe für MPU, in: BMVI.

132 Klipp, Simone (2020): Was passiert bei der MPU? Das Verhalten muss sich nachhaltig ändern, in: Präventionsportal der Gewerkschaft der Polizei.

133 Kilimann, Susanne (2012): Einsicht ist bei der MPU die halbe Miete, in: Die Zeit vom 2.5.2012: https://www.zeit.de/auto/2012-04/mpu-fuehrerschein-entzug/komplettansicht#comments (letzter Zugriff: 2.4.2021).

134 Ernste, Z. (18.9.2019): Keine Klimakrise ohne Geschlecht – Klima und Feminismus. In: Enorm Magazin. https://enorm-magazin.de/gesellschaft/gleichstellung/

feminismus/feminismus-und-klimawandel-keine-klimakrise-ohne-geschlecht (letzter Zugriff: 29.6.2021).

135 Balser, M.: 80:1 für die Autoindustrie -Verkehrsminister Scheuer (28.6.2021), in: Süddeutsche Zeitung. https://www.sueddeutsche.de/politik/scheuer-verkehrsminister-terminkalender-autoindustrie-1.5335058 (letzter Zugriff: 28.6.2021).

136 Der Männerclub – neues ADAC Präsidium (12.5.2019). In: Spiegel Online. https://www.spiegel.de/auto/aktuell/adac-waehlt-neues-praesidium-der-maennerclub-a-1267010.html (letzter Zugriff: 29.6.2021).

137 ADAC kritisiert Vorschläge des Umweltbundesamtes zum Klimaschutz (19.12.2019) in: BR24. https://www.br.de/nachrichten/meldung/adac-kritisiert-vorschlaege-des-umweltbundesamtes-zum-klimaschutz,300272505 (letzter Zugriff: 28.6.2021).

138 Deutscher Bauernverband – Präsident und Vorstand. https://www.bauernverband.de/der-verband/praesident-vorstand (letzter Zugriff: 29.6.2021).

139 Landwirtschaft verstehen – Fakten und Hintergründe (2020). Herausgegeben vom Bundesministerium für Ernährung und Landwirtschaft (BMEL).

140 Pinzler, Petra (10.6.2021): Warum werden Parkplätze eigentlich immer breiter – Die Forschungsgesellschaft für Straßen und Verkehrswesen bestimmt mit, wie breit Straßen und Radwege sind. Dort arbeiten vor allem Befürworter des Autoverkehrs. In: Zeit-Online. https://www.zeit.de/politik/2021-06/fgsv-suv-strassenverkehr-verkehrsministerium-verkehrswende-gremium-macht-5vor8 (letzter Zugriff: 29.6.2021).

141 Ebd.

142 Becker Udo, Schwedes Oliver (2020): Zur Reformbedürftigkeit der Forschungsgesellschaft für Straßen- und Verkehrswesen. Plädoyer für ein repräsentatives Verfahren bei der Festlegung von Richtlinien im Straßenverkehr. https://www.ivp.tu-berlin.de/fileadmin/fg93/Dokumente/Discussion_Paper/DP16_BeckerSchwedes.pdf (letzter Zugriff: 29.6.2021).

143 Infas, DLR, IVT und Infas 360 (2018): Mobilität in Deutschland (im Auftrag des BMVI).

144 Fahrzeugzulassungen. Bestand an Kraftfahrzeugen und Kraftfahrzeuganhängern nach Halter, Wirtschaftszweigen mit dem Stand vom 1. Januar 2020. FZ 23.

145 Fahrzeugzulassungen. Bestand nach Herstellern und Handelsnamen mit dem Stand vom 1. Januar 2020. FZ 2.

146 Kohlendioxid Emissionen privater Haushalte durch Kraftstoffe im Straßenverkehr, in: Mobilität privater Haushalte auf der Website des Umweltbundesamtes 8.6.2020.

147 Grundlage für den CO_2 Preis steht – Einstieg in die CO_2 Bepreisung, 10.11.2021 auf der Website der Bundesregierung: https://www.bundesregierung.de/breg-de/themen/klimaschutz/nationaler-emissionshandel-1684508 (letzter Zugriff: 3.3.2021).

148 Pressemitteilung des Umweltbundesamtes, Nr. 63/2020 (21.12.2020): Konsequenter Umweltschutz spart der Gesellschaft viele Milliarden Euro – Umweltbundesamt legt neue Kostensätze für Umweltschäden vor.

149 Burger King Manthem Sport (2006). Youtube. https://youtu.be/4MYKkqZYZuA.

150 Ruby, Matthew B.; Heine, Steven J. (2011): Meat, morals and masculinity. https://www2.psych.ubc.ca/~heine/docs/2011meatmorals.pdf (letzter Zugriff: 29.6.2021).

151 King, Neil; Borrud, Gabriel: »Fleisch ist keine Privatsache mehr« auf der Website der Deutschen Welle. https://www.dw.com/de/fleisch-ist-keine-privatsache-mehr/a-55515683 (letzter Zugriff: 29.6.2021).

152 TU-Darmstadt (2018), Interview mit Prof. Tanja Paulitz und Martin Winter. Veganismus und Männlichkeiten. Interview zu Fleisch Stereotypen, »Veggie Boom« und Körperbildern. https://www.tu-darmstadt.de/universitaet/aktuelles_meldungen/archiv_2/2018/2018quartal4/neuesausdertueinzelansichtbreitespalte_218368.de.jsp (letzter Zugriff: 30.6.2021).

153 Siehe Anm. 85.

154 Der Fleischatlas 2021 – Ein Kooperationsprojekt der Heinrich-Böll-Stiftung mit dem BUND und Le Monde Diplomatique.

155 Bandel, T.; Kayatz, B.; Doucet, T.; Leutner, N. (2020): Der teure Preis des Billigfleischs – Wer Fleisch konsumiert, zahlt nur einen Bruchteil der wahren Kosten, zu Lasten von Umwelt und Klima. Soil Impacts GmbH in Zusammenarbeit mit Greenpeace.

156 Siehe Anm. 85.

157 Vollwertig essen und trinken nach den 10 Regeln der DGE. https://www.dge.de/ernaehrungspraxis/vollwertige-ernaehrung/10-regeln-der-dge/ (letzter Zugriff: 29.6.2021).

158 Auslösende Faktoren für Essstörungen. In: BzgA Esstörungen.

159 Stiftung Männergesundheit. Wikipedia: https://de.wikipedia.org/wiki/Stiftung_M ProzentC3 ProzentA4nnergesundheit (letzter Zugriff: 16.05.2021).

160 Lebenserwartung und Sterbefälle 2017/2019. Destatis: https://www.destatis.de/DE/Themen/Gesellschaft-Umwelt/Bevoelkerung/Sterbefaelle-Lebenserwartung/_inhalt.html#sprg234180 (letzter Zugriff: 16.5.2021).

161 Tag der ungleichen Lebenserwartung: https://www.tag-der-ungleichen-lebenserwartung.de/startseite.html (letzter Zugriff: 16.5.2021).

162 Lebenserwartung und Sterbefälle 2017/2019. Destatis: https://www.destatis.de/DE/Themen/Gesellschaft-Umwelt/Bevoelkerung/Sterbefaelle-Lebenserwartung/_inhalt.html#sprg234180 (letzter Zugriff: 16.5.2021).

163 Deutsch-österreichische Klosterstudie: https://www.cloisterstudy.eu/ (letzter Zugriff: 16.5.2021).

164 Finnegan, Gary: Who wants to live forever? We are living longer. How can we live better? In: Science Squared: https://www.sciencesquared.eu/who-wants-live-forever (letzter Zugriff: 16.5.2021).

165 Säuglingssterblichkeit in Deutschland nach Geschlecht (1990-2019), Bundesinstitut für Bevölkerungsforschung.

166 Süfke, Björn (2010): Männerseelen, Wilhelm Goldmann Verlag, München.

167 Todesursachen – Suzide, in: Destatis.

168 Ebd.

169 Süfke, Björn (2016): Männer. Erfindet. Euch. Neu. – Was es heute heißt, ein Mann zu sein, Mosaik Verlag, München.

170 Suizide Zeitreihe – Todesursache vorsätzliche Selbstbeschädigung von 1980–2019, Destatis.

171 Häufigkeit von Depressionen, auf der Website der Stiftung Deutsche Depressionshilfe: https://www.deutsche-depressionshilfe.de/depression-infos-und-hilfe/was-ist-eine-depression/haeufigkeit (letzter Zugriff (16.5.2021).

172 Kimmel, Michael (2016): Angry White Men. Lizenzausgabe für die Bundeszentrale für politische Bildung. Schriftenreihe Band 1730.

173 Hänel, Hilkje (2021): Wer hat Angst vorm Feminismus – Warum Frauen, die nichts fordern, nichts bekommen. C.H. Beck, München.

174 Für die Erläuterung des Begriffs Catcalling wurden verschiedenen Quellen genutzt. Unter anderem Urban Dictionary, Brigitte.de, Wikipedia.de und Utopia.de.
175 Gesterkamp, Thomas (2018): Kampf der Angekratzten. In: der Freitag. https://www.freitag.de/autoren/der-freitag/kampf-der-angekratzten (letzter Zugriff: 3.9.2021).
176 Emcke, Carolin (2016): Gegen den Hass. S. Fischer Verlag, Frankfurt.
177 Ballon, Josephine (2021): Stellungnahme der HateAid GmbH zur öffentlichen Anhörung im Ausschuss für digitale Agenda am 24. März zu digitaler Gewalt gegen Frauen und Mädchen.
178 Plan International (2020): Weltmädchenbericht 2020 – Digitale Gewalt vertreibt Mädchen und junge Frauen aus den sozialen Medien.
179 Siehe Anm. 177.
180 Frey, Regina (2020): Geschlecht und Gewalt im digitalen Raum. Eine qualitative Analyse der Erscheinungsformen, Betroffenheiten und Handlungsmöglichkeiten unter Berücksichtigung intersektionaler Aspekte. Expertise für den Dritten Gleichstellungsbericht der Bundesregierung, www.dritter-gleichstellungsbericht.de (letzter Zugriff: 9.7.2021).
181 Siehe Anm. 177.
182 Kracher, Veronica (2020): Incel – Geschichte, Sprache und Ideologie eines Online-Kults, Ventil Verlag Mainz.
183 Wikipedia: Incel. https://en.wikipedia.org/wiki/Incel#2010s (letzter Zugriff: 10.7.2021).
184 Kaiser, Susanne (2020): Politische Männlichkeit – Wie Incels, Fundamentalisten und Autoritäre für das Patriarchat mobilmachen. Suhrkamp Verlag, Berlin.
185 Interview mit Veronika Kracher (2020) auf Belltower News: »Incels sind die Spitze des patriarchalen Eisbergs«. https://www.belltower.news/interview-mit-veronika-kracher-incels-sind-die-spitze-des-patriarchalen-eisbergs-104557/ (letzter Zugriff 12.01.2022).
186 Wikipedia: Anschlag in Hanau 2020. https://de.wikipedia.org/wiki/Anschlag_in_Hanau_2020#T ProzentC3 ProzentA4ter (letzter Zugriff: 27.10.2021).
187 Kordes, H.; Taßler, J.; Oeser, A.; Wierzchowski, M. (2021): Tödliche Versäumnisse beim Notruf? In: tageschau.de. https://www.tagesschau.de/investigativ/monitor/hanau-anschlag-versaeumnisse-101.html (letzter Zugriff: 27.10.2021).
188 Vooren, Christian (2021): Problemfall Hessen – Anschlag in Hanau. In: Zeit.de. https://www.zeit.de/gesellschaft/zeitgeschehen/2021-06/hanau-anschlag-polizei-rechtsextremismus-aufklaerung-untersuchungsausschuss-sek (letzter Zugriff: 27.10.2021).
189 Erb, Sebastian; Schmidt, Christina: »Schäfchens Waffenlager« – Verhaftung von rechtem KSK-Soldaten. In: taz.de. https://taz.de/Verhaftung-von-rechtem-KSK-Soldaten/!5688840/ (letzter Zugriff: 27.10.2021).
190 Overdiek, Ulrich (2014): Männliche Überlegenheitsvorstellungen in der rechtsextremen Ideologie. In: Bundeszentrale für politische Bildung.
191 Bundesministerium des Innern, für Bau und Heimat (2021): Verfassungsschutzbericht 2020.
192 Bundesministerium des Innern, für Bau und Heimat (2021) gemeinsam mit dem Bundeskriminalamt (2021): Politisch motivierte Kriminalität im Jahr 2020. Bundesweite Fallzahlen.
193 Lagedarstellung Politisch motivierte Kriminalität in Berlin 2019 (2020). Polizei Berlin.

194 Agena, Gesine; Rahner, Judith (2021): Antifeminismus, gewaltbereiter Rechtsextremismus und Geschlecht. Heinrich Böll Stiftung/Gunda Werner Institut.
195 Daphi, Prisca; Koyba, Piotr; Neuer, Michael u.a. (2015): Protestforschung am Limit – Eine soziologische Annäherung an Pegida.
196 www.pegida.de (letzter Zugriff 12.01.2022).
197 Rathje, Jan (2015): Zwischen Verschwörungsmystik, Esoterik und Holocaustleugnung – Die Reichsideologie. In: Bundeszentrale für politische Bildung.
198 Verfassungsschutz Baden-Württemberg (2021): Alters- und Geschlechterstruktur unter Rechtsextremen und »Reichsbürgern«.
199 Landtag Nordrhein-Westfalen, Drucksache 17/11081(2020): Antwort der Landesregierung auf die große Anfrage der Fraktion Bündnis 90/Die Grünen Drucksache 17/8873.
200 Speit, Andreas (2020): Germanen bleiben rechtsextrem – Gericht lehnt Burschenschaft Antrag ab. taz.de https://taz.de/Gericht-lehnt-Burschenschaft-Antrag-ab/!5735239/ (letzter Zugriff: 13.07.2021).
201 Südwestdeutscher Rundfunk 2020): Antisemitismus-Beauftragter fordert Beobachtung von Burschenschaften. https://www.swr.de/swraktuell/baden-wuerttemberg/blume-burschenschaften-verfassungsschutz-100.html (letzter Zugriff: 13.7.2021).
202 Kurth, Alexandra (2014): Das Männerbild der Burschenschaftler. Bundeszentrale für Politische Bildung.
203 Website der Deutschen Burschenschaft: https://burschenschaft.de/ (letzter Zugriff: 13.7.2021).
204 Ebd.
205 Müller, Marco (2018): Rätselhafte Männerbünde. In: Deutsche Welle. https://www.dw.com/de/r ProzentC3 ProzentA4tselhafte-m ProzentC3 ProzentA4nnerb ProzentC3 ProzentBCnde-burschenschaften/a-42439283 (letzter Zugriff: 13.7.2021).
206 Elias, Norbert (1994): Studien über die Deutschen. Machtkämpfe und Habitusentwicklung im 19. und 20. Jahrhundert, hrsg. von Michael Schröter, 2. Aufl., Frankfurt am Main. Hier: 149f. – zitiert aus: Kurth, Alexandra (2014): Das Männerbild der Burschenschaftler. Bundeszentrale für Politische Bildung.
207 Deutscher Bundestag (2021): Abgeordnete der AfD-Fraktion.
208 Programm der Alternative für Deutschland für die Wahl zum 20. Bundestag.
209 Krüger, Oliver (2019): Die Auferstehung des wehrhaften Mannes. Bald wird der deutsche Mann erwachen: Wie Björn Höcke das deutsche Volk vor dem »Gender-Irrsinn« retten will. https://blogs.taz.de/zeitlupe/2019/03/24/die-auferstehung-des-wehrhaften-mannes/ (letzter Zugriff: 13.7.2021).
210 Wiedemann, Caroline (2021): Zart und frei. Matthes & Seitz, Berlin.
211 Projektgruppe Mannopoly (2012): Kerle Kulte – Inszenierungen von Männlichkeit. Archiv der Jugendkulturen Verlag KG, Berlin.
212 Maschke, Sabine; Stecher, Ludwig: Speak! Die Studie – Sexualisierte Gewalt in der Erfahrung Jugendlicher. Öffentlicher Kurzbericht.
213 Ebd.
214 The Shift Projekt (2019): Climate Crisis – The unsustainable use of online video. https://theshiftproject.org/en/article/unsustainable-use-online-video/ (letzter Zugriff: 17.7.2021).
215 Ebd.

216 Benes, Ross (2018): Porn could have a bigger economic influence on the US than Netflix. https://qz.com/1309527/porn-could-have-a-bigger-economic-influence-on-the-us-than-netflix/ (letzter Zugriff: 17.07.2021).

217 Max-Plank-Institut für Bildungsforschung (2014): Wer viele Pornos schaut, hat ein kleineres Belohnungssystem. https://www.mpib-berlin.mpg.de/pressemeldungen/pornografie-ist-ein-gesellschaftliches-tabu (letzter Zugriff: 17.7.2021).

218 Ärztezeitung (2020): Erektionsstörungen als Folge von Porno-Konsum? https://www.aerztezeitung.de/Medizin/Erektionsstoerungen-als-Folge-von-Porno-Konsum-411426.html (letzter Zugriff: 19.07.2021).

219 Böhnisch, Lothar (2018): Der modularisierte Mann. Transcript Verlag, Bielefeld.

220 Hotline – Streetwork und Beratung für Frauen, die der Prostitution nachgehen. Idh e.V. https://www.idh-frankfurt.de/hotline (letzter Zugriff: 19.7.2021).

221 Doll, Frank (2020): Zahlen und Fakten zur Milliardenbranche Prostitution. Wirtschaftswoche Online. https://www.wiwo.de/unternehmen/dienstleister/infografik-zahlen-und-fakten-zur-milliardenbranche-prostitution/26224354.html (letzter Zugriff: 18.7.2021).

222 Wikipedia.de: Beschaffungskriminalität. https://de.wikipedia.org/wiki/Beschaffungsprostitution#Statistik (letzter Zugriff: 18.7.2021).

223 Möller Kurt (2012): Wie bleibt der Kerl ein Kerl?. In: Projektgruppe Mannopoly: Kerle Kulte – Inszenierungen von Männlichkeit. Archiv der Jugendkulturen Verlag KG, Berlin.

224 Wikipedia.de: Hegemoniale Männlichkeit. https://de.wikipedia.org/wiki/Hegemoniale_M ProzentC3 ProzentA4nnlichkeit (letzter Zugriff: 28.10.2021).

225 Tippe, Sebastian (2021): Toxische Männlichkeit – Erkennen, reflektieren, verändern. Edigo Verlag, Köln.

226 Bündnis Stop Sexkauf, Kofra e.V.: Die Unsichtbaren Männer – Zitate von Männern, die Frauen kaufen. https://dieunsichtbarenmaenner.wordpress.com/ (letzter Zugriff: 18.7.2021).

227 Eigendorf, Jörg; Meyer, Simone; Nagel, Lars-Marten; Neller, Marc: Augsburg mit höchster Dichte an Prostituierten, in: Welt.de. https://www.welt.de/politik/deutschland/article121480296/Augsburg-mit-hoechster-Dichte-von-Prostituierten.html (letzter Zugriff: 18.7.2021).

228 Rosner, Regine: Das Geschäft mit dem Sex bleibt lukrativ. In: Neue Caritas, Ausgabe 13/2014.

229 Siehe Anm. 221.

230 Ebd.

231 Velminski, Judith (2020): Ist Deutschland das Bordell Europas? – Internationaler Hurentag. Deutschlandfunkkultur.de: https://www.deutschlandfunkkultur.de/internationaler-hurentag-ist-deutschland-das-bordell-europas.2165.de.html?dram:article_id=477857 (letzter Zugriff: 18.7.2021).

232 Bild.de (2013): So viel kostet eine Hure in Deutschland. Ermittlung von Daten auf der Basis des Unternehmerverbandes des Erotikgewerbes. https://www.bild.de/regional/berlin/berlin/rotlicht-report-deutschland-33400776.bild.html (letzter Zugriff: 18.7.2021).

233 Diese Zahl ist annähernd genauso groß wie Daten aus dem Jahr 2001, als auf der Basis eines Jahresumsatzes von 12,5 Milliarden Euro geschätzt 250 Millionen sexuelle Handlungen vollzogen wurden. https://www.tagesspiegel.de/kultur/prostitution-1-2-millionen-maenner-am-tag/225870.html (letzter Zugriff: 18.7.2021).

234 Publik-Forum Nr. 13 / 2021: Sex-Käufer bestrafen – Pro und Contra.
235 Kuenzle, Dominique, in: SRF – Der Philosophische Stammtisch: Soll man Sex kaufen dürfen? Sternstunde Philosophie, SRF Kultur.
236 TERRE DE FEMMES (2020): #Unhatewoman, auf Youtube.com: https://www.youtube.com/watch?v=C4d8rmS6IBc (letzter Zugriff: 19.7.2021).
237 Das ist Alpha! Die 10 Boss Gebote. Youtube.com: https://www.youtube.com/watch?v=4kF8mTsOVxI (letzter Zugriff: 19.7.2021).
238 Der Tagesspiegel (2020): Wurde Comedian Shahak Shapira von der Polizei weggeschickt? – Nach Auseinandersetzung mit Fler. https://www.tagesspiegel.de/berlin/nach-auseinandersetzung-mit-rapper-fler-wurde-comedian-shahak-shapira-von-der-polizei-weggeschickt/25596166.html (letzter Zugriff: 19.7.2021).
239 Fler beleidigt Berliner Polizisten aufs Übelste, Youtube.com: https://www.youtube.com/watch?v=qh3jDtCbICI (letzter Zugriff: 19.7.2021).
240 Diefenbach, Alina (2019): Was ist eigentlich Misogynie? In: Frauenseiten Bremen. https://frauenseiten.bremen.de/blog/was-ist-eigentliche-misogynie/ (letzter Zugriff: 25.8.2021).
241 Bundeszentrale für politische Bildung (2020): Bestellseite der Schriftenreihe (BD. 10477). Down Girl – Die Logik der Misogynie.
242 Hecht, Patricia (2019): »Misogynie ist sehr beharrlich« – Sozialphilosophin über Frauenhass. Interview in der Taz. https://taz.de/Sozialphilosophin-ueber-Frauenhass/!5575598/ (letzter Zugriff: 25.8.2021).
243 SSIO mit dem Song Nullkommaneun auf Songtexte.de: https://www.songtexte.com/songtext/ssio/nullkommaneun-136551cd.html (letzter Zugriff: 19.7.2021).
244 Farid Bang mit dem Song Gangbanger 2 auf Songtexte.de: https://www.songtexte.com/songtext/farid-bang/gangbanger-2-2be91002.html (letzter Zugriff: 19.7.2021).
245 Tieke, Hendrik (2020): »Gangsta Rap – ein Ausdruck des neoliberalen Zeitgeistes« – Interview mit Dr. Martin Seeliger. https://www.uni-hamburg.de/newsroom/campus/2020/0303-gangsta-rap.html (letzter Zugriff: 19.7.2021).
246 Wikipedia.de (2021): Liste der meistgestreamten Lieder auf Spotify. https://de.wikipedia.org/wiki/Liste_der_meistgestreamten_Lieder_auf_Spotify#Meistgestreamte_K ProzentC3 ProzentBCnstler (letzter Zugriff: 20.7.2021).
247 Backes, Laura; Dahlkamp, Jürgen; Diehl, Jörg u.a. (2020): Lebe fett, gierig und rücksichtslos. In: Spiegel.de, Spiegel Plus. 24.1.2020, https://www.spiegel.de/kultur/musik/gangsta-rap-aus-deutschland-sex-protz-und-dicke-schlitten-a-00000000-0002-0001-0000-000169122915 (letzter Zugriff 12.01.2022).
248 Eigene Recherche über Youtube.com am 20.7.2021.
249 Eigene Recherche über die Spotify App am 20.7.2021.
250 Grimm, Marc; Baier, Jakob; Ertugrul, Baris; Walter, Vanessa: Die Suszeptibilität von Jugendlichen für Antisemitismus im Gangsta Rap und Möglichkeiten der Prävention. https://www.uni-bielefeld.de/fakultaeten/erziehungswissenschaft/zpi/projekte/antisemitismus-gangsta-rap/ (letzter Zugriff: 19.7.2021).
251 Beliebteste Musikrichtungen in Deutschland unterteilt nach Altersgruppen im Jahr 2020. Statista.de unter Bezugnahme auf die Allensbacher Werbeträger Analyse 2020.
252 Siehe Anm. 250.
253 Antisemitismus und Frauenfeindlichkeit deutlich höher bei jugendlichen Gangsta-Rap Hörern (2020). Pressemitteilung der Staatskanzlei Nordrhein-Westfalen.
254 Siehe Anm. 250.

255 Bundeskriminalamt (2020): Polizeiliche Kriminalstatistik 2019 Bund – Tabelle T20 Tatverdächtige insgesamt nach Alter und Geschlecht.

256 Bundeskriminalamt (2020): Polizeiliche Kriminalstatistik 2019 Bund – Tabelle T91 Opfer insgesamt nach Alter und Geschlecht.

257 Über die monetären Kosten, die hier fraglos durch Polizeiarbeit, Krankenhausaufenthalte und Therapien entstehen, liegen keine verlässlichen Daten vor.

258 Spiegel-Online (2021): Geldstrafe für Norwegens Beachhandballerinnen – wegen zu langer Hosen. https://www.spiegel.de/sport/beachhandball-em-geldstrafe-fuer-norwegerinnen-wegen-zu-langer-hosen-a-4cc0af95-b657-4ce4-baf7-fed2dd007506 (letzter Zugriff: 21.07.2021).

259 Wilkening, Michael (2021): Der Pharao lädt ein – Skandale unter Handballchef Moustafa. https://taz.de/Skandale-unter-Handballchef-Moustafa/!5738729/ (letzter Zugriff: 21.7.2021).

260 International Handball Federation (2021): Official Statement on beach Handball and clothing regulations.

261 Uefa Website – About Uefa: https://www.uefa.com/insideuefa/about-uefa/ (letzter Zugriff: 25.7.2021).

262 Kempe, Robert; Nahal, Chaled: Die Euro 2020 in Baku – wo Menschenrechte wenig zählen. In: https://www.sportschau.de/fussball/uefaeuro2020/fussball-uefa-euro-em-baku-alijew-aliyev-spielort-100.html (letzter Zugriff: 25.7.2021).

263 Hofmann, Benni: Gier, Schlangen und Lügen: Čeferins Attacke auf die Super-League Gründer. https://www.kicker.de/gier-schlangen-luegen-ceferins-attacke-auf-die-super-league-gruender-802663/artikel (letzter Zugriff: 25.7.2021).

264 Leifert, Stefan (2021): UEFA und DFB kommen aus der Sache nicht raus. https://twitter.com/StefanLeifert/status/1407271372494192646 (letzter Zugriff: 25.7.2021).

265 Veser, Reinhard: UEFA ohne Verantwortung – Streit über EM-Finale. https://www.faz.net/aktuell/gesellschaft/gesundheit/coronavirus/der-umgang-der-uefa-mit-corona-ist-verantwortungslos-17398989.html (letzter Zugriff: 25.7.2021).

266 DFB.de – Mitgliederstatistik 2018: https://www.dfb.de/fileadmin/_dfbdam/181845-DFB-Statistik_2018.pdf (letzter Zugriff: 25.7.2021).

267 BBAG e.V. – Kick, in: Fußball kann mehr – Acht Forderungen für mehr Frauen im Fußball: https://inklusion-fussball.de/fussball-kann-mehr (letzter Zugriff: 25.7.2021).

268 John, Ulrike, dpa. Stern.de: Rüpeleien, Luxusuhren, Steuerbetrug: Das sind die Skandale der DFB-Präsidenten. https://www.stern.de/sport/fussball/ruepeleien--luxusuhren--steuerbetrug--das-sind-die-skandale-der-dfb-praesidenten--30502500.html (letzter Zugriff: 25.7.2021).

269 Ebd.

270 Aumüller, Johannes; Kistner, Thomas (2020)): Wortbruch statt Aufbruch, in: Süddeutsche Zeitung. https://www.sueddeutsche.de/sport/dfb-praesident-fritz-keller-fifa-1.4835014-0 (letzter Zugriff: 25.7.2021).

271 Catuogno, Claudio (2021): Dieser DFB ist nicht mehr zu retten. In: Süddeutsche Zeitung: https://www.sueddeutsche.de/sport/fritz-keller-dfb-nazi-vergleich-1.527 8078 (Letzter Zugriff: 25.7.2021).

272 Kistner, Thomas: Fraueninitiative fordert außerordentlichen Bundestag – Führungskrise beim DFB. In: Deutschlandfunk: https://www.deutschlandfunk.de/fuehrungskrise-beim-dfb-frauen-initiative-fordert.890.de.html?dram:article_id=497870 (letzter Zugriff: 25.7.2021).

273 Dpa in der Süddeutschen sowie SID auf Youtube (2021): Freiburg-Trainer Streich für Frau an DFB-Spitze. https://www.sueddeutsche.de/sport/fussball-frankfurt-am-main-freiburg-trainer-streich-fuer-frau-an-dfb-spitze-dpa.urn-newsml-dpa-com-20090101-210520-99-680255 sowie https://www.youtube.com/watch?v=xYnD2vCSQ6U (letzter Zugriff: 25.7.2021).

274 Hellmann, Frank (2021): Rummenigge: »Höherschalten für Frauenfußball« – Bayern Chef mahnt. ZDF.de: https://www.zdf.de/nachrichten/sport/frauenfussball-bundesliga-dfb-100.html (letzter Zugriff: 26.7.2021).

275 Deutsche Fußball Liga (DFL): DFL-Präsidium fasst Beschluss zur Verteilung der Medienerlöse für die Spielzeiten 2021/22 bis 2024/25. https://www.dfl.de/de/aktuelles/dfl-praesidium-fasst-beschluss-zur-verteilung-der-medienerloese-fuer-die-spielzeiten-2021-22-bis-2024-25/ (letzter Zugriff: 26.7.2021).

276 Probst, Nina (2021): Gleichberechtigung im Sport? Gibt es nicht. In: Berliner Zeitung. https://www.berliner-zeitung.de/wochenende/gleichberechtigung-im-sport-gibt-es-die-nicht-li.165089 (letzter Zugriff: 26.7.2021).

277 Salfinger Lukas (2021): Im Teufelskreis der Zuschauer:innengunst – Frauen- und Männerfußball in den Medien. Null zu Eins. https://nullzueins.net/2021/04/16/im-teufelskreis-der-zuschauerinnengunst-frauen-und-mannerfusball-in-den-medien/ (letzter Zugriff: 26.7.2021).

278 Langer Marco (2021): Der Traum von gerechter Bezahlung im Fußball – Equal Pay. Deutsche Welle: https://www.dw.com/de/equal-pay-der-traum-von-gerechter-bezahlung-im-fussball/a-57055643 (letzter Zugriff: 26.7.2021).

279 Renz, Ingo (2019): 30 Milliarden Dollar für Sportsponsoring – und so wenig fließt in den Frauensport. In: Horizont: https://www.horizont.net/marketing/nachrichten/statista-studie-30-milliarden-dollar-fuer-sportsponsoring---und-so-wenig-fliesst-in-den-frauensport-178891 (letzter Zugriff: 26.7.2021).

280 Badenhausen, Kurt: The world's most valuable sports teams 2020. In: Forbes: https://www.forbes.com/sites/kurtbadenhausen/2020/07/31/the-worlds-most-valuable-sports-teams-2020/?sh=11309cb03c74 (letzter Zugriff: 26.7.2021).

281 Likometer (2021): Instagram Account mit den Selektionskriterien Sport und Deutschland: https://likeometer.co/deutschland/sport/ (letzter Zugriff: 26.7.2021).

282 Forbes (2021): Bestbezahlte Athlet:innen. https://www.forbes.com/athletes/ (letzter Zugriff: 26.7.2021).

283 Stange, Jennifer (2019): Augenhöhe oder Brustumfang – SportlerInnen in den Medien. In: Deutschlandfunk. https://www.deutschlandfunk.de/sportlerinnen-in-den-medien-augenhoehe-oder-brustumfang.1346.de.html?dram:article_id=460009 (letzter Zugriff: 26.7.2021).

284 Aleythe, Saskia (2018): »Frauen kommen mit der Belastung Marathon besser klar«, Sabrina Mockenhaupt. In: Süddeutsche Zeitung Plus. https://www.sueddeutsche.de/sport/sabrina-mockenhaupt-frauen-kommen-mit-der-belastung-marathon-besser-klar-1.4127884?reduced=true (letzter Zugriff: 26.7.2021).

285 Siehe Anm. 283.

286 Endler, Rebekka (2021): Das Patriarchat der Dinge – Warum die Welt Frauen nicht passt. DuMont Buchverlag, Köln.

287 Destatis (2020): Bildung und Kultur – Personal an Hochschulen. Fachserie 11, Reihe 4.4.

288 Siehe Anm. 166.

289 van Tricht, Jens (2018): Warum Feminismus gut für Männer ist. Christoph Links Verlag, Berlin.
290 Jagiello, Artur (2019): Arbeitsmarktmonitor 2019 – Empirische Studie zu Überstunden in Deutschland. Compensation Partner GmbH. https://www.compensation-partner.de/downloads/arbeitszeitmonitor-2019.pdf (Letzter Zugriff: 3.8.2021).
291 Siehe Anm. 289.
292 Shorrocks, Anthony; Davies, James; Lluberas, Rodrigo (2021): Global Wealth Report 2021.
293 Dolan A., Kerry; Wang, Jennifer; Peterson-Whithorn, Chase: Forbes Worlds Billionaire List – The richest in 2021. https://www.forbes.com/billionaires/ (letzter Zugriff: 3.8.2021).
294 Dückers, Tanja (2020): Das Alphatier hat ausgedient – Corona Krisenmanagement. In: Deutschlandfunk Kultur. https://www.deutschlandfunkkultur.de/corona-krisenmanagement-das-alphatier-hat-ausgedient.1005.de.html?dram:article_id=477564 (letzter Zugriff: 30.8.2021).
295 Hechler, Andreas (2019): Den Zweifel nähren – Meine kritische Auseinandersetzung mit Männlichkeit. In: Ficko Magazin. https://ficko-magazin.de/den-zweifel-naehren/ (letzter Zugriff: 2.8.2021).
296 Ebd.
297 Trentmann, Nina (2012): Fünf Dinge, die Menschen am meisten bedauern. In: Die Welt. https://www.welt.de/vermischtes/article13851651/Fuenf-Dinge-die-Sterbende-am-meisten-bedauern.html (letzter Zugriff: 3.8.2021).
298 Stokowski, Margarete (2018): Die letzten Tage des Patriarchats. Rowohlt, Reinbek bei Hamburg.
299 Bundesforum Männer (2018): Satzung.
300 Bundesforum Männer: Moderne Gleichstellungspolitik – Auch für Männer gut.
301 Dittrich, Monika (2021): Überzeugende Perspektiven für mehr Geschlechter-Gerechtigkeit. In: Deutschlandfunk. https://www.deutschlandfunk.de/jutta-allmendinger-es-geht-nur-gemeinsam-ueberzeugende.1310.de.html?dram:article_id=490460 (letzter Zugriff: 4.8.2021).
302 Pressemitteilung der Bertelsmann Stiftung (2020): Die große Kluft – Frauen verdienen im Leben nur halb so viel wie Männer.
303 Kimmel, Michael: Why Gender Equality is good for everyone – Men included. TED Talks. https://www.youtube.com/watch?v=7n9IOH0NvyY&ab_channel=TED (letzter Zugriff: 4.8.2021).
304 Siehe Anm. 210.
305 Van Schaik, Carel; Michel, Kai (2020): Die Wahrheit über Eva. Rowohlt Verlag, Hamburg.
306 Siehe Anm. 210.
307 Destatis (2019): Alleinstehende nach Alter, Geschlecht und Gebietsstand.
308 Destatis (2019): Familien nach Lebensform und Kinderzahl in Deutschland.
309 Statista (2020): Scheidungsquote in Deutschland von 1960 bis 2019.
310 Löhndorf, Marion (2018): Ministerium für Einsamkeit. In: Neue Züricher Zeitung. https://www.nzz.ch/feuilleton/ministerium-der-einsamkeit-ld.1350833 (letzter Zugriff: 9.8.2021).
311 Polizeiliche Kriminalstatistik, Bund Opfertabellen (2020): Tabelle 91 – Opfer insgesamt nach Alter und Geschlecht.

312 Polizeiliche Kriminalstatistik, Bund Opfertabellen (2020): Tabelle 922 – Opfer – Tatverdächtigen Beziehung. Formal Familie und sonstige Angehörige.

313 Destatis (2021): Statistiken der Kinder- und Jugendhilfe – Vorläufige Schutzmaßnahmen 2020.

314 hooks, bell (2000/2020): Alles über Liebe. Harper Collins Deutschland, Hamburg.

315 Siehe Anm. 1.

316 Umweltbundesamt (2020): Wohnfläche.

317 Forum Gemeinschaftliches Wohnen e.V. – Bundesvereinigung: https://verein.fgw-ev.de/ (letzter Zugriff: 31.8.2021).

318 Stiftung Trias: Wohnprojekte Portal. https://www.wohnprojekte-portal.de/home/ (letzter Zugriff: 31.8.2021).

319 Destatis (2020): Bevölkerung nach Familienstand 2011–2020.

320 UN Women Deutschland: Konvention zur Beseitigung jeder Form von Diskriminierung der Frau.

321 Gold, Claudia (2015): Geschlechtersensible Pädagogik in elementaren Bildungseinrichtungen. Arbeitsmarktförderungs GmbH Tirol. https://www.tirol.gv.at/fileadmin/themen/bildung/elementarbildung/allgemeines/Broeschuere_Geschlechtersensible_Paedagogik.pdf (letzter Zugriff: 22.8.2021).

322 BMFSFJ (2021): Neue Website zu geschlechtersensibler Pädagogik geht online – Auseinandersetzung mit Rollenzuschreibungen.

323 Theunert, Markus (2020): Gleichstellungspolitik für Jungen und Männer in Deutschland – Ein Dossier zur partnerschaftlichen Gleichstellungspolitik. Herausgeber: Bundesministerium für Familie, Senioren, Frauen und Jugend.

324 Nentwich, Julia; Vogt, Franziska; Tennhoff, Wiebke; Schälin, Stefanie: Puppenstuben, Bauecken und Waldtage (2014): «(Un)doing» gender in Kinderkrippen. Zusammenfassung der Projektergebnisse – Langversion.

325 Ebd.

326 Siehe Anm. 323.

327 Destatis (2019): Bevölkerung (ab 15 Jahren): Deutschland, Jahre (bis 2019), Geschlecht, Altersgruppen, Allgemeine Schulausbildung. Ergebnis: 12211-9012.

328 Ebd.

329 Boldt, Uli (2015): Wie Jungen Schule erleben und Pädagog:innen davon lernen. LAG Jungenarbeit. https://www.lag-jungenarbeit.de/wp-content/uploads/2015/11/Vortrag2UliBoldt.pdf (letzter Zugriff: 17.8.2021).

330 Destatis (2020): Bildung und Kultur – Allgemeinbildende Schulen, Schuljahr 2019/2020. Fachserie 11 Reihe 1.

331 Faulstich-Wieland, Hannelore (2012): Rollback von der sozialen Konstruktion des Geschlechts zur neuen Differenz – Aufgezeigt an der Forderung nach Männern als (Grundschul)Lehrer. Vortrag in Innsbruck. https://www.uibk.ac.at/iezw/archive/archivdaten/2012/vortragsreihe/rollback_von_der_sozialen_konstruktion_zur_neuen_differenz.pdf (letzter Zugriff: 1.9.2021).

332 Bundesagentur für Arbeit, Statistik (2021): Beschäftigte nach Berufen (KldB 2010) – Deutschland Zeitreihe Quartalszahlen.

333 Klischeefrei – Bundesinitiative zur Berufs- und Studienwahl. https://www.klischee-frei.de/de/index.php (letzter Zugriff: 19.8.2021).

334 Kompetenzzentrum Technik Diversity-Chancengleichheit e.V.: Zukunftsberuf Erzieher. https://www.zukunftsberuf-erzieher.de/ (letzter Zugriff: 22.8.2021).

335 Kompetenzzentrum Technik Diversity-Chancengleichheit e.V.: Boys'Day. https://www.boys-day.de/ (letzter Zugriff: 22.8.2021).
336 Destatis (2021): Bildung und Kultur, Studierende an Hochschulen Wintersemester 2020/2021. Fachserie 11, Reihe 4.1. Deutsche Studierende.
337 Siehe Anm. 323.
338 AG Jungenarbeit Wissenschaftsstadt Darmstadt, Landkreis Darmstadt Dieburg (2020): Leitlinien zur geschlechterreflektierten Jungenarbeit.
339 Sozialgesetzbuch – Achtes Buch: §11.
340 Wirtz, Antonius Markus (Hrsg.): Dorsch, Lexikon der Psychologie. Kognitive Dissonanz. https://dorsch.hogrefe.com/stichwort/kognitive-dissonanz (letzter Zugriff: 9.8.2021).
341 Nobody – Trailer German (2021): youtube.com. https://www.youtube.com/watch?v=P1n6Qp6c0Q8&ab_channel=KinoCheck (letzter Zugriff: 10.8.2021).
342 Krei, Alexander (2021): »Germany's next Top Model« mit stärkstem Finale seit 12 Jahren. DWDL.de. https://www.dwdl.de/zahlenzentrale/82946/germanys_next_topmodel_mit_staerkstem_finale_seit_zwoelf_jahren/?utm_source=&utm_medium=&utm_campaign=&utm_term= (letzter Zugriff: 10.8.2021).
343 Wikipedia.org: Keeping Faith – TV Series. https://en.wikipedia.org/wiki/Keeping_Faith_(TV_series) (letzter Zugriff: 11.8.2021).
344 Werbermelder:in by Pinkstinks. https://werbemelder.in/ (letzter Zugriff: 10.8.2021).
345 Pickert, Nils (2019): Hollywood schlägt Männer. In: Pinkstinks.de. https://pinkstinks.de/7-grunde-mannern-ins-gesicht-zu-schlagen/ (letzter Zugriff: 10.8.2021).
346 Nymoen, Ole; Schmitt M. Wolfgang (2021): Influencer – Die Ideologie der Werbekörper. Suhrkamp Verlag, Berlin.
347 Redaktion Belltower News (2021): Der schwedische Club »King of the Streets« – Illegale Straßenkämpfe mit Neonazis. In: Belltower.news. https://www.belltower.news/illegale-strassenkaempfe-mit-neonazis-der-schwedische-club-king-of-the-streets-113881/ (letzter Zugriff: 10.8.2021).
348 Deutscher Kulturrat (2020): Forderungskatalog zur Herstellung von Geschlechtergerechtigkeit in Kultur und Medien.
349 Stokowski, Margarete (2016): Untenrum frei. Rowohlt, Reinbek bei Hamburg.
350 Schiller, Friedrich: Das Lied von der Glocke (1799). https://www.uni-due.de/buenting/seminare/Sprachstil/ThemenTermine/Dateien/Schiller_Glocke.pdf (letzter Zugriff: 16.5.2021).
351 Hüther, Gerald (2009): Das wichtigste wäre ein richtig guter Vater – Hirnforscher Hüther über Jungs, in: faz.net, 2.11.2009. https://www.faz.net/aktuell/gesellschaft/jugend-schreibt/hirnforscher-huether-ueber-jungs-das-wichtigste-waere-ein-richtig-guter-vater-1867114.html?printPagedArticle=true#pageIndex_3 (letzter Zugriff: 14.5.2009).
352 https://pinkstinks.de/
353 https://www.meintestgelaende.de/ (letzter Zugriff: 2.11.2021).
354 Pro Familia Bundesverband. https://www.profamilia.de/ueber-pro-familia/der-verband/struktur-des-bundesverbands (letzter Zugriff: 2.11.2021).
355 Deutscher Kinderschutzbund, Bundesverband: https://www.dksb.de (letzter Zugriff: 2.11.2021).

356 Ein Haus für die Gleichstellung – Bundestiftung Gleichstellung, 21.4.2021 in: Website der Bundesregierung. https://www.bundesregierung.de/breg-de/aktuelles/bundesstiftung-gleichstellung-1861042 (letzter Zugriff: 16.5.2021).

357 Selbstmordrate nach Altersgruppe in den Jahren 2014–2018, Mai 2020 auf Statista.

358 Urwin, Jack (2017): Boy's don't cry – Identität, Gefühl und Männlichkeit. Edition Nautilus, Hamburg.

359 Hermann, Sebastian (2017): Die Mär vom wehleidigen Mann – Der kranke Mann. In: Die Süddeutsche Zeitung Plus. https://www.sueddeutsche.de/wissen/kranke-maenner-die-maer-vom-wehleidigen-mann-1.3402375?reduced=true (letzter Zugriff: 2.9.2021).

360 https://www.youtube.com/watch?v=oYDfJ_Bo1XA&t=7s&ab_channel=OllieFPV (letzter Zugriff: 2.11.2021).

361 Deutscher Verkehrssicherheitsrat e.V.: https://www.dvr.de/ (letzter Zugriff: 2.11.2021).

362 Neben Deutschland gibt es laut Wikipedia noch in Afghanistan, Burundi, Nepal, Bhutan, Myanmar, Haiti, Mauretanien, Nordkorea und Vanuatu keine Geschwindigkeitsbegrenzung. https://de.wikipedia.org/wiki/Zul ProzentC3 ProzentA4ssige_H ProzentC3 ProzentB6chstgeschwindigkeit#Stra ProzentC3 Prozent9Fen_ohne_generelle_Geschwindigkeitsbegrenzung (letzter Zugriff: 17.05.2021).

363 Bundesministerium für Familie, Senioren, Frauen und Jugend (2020): Gleichstellungsstrategie der Bundesregierung.

364 Bundesministerium für Familie, Senioren, Frauen und Jugend (2021): Die Gleichstellungsberichte der Bundesregierung – Gleichstellung von Frauen und Männern.

365 Bundesministerium für Gesundheit (2021): Impfdashboard. https://impfdashboard.de/ (letzter Zugriff: 25.8.2021).

366 Johns Hopkins University and Medicine (2020): Covid-19 Dashboard. https://coronavirus.jhu.edu/map.html (letzter Zugriff: 25.8.2021).

367 Bundesministerium für Familie, Senioren, Frauen und Jugend (2021): Errichtung der Bundesstiftung Gleichstellung – Aufgaben und Aufbau.

368 Potthoff, Niklas (2021): Stereotype Männlichkeit im Film – Klischees auf der Leinwand. Interview mit dem Filmkritiker Wolfgang Schmitt. Deutschlandfunk Nova. https://www.deutschlandfunknova.de/beitrag/maennlichkeit-im-film-stereotype-und-klischees-auf-der-leinwand (letzter Zugriff: 2.9.2021).

369 Wegner, Jochen (2016): Die Ressource ‚gebildeter Mann' wird knapp, in: Die Zeit. https://www.zeit.de/zeit-magazin/2016-04/partnerboerse-parship-elite-online-digitales-kennenlernen-liebe/komplettansicht (letzter Zugriff: 29.11.2021).

370 Boksch, René (2020): Singles im DACH-Raum bevorzugen Partnerbörsen, in: Statista Digital Market Outlook.